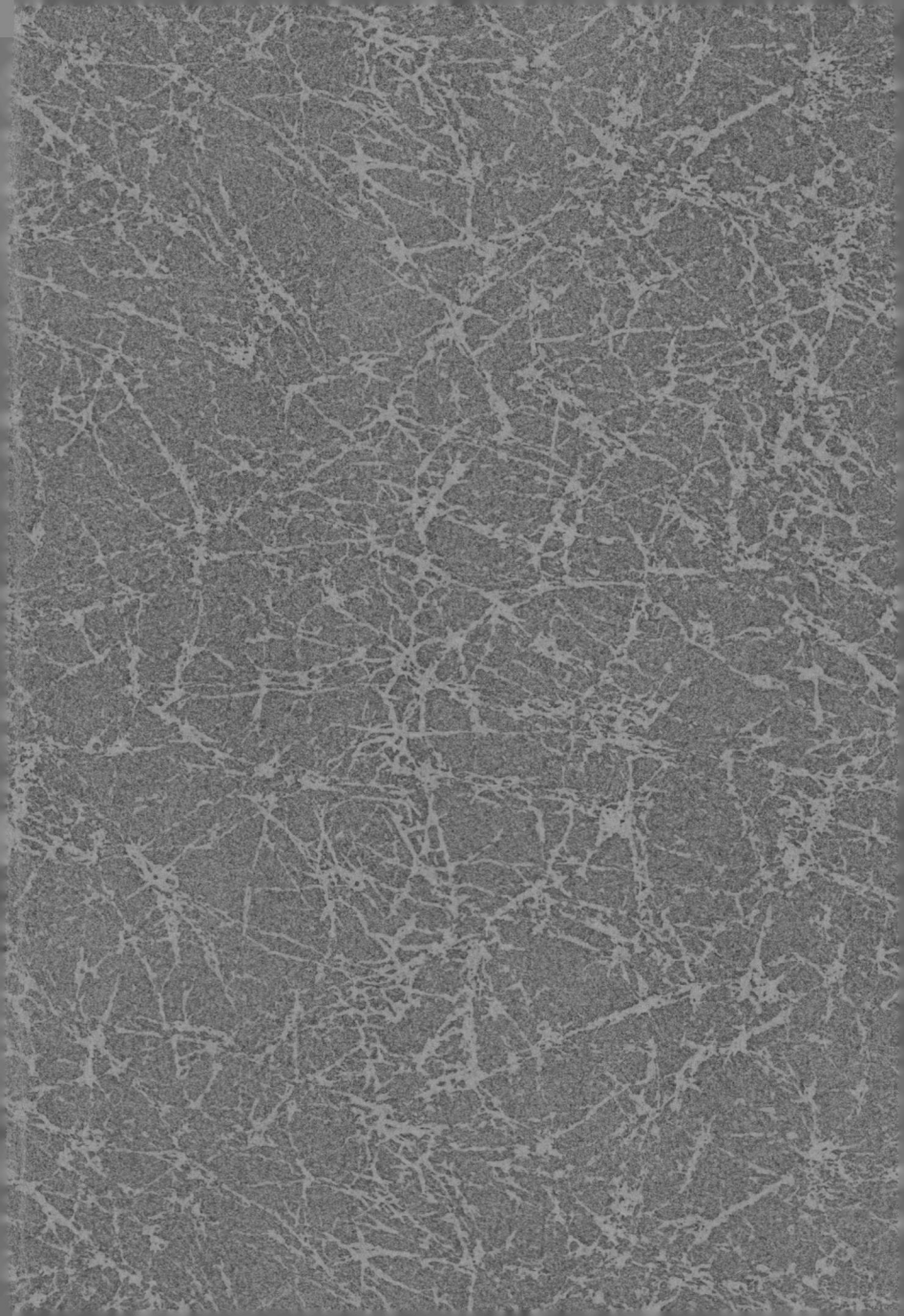

【論集】日本の外交と総合的安全保障

谷内正太郎［編］

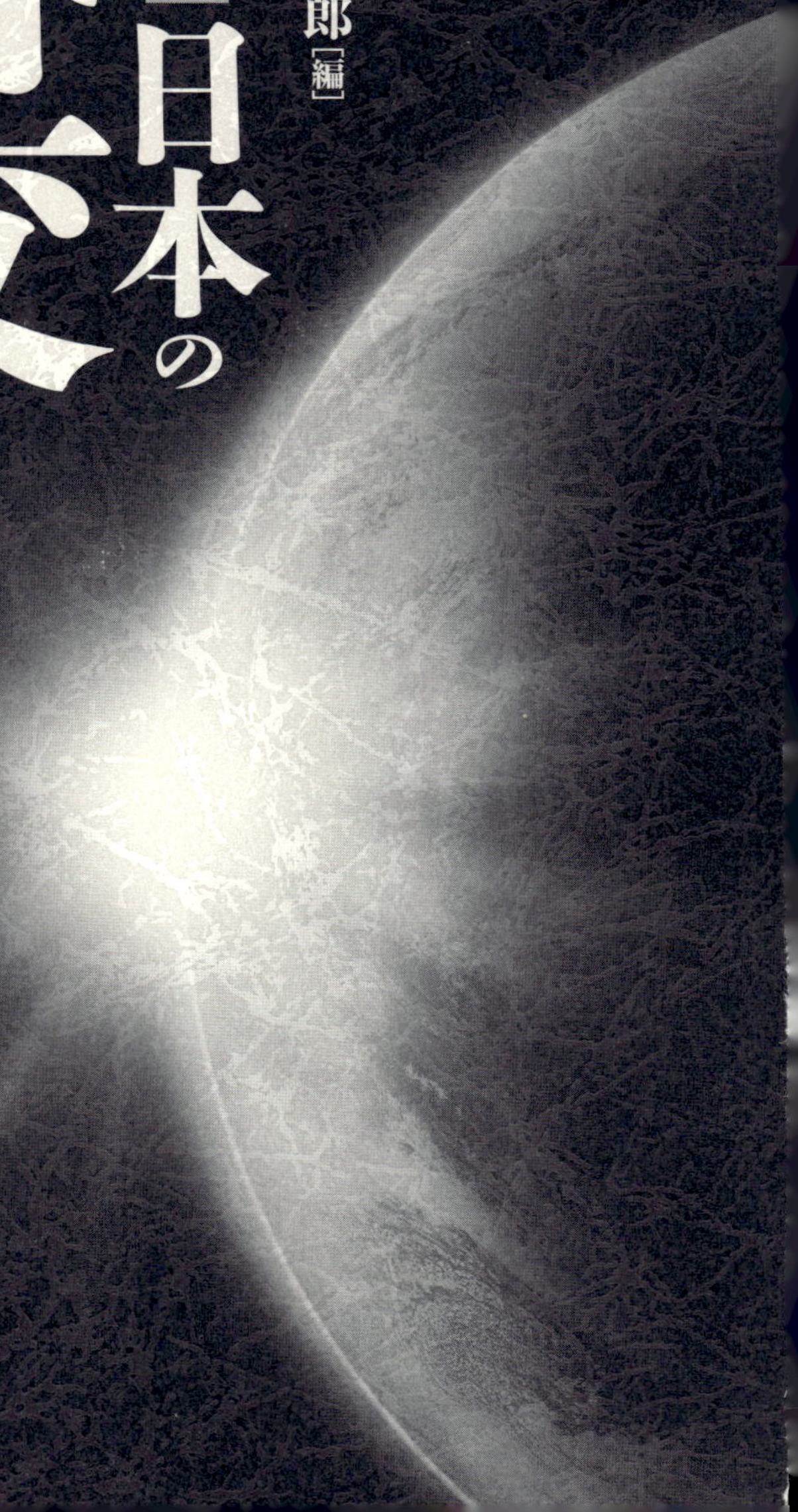

ウェッジ

【論集】日本の外交と総合的安全保障

序

谷内正太郎

本書の全体的なテーマは、「総合的日米安全保障協力」である。何ゆえにここで敢えて「総合的」なる言葉を使用したかについてその背景にある考え方を述べてみる。

戦後日本の安全保障は、連合軍（実質的には米軍）による占領、独立と旧日米安保条約の締結、新日米安保条約の締結（一九六〇年）、一九七〇年問題、湾岸危機・戦争、冷戦構造の崩壊、新しい脅威の出現（例えば国際テロとアフガン、イラク戦争）のような節目を経験しながらも、基本は米国との協力、提携によって確保されてきた。具体的には、サンフランシスコ講和条約と同時に署名された日米安保条約とそれに基づく日米同盟体制である。

日米安保条約体制は、新安保条約の下では、日米両国の国情に応じたまことによくできた仕組みと言ってよい。即ち、米国は日本防衛のために行動することを約し（第五条）、日本は日本のみならず極東における国際の平和及び安全の維持のために米国に基地を提供する義務を負うこと（第六条）とし、また別途、日本は駐留米軍関連経費の相当部分を負担することとした（日米地位協定及び在日米軍駐留経費負担特別協定）。このようなシステム（仕組み）は、太平洋戦争後の疲弊し切った日本国民の平和主義、経済最重視の志向、及び自由民主主義陣営のリーダー（盟主）として極東における有力なサポーター（同盟国）たる日本を重視する米国の見方を現実主義的にアレンジしたものであった。しかしながら、日本の国力の増大と国際的地位の向上及び米国の国際安全保障上の過重負担感の増大に伴い、日米双方において日米安保体制に対する一種の不公平感が生じ、強まってきた。即ち、米側では、日本の一朝有事に際しては米国の若者達の命と血を捧げることになっているのに日本にはそれに相応する義務が無い（条約の片務性）、しかも憲法第九条を根拠に同盟国として期待される義務を積極的に果たそうとしない（「安保只乗り論」）、あるいは冷戦の勝利者は結局日本ではなかったかと感じられる。他方、日本側では、基地問題や米軍経費の負担、米国の海外における武力行使に伴う人的、財務的貢献の負担増など、結局日本の持ち出しではないかと受け止められ、貿易・経済摩擦が問題視された頃や湾岸戦争時に国際貢献を求める際の高圧的な米国の態度などに対し、日本国内の左右両派が抱くナショナリスティックな反米的感情が様々な形で噴出しがちである（これを私は幕末・明治以降の日本人の一貫した感情として「自立への衝動」と称している）。

一般に同盟国間では、多かれ少なかれ「巻き込まれる恐怖」と「見捨てられる恐怖」が存在すると言われる。時の為政者は、その恐怖のバランスを常に斟酌しつつ同盟の運営（alliance management）を図っていかなければならない。日本では、左翼・進歩勢力の強い時期は前者の感情が強かったが（例えばベトナム戦争時の反戦・反米運動）、二つのニクソン・ショック（一九七一年）に際しては後者の感情が自覚され（「朝海大使の悪夢」の現実化）、湾岸戦争（一九九一年）においては特に保守勢力の間では、このままでは日米安保体制が立ち行かなくなるのではないかと強く意識されるに至った。湾岸戦争後の国際平和協力法（一九九二年）、橋本首相・クリントン大統領による日米安全保障共同宣言（一九九六年）、日米防衛協力のための指針（ガイドライン）の見直し（一九九七年）、周辺事態法（一九九九年）、いわゆる有事法制（二〇〇三年）、反国際テロ、イラク関連特別措置法（二〇〇一年、二〇〇三年）の流れは、日本が日米安保条約の共通目的たる「極東の平和と安全」を強く意識し、日本自身の防衛努力を強力に推進するとともに、質量両面での米国との国際安全保障協力を幅広く強化していくとの決意の具体的な実現化プロセスを示すものである。その背景には、日本国内において、米国が冷戦後の世界戦略、とりわけ東アジア戦略において、日本を守るに値する、あるいは信頼し得る「かけがえのない同盟国」と位置づける態度を堅持させるために何をなすべきかという強い問題意識があったことは否定し得ない。

一九七〇年代の前半に、日米両国は「世界の中の日米関係」というコンセプトを共有するに至った。これは当時の二国間の貿易摩擦に一応の区切りをつけた両国が、これからは世界経済あるいは国際貿易システム全体に対する世界第一、第二の経済大国としての責任を自覚して行動していこうという政策的方向を表現するものであった。日本のバブル経済の崩壊と軌を一にして起こった湾岸危機・戦争（一九九〇、九一年）は、日本が経済大国の座にのみ安住することが許されず、国際安全保障にも主要な責任を有する政治大国たる覚悟を問われるものであった。十年後に起こった9・11テロ事件（二〇〇一年）以降、日本は少なくとも地理的には「極東」とは言えないインド洋やイラクに自衛隊を派遣・活動させ、日米同盟協力の拡大、充実を実現した。また、二〇一一年三月十一日に発生した東日本大震災での日米安全保障体制を基盤とした米軍による迅速で大規模な支援活動は、日米同盟の意義の地理上の拡大のみでなく、安全保障概念の多義化をも証明してみせたと言える。「世界の中の日米同盟」とも言われる両国の同盟関係は、国際平和維持活動（ＰＫＯ）を含む国際平和協力、国際テロ対策、海賊対策、大量破壊兵器拡散防止、防災・復興支援、感染症対策等にまで及んでいる。国際連合その他のマルチの場での協力とともに両国が力をあわせて協力する機会の窓は世界中に開いていると言える。それはまた、日本が広い意味での国際安全保障面でグローバルな役割を果たすことが国際社会全体から求められていることを意味するとともに、米国にとっての「かけがえのない同盟国」たり得るための必要条件でもあるということである。

国際社会における権力構造の全体像という視点から見れば、冷戦後の米国による一極構造は、米国の国力と国際的地位の相対的低下（アフガン・イラクの桎梏、サブプライムローン問題、リーマン・ショック等）、逆に言えば中国、インド等の新興大国の台頭による新しいパワー・バランス——多極又は無極構造——に姿を変えつつある。このような国際状況の下で日本に要請されるのは、日本自身の座標軸を明確に設定した上で戦略的思考に基づく外交・安全保障政策を果敢に実行していくことである。日本社会に根を下ろしつつある閉塞感、内向き・縮み思考を逆転させるためにも、日本は世界の平和、安全及び繁栄を志向して積極的に国際社会に関与（エンゲージ）していくことが必要である。

東アジアに視線を戻してみても、中国は遂に日本のGDPを追い抜き（二〇一〇年）、国防費も二〇年以上にわたり毎年二桁成長をしており、大陸国家（ランド・パワー）であるとともに海洋国家（シー・パワー）たらんとして当面、大陸から第一列島線、第二列島線に至る海上支配力、影響力（あるいはアクセス拒否能力）の拡大を図り、さらなる海洋進出を図らんとしている。南シナ海「核心的利益」論、尖閣「領有権」の主張強化、東シナ海ガス田開発の推進、更には米国との太平洋折半論等の言動は、日米両国やASEAN諸国、豪州をはじめとする海洋国家群との緊張を高めている。北朝鮮の核・ミサイル開発、韓国への挑発（例えば海軍哨戒艦「天安」

撃沈事件、延坪島砲撃事件）等に加え、後継者への権力移行プロセスの不透明感もあって朝鮮半島には緊張感が漂っている。ロシアもエネルギー価格の回復に伴い「強いロシア」という自信を取り戻し、内外の施策の失態によって弱体化する民主党政権の足元を見て、北方領土の「ロシア化」及び海軍力の配備強化を図ってきている。かかる状況の下で、日米両国は、日米安保条約の目的たる「極東の平和と安全の維持」について再吟味し、いかなる同盟関係が両国の国益及びアジアひいては世界の平和と安全、更には繁栄の確保のために望ましいのか、真剣に検討してみる必要がある。

満州事変後間もなく、吉田茂（後の首相）はウィルソン米大統領の顧問であったエドワード・ハウス大佐とニューヨークで会う。ハウス大佐は開口一番、「ディプロマティック・センスのない国民は、必ず凋落する」と強調した。そして、第一次大戦前のドイツの例を引き、「殷鑑遠からず、ドイツ帝国にあり」と言った由である。また、吉田は、「日本外交の根本基調を対米親善に置くべき大原則は、今後も変らぬであろうし、変えるべきでもない。それは単に終戦後の一時的状態の惰性ではなく、明治以来の日本外交の大道を守ることなのである」と説く。更に吉田は、「空疎なる中立主義」を排し、排外心理を利用する勢力に対しても厳しく批判する。すなわち、「歴史に徴するに、およそ対外反感を政治運動に利用することは、政治の後進性を示すものであって、進んだ国には全く見られないことである」と（以上、吉田茂『回想十年』第一巻、二二一～三五頁）。

外交は言うまでもなく、国際舞台で国益（national interest）を追求する技である。しかし、今日の成熟した国家に要請されることは、国益と国際公益（international public interest）との整合性を保つことである。再び吉田茂を引用すれば、「一体、一国の外交は何よりも国際信用を基礎とすべきものである。……国際信用に関連して重要なことは、正義に則って外交を行うということである。……長い間には、必ず正義の外交がその国の利益と合致することになろう。……正をとって動かざる大丈夫の態度こそ、外交を行うものの堅持すべきところであろう」（前掲同書、三一、三二頁）。

要約すれば、日本の外交・安全保障の基本は、予見し得る将来も日米同盟に置かれるべきであり、それは「明治以来の外交の大道を守る」ことを意味する。それと同時に、日本は新しく生じつつあるパワー・バランスの動向も見据えつつ、自らのグローバルな役割と責任を自覚してこれを積極的に果たしていくことが肝要である。占領以降の惰性ではなく、日本自らの主体的立場から日米同盟を選択することが必要である。「総合的」日米安全保障協力に言う「総合的」の含意は以上にある。

もとより本論文集の全ての執筆者が上述の如き問題意識を共有しているということではないかも知れない。しかし、少なくとも各論稿がそのような問題意識から日本の安全保障政策全般を考える上で極めて有益であることは確かである。

最後に、先に触れた東日本大震災でお亡くなりになられた方々のご冥福を心よりお祈りするとともに、被災された皆様に心からお見舞い申し上げたい。未曾有の震災が東北を中心とした東日本を襲ってから半年が経過したが、被災地の復旧はおろか、未だ原発事故の収束にも目途が立っていない。我が国の国家安全保障と新たな日米同盟の観点からいえば、自衛隊と米軍によって展開された緊急救助、生活支援活動、原子力発電所事故の緊急対処などにおいて、この震災は多くの教訓を残すだろう。本書の原稿を準備する段階において、これらの教訓を本格的に見直すことは時期尚早であるため割愛させていただいたが、今後の多層化する日米同盟の役割を検討する上で重要な研究課題となることは間違いない。

目次

第1章

国家、国益、価値と外交・安全保障

兼原信克

1——国家と国益

人が、国家という集団を作るのは、個として、また同時に、国家という集団として生存をはかるためである。その根底には、種としての生存を保持せねばならないという、さらに大きな力が働いている。それは、しばしば、狭隘な人智を超えたところで働いている。それを、孟子の言うように、「民意を通じて現れる天意」と呼んでも良いし、欧州の啓蒙思想家のように、「国民の一般意思」と呼んでもよい。

人は、生き延びるために、集団を作る。人は、統率者を選び、能力のある者がこれに追随し、権力が生まれる。集団の構成員は、統率者に生存の確保を期待し、自発的に服従する。弱者が庇護される。集団も、権力も、目的ではない。生存を確保する手段である。現在、最大の権力集団は、国家である。

現代の国際社会は、地球的規模で活躍する企業やNGOが大きな力を持ってきているとはいえ、依然として主権国家が主役である。地球全体を包摂するような権力集団は、未だ生まれていない。現代に生きる私たちは、個として、また同時に、日本という国として、生存を図っている。
国家の目的は何か。既に述べたように、国家は、それ自体が目的ではない。個々の人間の生存を確保するために、人間は群れを成して生き延びようとする。そのために、人は、国家を作っているのである。それでは、個々人の、或いは、集団の生存を確保するために、国家は何をすればよいのか。それが国家の目的を決めると言うことである。国家の目的は、国家の構成員が決める。では、一体、どのようにして決めればよいのだろうか。

第一に、国家の目的は、戦略的思考によって決められる。外界を客観的に認識し、生存を脅かす脅威を回避し、克服するために、同時に、生存を確保するための条件を改善するために、適切な手段を考える。これを戦略的思考という。

戦略的思考とは、生存を確保するための合目的的思考のことである。日本語や中国語では、ストラテジー（strategy）を「戦略」と訳すが、「戦」という漢字が入ってくるので、戦略的思考とは軍事的思考のことだと勘違いしやすい。戦略的思考とは、生存という国家最高の目的を実現するために、外交と軍事に於いて、どのような手段を組み合わせればよいかということを考える合目的的な思考のことである。

第二に、国家の目的は、普遍的な道徳感情によって決められる。群れとして生き延びるため

第1章 国家、国益、価値と外交・安全保障
兼原信克

に、人には、良心という機能が与えられている。良心は、他者への優しさを生み、思いやりを生む。儒学では、仁と忠恕を教える。孟子は、惻隠の情を説く。キリスト教は愛を説き、仏教は知恵と慈悲を説き、ガンジーは人類愛を説く。皆、良心を素手で掬い取ることを教えているのである。

生存を確保し、その条件を改善するための営為を通じて、人の心から、優しさがあふれ、幸福感があふれる。幸福とは、生きる悦びを確認する感情のことである。逆に、群れとしての生存を悪化させる営為からは、苦しみが噴き出し、罪の意識と改悛の情が噴き出す。それが道徳感情である。道徳感情は、先天的に与えられている。ここから倫理が生まれ、善悪の判断が生まれる。

善悪の判断は、良心という機能が教えてくれる。良心とは、群れの生存のために与えられた先天的な機能である。良心は、幸福を求める。だから、人は、幸福を求める。したがって、人は、必ず、倫理的完成を求め続ける。良心が、磨かれていく。その過程で、良心から生まれる善悪の判断が、幾多の経験によって信条へと変わる。それが体系化されて価値観が登場する。それが更に、多くの人の賛同を得て、社会全体の倫理、道徳、制度、法へと発展していく。

出来上がった倫理、道徳、制度、法は、民族による、国家による、差異がある。個別的である。しかし、その根底にある良心は機能であり、人類に普遍的なものである。だから、人は、国家を超え、民族を超えて、理解し合い、共生することが可能なのである。現在、国際社会において、主流となっている考え方は、欧州の啓蒙思想から生まれ出た基本的人権と民主主義である。

第三に、国家の目的は、国家構成員の話し合いによって決められる。話し合いを通じて、先に述べた戦略的思考や道徳感情を理解し合い、分かち合うことによって、「国民の一般的意思」が構成される。「天意」が、民の声として現れる。平時に於いて、国民の一般意思を確認するのが議会であり、それを執行するのが行政府である。だから、議会が最高機関と言われ、行政府が執行府と言われるのである。

話し合いは、人が群れで生きていくために必須の営為である。人智は狭隘である。人間の社会は、人智によってのみ動かされているのではない。人間社会における活動の全てが知的に統括され得ると考えるのは、権力者が陥りやすい傲慢である。社会変動の幅は、人の知的限界を易々と破る。実際、社会の変動は、常に、人を驚かし続けている。驚いた人は、戦略的思考や良心を活性化させる。より根源的な生存本能が、それを命じるのである。そこから言葉が生まれてくる。借り物の言葉は、外から入ってくるが、本物の言葉は、いつも心の奥底にある良心から噴き出してくる。本物の言葉が、新しい社会を作り、古い社会を変えていく。

特に、外界の状況が大きく変わり、集団の生存が脅かされるとき、一気に古い言葉が意味を失うことがある。倫理・道徳や法や制度までもが、急速に意味を失うことがある。「乱の時代」である。そのとき、多くの人々の心の底から、新しい言葉が噴き出してくる。人智を突き動かす生存の衝動から、言葉が生まれる。特に、大切なのは、良心が生み出す言葉である。良心が生み出す新しい言葉が、国民の一般意思のレベルにまで高められる時、新しい倫理を生み、新しい法を生む。そうして、社会変動に伴う暴力が回避され、経験に従って穏やかに社会が変わる。話し合いは、そのために重要なのである。

民主主義国家では、国家の目的を、国民の話し合いで決める。それが、国益を定義すると言うことである。

2——国益を定義する

日本にとって、その生存を確保するために最も重要な利益とは、何であろうか。それが、国益の定義になる。私たちが、国益を定義するときに、留意せねばならないことが二つある。

第一に、私たちは、日本の「国」として生存を確保するだけではなく、人類という「種」として生存を確保するように作られていると言うことである。したがって、狭隘な利己主義を追求するだけでは、結局、自らの利益を損なうことが多い。冷酷な権謀術数に慣れた戦国武将でさえ、「お天道様」には背けないという意識があった。公の利益を忘れて、私の利益だけに走る者が唱える覇権は、常に短いものである。二十一世紀に生きる私たちは、人類社会全体という公の利益を常に念頭に置いて、国益を定義する必要がある。

第二に、目的と手段を混同しないことである。先に述べたように、国家の最高目的は、常に、国民の生存と幸福にある。その逆ではない。中国の孟子は、「民を以て貴しと為す。社稷《しゃしょく》これに次ぐ。君を以て軽しと為す」と述べている（尽心章句篇）。この原点を忘れてはならない。目的を間違えれば犬死である。ましてや、目的と手段を混同して、権力者が被治者に犠牲を強いれば、再び全体主義の過ちを繰り返すことになる。

それでは、以下に、国益の定義を試みて見よう。自らの利益を知らない人間が社会生活を送ることが難しいように、自らの国益を知らない国が、外国との交際を営むことは難しい。まず、自らの国益をしっかりと理解するところから外交が始まる。

国益とは、国家最高の利益である。具体的には、安全と、繁栄と、価値観である。中国の孔子は、「論語」の中で、政治の要諦として、「兵」、「食」、「信」を挙げている（顔淵篇）。これは、現代の安全、繁栄、価値観を言い換えたものである。国益の内容は、時空を超えて変わらない。

（1）安全（security）

国家の第一の利益は、安全（security）である。安全とは、物理的に国を外患から守ることである。外交・安全保障を担当する者は、常に研ぎ澄まされた鋭敏な感覚神経をもって、国境の外で起きることが、自分の国に脅威を与えないかを心配していなくてはならない。孟子は、憂患にこそ国家は生き、安楽に死すると述べている（告子章句篇）。法華経に出てくる火宅の中に遊ぶ子供のように、周囲の危険に無頓着な国は、必ず亡びる。

第1章

国家、国益、価値と外交・安全保障

兼原信克

国とは、現代国際法の常識では、国民、領土、政府からなるとされる。二三〇〇年前の孟子も、国の三宝として、「土地」、「人民」、「政治」を挙げる（尽心章句篇）。現代では、領土および領海に、二〇〇海里経済水域と大陸棚という海洋権益が加わる。

日本の安全をどうやって守ればよいのか。それを考えるには、外交と軍事を組み合わせて考える必要がある。外交と軍事の相関する分野を安全保障と呼ぶ。日本では、戦後、強い平和主義的風潮の下で、軍事や国防という言葉が忌避されたために、軍事問題のことを安全保障問題と呼ぶようになった。これは危険な誤りである。

安全保障の要諦は、先ず、外交である。安全保障とは、外交によって将棋盤を作り、その上で軍人が駒を動かすようなものと考えればよい。安全保障政策の七割は、外交政策である。外交によって、戦う前から、大概、勝敗は決まっている。どのような大義の下で、いつ、誰と組んで、誰と戦うかによって、戦わなくても勝負はついているからである。

外交で負ければ、たとえ戦場（battle）で勝っても、必ず最後に戦争（war）で負ける。孫子は、「百戦百勝は善の善にあらざるなり」と述べて、謀略によって、戦わずして勝つことを最善とした。孫子はまた、戦争に際しては、先ず、敵の戦略を破り、敵の同盟を裂き、戦闘はその後で必要があるときに限って行うのだと述べている（攻謀篇）。日本でも、柳生宗徳が、「兵法家伝書」において、「漢書高帝記」を引いて、敵を帷幄《いあく》の外、千里の彼方で破ると述べている。

逆に、一旦、戦争が始まれば、総理、防衛大臣、統幕長という軍令の指揮命令系統が動き始め、戦争終結のタイミングといった戦略事項や、議会対策及び予算獲得といった軍政面を除いて、軍事戦闘作戦の立案に、文民は関与しないものである。文民が戦術レベルで作戦に口を挟めば、勝てる戦も、必ず負ける。孫子は、「将の能にして君の御せざるは勝つなり」と述べている。

外交の中でも、特に、同盟政策は、国家の命運を決める。藤原鎌足が愛読したと言われる「六韜《りくとう》」では、太公望が、最強の相手と同盟し、隣国との友誼を確立することが、小国が、大国から身を守る最善の方法だと述べている。孫子を引くまでもなく、中国人は、伝統的に戦略的外交に優れている。周辺の国々が包囲網を作ろうとすると、猛烈に反発する。何千年も北方の騎馬民族諸国に悩まされ続け、彼らに何度も万里の長城を越えられ、特に、蒙古族や満州族に征服されて辛酸を舐めた思い出が、ＤＮＡの中に刻まれているのであろう。

英国や米国も、同様に戦略的な同盟政策に才能を見せる。アングロ・サクソン系の国々が得意とする外交戦略の神髄は、同盟をうまく組み合わせて、敵対する勢力が国際的な権力関係を圧倒しないようにバランスさせることである。彼らは、決して自らが圧倒的な帝国となろうとはせず、国際的な権力の均衡を、自国に不利にならないように運営することを得意とする。島国の英国らしい発想である。米国も、欧州旧大陸との関係で、かつては、巨大な島国のようなものであった。

これに対し、日本人は、クビライによる蒙古来襲以外に、これと言った外敵の来襲がなく、弧絶した海上王国として平和を享受してきたために、戦略的思考に疎い面があることは否めない。但し、長く続いた残虐な室町戦国時代に、戦国武将達が独特の戦略的感性を身に着けており、そのＤＮＡが、現在、かろうじて、日本人が国際的な権力政治を理解する一助となっている。

ところで、外交戦略は、先ず、百年単位のスパンで考え、次いで、十年刻みで考える。国家の興亡が、大体、百年単位だからである。国家運営或いは外交政策に失敗した国は、大国といえども、百年も持たない。ヒトラーのドイツはもとより、大日本帝国も、ソ連邦も百年持たなかった。長期的に生命力の薄い国と組んではいけない。また、ビスマルク外交のように、短期的な軍事同盟を、いくつも知恵の輪のように複雑に組み合わせていては、却って不安定になりやすい。安全保障と経済的繁栄という戦略的利益を共有し、基本的人権と民主主義という基本的価値観を共有し、軍事力、経済力、政治力において秀でた国と、長期的に亘る安定した基本的な国家間関係を築き上げることが必要である。まさに、太公望が「六韜」で述べているとおりである。

日本の外交戦略は、伝統的にどう変遷してきたのだろうか。実は、近代以前には、日本周辺の戦略的構図は比較的簡単であり、また、島国という地政学的好条件もあって、日本には、外交戦略も同盟政策も不要であった。幸運なことに、二千年以上もの間、東アジアの戦略的構図は、北方騎馬諸民族と漢民族の攻防であり、南北の軸が対立軸である。東方の孤絶した海上にあって、屈強のサムライが大剣を振るって守る日本に野心を持つ大陸勢力は、モンゴル族のクビライ以外に出なかったのである。しかも、新羅、高麗、李氏朝鮮と言った朝鮮半島の諸王朝が、賢明な外交で中国と安定した関係を築いてきたために、日本は、元の時代を除けば、対馬海峡を挟んで中国の軍事勢力と直接向かい合うこともなかった。むしろ、元寇以来、中国と疎遠になった日本は、辺境の島国という利点を利用して独立を維持し、徳川時代には、大航海時代の始まった欧州諸国に対して、孤立主義（鎖国政策）を実践することになるのである。

十九世紀に入り、欧州諸国が工業化によって巨大な国力を得て、地球分割に乗り出した帝国主義の時代になると、凋落した清朝に代わり、北方から南下の機会を伺うロシアが、一貫して、日本にとっての主要な戦略的関心事となった。ロシアは、ユーラシア大陸の海浜部を蚕食していった大英帝国等の欧州列強と異なり、中央アジア等の国々を併呑し、清朝からも広大な領土を割き取ることによって、恰もチンギス汗の軍勢が逆流してきたかのように、ユーラシア大陸を内側から、北から南へ、西から東へと制覇していった。

辛うじて近代化に抜け出した近代日本と帝政ロシアは、十九世紀後半に、千島樺太交換条約をもって国境の最終画定に合意するが、二十世紀に入り、朝鮮半島を巡り衝突し、日露戦争、ロシア革命によるロシア国内の混乱、日本の韓国併合、更には、満州国建設を経て、満州国と新生ソ連邦の国境で勢力を二分したまま安定することになる。

日本は、対露関係が落ち着きつつあるところを見計らって、第一次大戦後、欧州勢の混乱を利用し、中国大陸への野心を実現しようとした。当時、急速に国力を増大させていた米国が、米西戦争の結果、フィリピンを領有するに至り、また、門戸開放を唱えて中国市場に関心を向け始めていた。日本は、今度は、米国と衝突するようになる。残念ながら、当時の日本は、ナショナリズムが高揚し、社会格差から不満がそこに捌け口を見いだし、更に、軍部を中心として指導層も、明治以降の早急な近代化に目が眩んで、軍事力を過信していた。その結果、日本は、ヒトラーのドイツと空虚な同盟を締結し、真珠湾を攻撃し、米英ソという三大国を一度に敵に回したのみならず、数十の連合国を一度に相手にするという暴挙に走ることになる。

第二次大戦後、大日本帝国は崩落し、北東アジアには、ソ連、中国、北朝鮮という強大な共産圏軍事ブロックが立ち上がった。アジアから撤収し始めた欧州植民地勢力に変わり、米国が西太平洋海浜部に影響力を伸ばし、大日本帝国領の大半と旧米領フィリピンが米国の影響下に入った。旧日本領であった朝鮮半島と台湾島は、日本の敗戦によって力の真空となったが、東西冷戦の磁場が働き、朝鮮と中国が分裂し、北朝鮮と大韓民国、中華人民共和国と台湾が生まれた。朝鮮半島と台湾島は、今日に至るまで、北東アジアにおける最大級の不安定要因となり続けている。

戦後日本は、幸運にも、オーストリアのようにソ連邦から中立を押し付けられることもなく、吉田総理の英断で自由主義陣営と日米同盟を選択して安全を確保し、同時に、米国の指導する自由貿易制度に加入して、奇跡の経済復興を果たした。極東ロシア軍の重圧を米国の力でかわすことによって、乏しい財政資源を経済に振り向けることが出来たのである。七〇年代には、石油ショック後の世界経済を米独と共に牽引し、経済的復権を果たした。八〇年代には、中曽根総理が、更に、「西側の一員」という立ち位置を明確にし、ドイツと共に、先進民主主義国家として指導的立場を回復して、政治的復権を果たした。

このようにみれば、近代以降の日本外交は、孤立して中国大陸に突き進んで米国と衝突した一九三〇年代から一九四五年までの短い期間を除けば、二十世紀前半は英国と、後半は米国と同盟することによって、裸の国力以上の外交的な力を引出し、強大なロシアに対峙するために苦労した外交であったことが解るであろう。

二十一世紀に入って、北東アジアの戦略構図が、再び大きく変わり始めた。明治以降初めて、中国が、ロシアと入れ替わり、最大、最強の大陸勢力として登場しつつある。また、同じく明治以降初めて、中国の総合国力が、日本の総合国力を凌駕し始めている。同盟政策の重要性が、ますます問われている。二十一世紀の日本の同盟政策は、地球的規模の権力均衡に目を向けたものでなくてはならない。今後、日本が取るべき同盟政策の内容については、次章で詳しく説明する。

次に、軍事・国防に目を移してみよう。日本をどうやって守るかを考えるには、敵が日本をどうやって攻めるかを考えればよい。そのためには、第一に、自国の形と位置（地政学的条件）をよく知らねばならない。第二に、仮に周辺の国から敵が現れれば、敵方が日本をどのように攻撃するか（攻撃方法）を考えねばならない。そこから日本の防衛政策が生まれてくるからである。

第一に、日本という国の形と位置であるが、日本は、ユーラシア大陸東縁に位置する孤状の列島である。一万二〇〇〇年前、氷河期の終結に伴って海面が上昇したことによって、大陸東端で山脈を形成していた地塊が日本列島となった。北海道、本州、四国、九州の四大島だけで、二〇〇〇キロに及ぶ。それは、米国の西海岸や中国の海岸線の大部分を覆う長さである。これに沖縄から台湾へ連なる長い列島線と、硫黄島からグアムへ繋がる長い列島線が延びている。国土自体は狭隘であり、三七万平方キロの国土面積はカスピ海程度であり、米国、中国、オーストラリア、カナダ、ブラジル等の約二五分の一くらいの大きさである。ただし、二〇〇海里経済水域および海岸線の長さは世界有数であり、経済水域は世界第六位の広さである。

第二に、日本をどう攻めるか、どう守るかを考えてみよう。日本の地形と位置は不変であるが、紛争のシナリオ、敵と味方の組み合わせ、敵の戦法、味方がどこまで助けてくれるかと言った諸点は、紛争ごとに千差万別であり得る。本来、ありとあらゆる相手と紛争シナリオを検討し、その中からあり得べき紛争に備えていくのが防衛戦略策定の基本であるが、そのような紙幅は到底ないので、ここでは最も基本的で簡単なケースを考えよう。

先ず、日本のように四面環海の国は、外敵の侵入が困難である。江戸城や大阪城のように、大きな堀に囲まれているようなものだからである。日本のように、二千年に亘り、外敵の侵入をほとんど知らない国は珍しい。海のお蔭である。

四面環海の日本を攻めるのであれば、先ず、弾道ミサイルや巡航ミサイルのような飛び道具が有効である。二十世紀の末以降、核兵器等の大量破壊兵器と、それを運搬する弾道ミサイルが発達し、かつ、拡散したために、この二十年で、日本の安全保障が劇的に脆弱化していることは、特筆に値する。紛争の開始時には、多数の通常弾頭のミサイルが、日本の政経中枢、軍事中枢を一気に麻痺させるであろう。また、ミサイルは、大量破壊兵器を搭載すれば、勝敗を一気に決する戦略兵器となる。更に、それは、核兵器を保持しない日本に対して、強力な恫喝の道具になる。

次に、日本を攻めるには、海上自衛隊及び航空自衛隊からなる海と空のバリアを破らなければならない。海戦と空戦が、次に来る。敵勢力からすれば、日本周辺の海上優勢と航空優勢を取ることが、島国である日本攻めの基本である。一旦、敵勢力に海上優勢や航空優勢をとられると、日本は、海上交通が途絶して兵糧攻めに苦しむことになるのみならず、四方八方から空爆され、また、敵の選択する場所で上陸作戦を仕掛けられることになり、一気に脆弱となる。海軍大国と戦争をすると、このような悲惨な結果になり易い。それは、日本が第二次世界大戦で、米国と戦って骨身にしみたことである。

最後に、海と空のバリアが破れれば、敵方の陸軍勢力が上陸する。日本を制圧するには、大規模な陸上兵力を日本列島に投入して、首都東京を制圧し、日本政府を屈服させ、軍政を敷かねばならない。長大で、狭隘で、山がちで、離島の多い国土は、陸上兵力にとって戦略機動の効きにくい国土であり、陸上自衛隊には守りにくい国である。但し、敵勢力が海上優勢を確保できていなければ、輸送船撃沈の危険を避けて最短の海上距離で着上陸作戦を遂行するであろうから、着上陸侵攻場所が、ある程度想定できる。具体的には、宗谷海峡から北海道へのルートと、朝鮮半島或いは東シナ海対岸の中国大陸海浜部から九州北部へのルートが、日本にとって戦略的な要衝となる。

実際、歴史的にも、クビライの来襲は九州北部であり、極東ロシア軍が侵攻すると想定されたのは北海道であった。二十一世紀に入り、中国海空軍の台頭により、史上、初めて日本の戦略的重心が、九州よりさらに南方に移りつつあり、広大な水域に浮かぶ南西諸島の防衛が、喫緊の課題になりつつある。

このように見ていけば、日本は、非常に厳しい戦略環境の中にいることが分かるであろう。日本は、中国、ロシアと言った大陸の巨大な軍事勢力と対峙し、北朝鮮問題と台湾問題を周辺に抱えているのである。

日本防衛のためには、まず、ミサイル攻撃、特に、核兵器等の大量破壊兵器を搭載したミサイル攻撃に備えねばならない。次に、島国であるという地政学的条件を利用して、海と空の守りを固めることが必要である。最後に、敵の着上陸侵攻に備えて、戦略機動能力の高い陸の守りが必要になる。日本一国で、核兵器国であり、軍事大国である中国や、ロシアに対峙することは不可能であり、また、核武装した北朝鮮の恫喝に対応することも難しい。それを補うには同盟政策しかない。それについても、次章で詳しく述べることにする。

(2) 繁栄 (prosperity)

国益の第二は、繁栄である。持続的な経済発展と言ってもよい。軍事力は、有事にしか役に立たないが、経済力は、日々の国民生活を豊かにする。また、軍事力に依存した国力の衰退は速い。国力の根幹は、経済力であると言って良い。

今日の経済的繁栄には、条件がある。日本経済が、戦後、奇跡と言われる発展を遂げたのは、国民が勤勉だったからだけではない。外的な条件が存在する。

第一に、開放的な自由貿易体制が確立していることである。日本のように天然資源に乏しく、優秀な国民だけが宝というような国では、国民が真面目に働いて、勤労の成果である製品やサービスを、外国に輸出して生きていくことが必要である。それだけではない。自由な交換は、世界経済全体の資源配分を適正にすることによって、一層の発展を可能にする。

この自由貿易は、戦後の制度である。戦前、日本は、一九二九年の大恐慌の後、ブロック化した世界経済から締め出されて苦しんだ。それが、「持てる国」と「持たざる国」の軋轢を生み、第二次世界大戦の遠因ともなった。自由貿易体制は、無用な暴力を避けるための体制でもある。

二十世紀末、ソ連の崩壊によって、共産主義経済圏が崩落し、殆どの共産主義国家が資本主義へと舵を切った。共産圏の計画経済は、開発独裁の場合と同様に、近代化、工業化の初期には有効であるが、経済が発展してくると却って不効率である。経済活動においても、人智には限りがある。政府に、国民経済の全てを管理することは不可能なのである。今日では、市場経済が世界を覆い、情報技術の発達とも相まって、グローバルな単一市場が登場してきている。

第二に、天然資源市場、特に、エネルギー市場の安定である。エネルギー資源は、偏って分布している。そのために必ずしも市場経済の原則ではなく、政治が介入しやすい。環境に優しい太陽光等を利用した発電を進めることは重要であるが、今世紀も暫くの間、主要なエネルギー源は、前世紀に引き続き、石油、天然ガス、原子力の三本柱であろう。

石油は、二十世紀後半に、非植民地化の流れの中で資源ナショナリズムが噴出した折、産油国が団結して、一気に政治商品化した。七〇年代の二度にわたる石油ショックの衝撃は大きく、先進国は、石油の戦略備蓄などの対策を講じざるを得なくなった。現在も、ロシア、ベネズエラ、イラン等、米国に反目する国が時折、連携するような動きを見せる。しかしながら、OPECを除けば、大きな価格形成能力のある国はない。逆に、石油需要は、世界の景気によって決まるので、産油国の意向にかかわらず、世界経済の動向次第で石油価格が乱高下することになる。

石油市場は、バレル七〇ドルの水準でも、所詮、一〇兆円程度の規模であり、数千兆円を超えると言われる世界総金融資産の一部が流動化する国際金融市場に比べれば、遥かに小さな市場である。中国やインドの経済的台頭を見越して、年金資金等のしっかりした資金が投資を目的に流れ込めば、再び高騰することは必至である。需給が逼迫すれば、石油が再び政治商品化しやすくなる。但し、サウジアラビアに匹敵する巨大な油田を保有するイラクが、産油国として完全に復活すれば、たとえ中印のような潜在的超大国の成長があっても、石油市場は当面安定することになろう。

天然ガスは、今世紀に入ってから、欧州方面で、ロシアがウクライナを通過するパイプラインを突然に停止させたために急激に政治問題化したが、これは、ロシアから独立したウクライナが、これまで通りロシアの国内価格でガスを購入できなくなったことから起きたいざこざが原因であり、そこに親米派のユシェンコ・ウクライナ大統領（当時）を快く思わなかったロシアの政治的思惑が絡んだものである。天然ガスについては、ロシアの埋蔵量が圧倒的に多いのは事実であるが、ウクライナでの事件からは、必ずしも、ロシアが、天然ガスを政治的道具として戦略的に活用しようとしていると一般化することはできない。ロシアにとっても、安定したガス供給者という信用は大切なのである。

また、ロシアは、ＬＮＧにも手を出しており、サハリンの天然ガスも、日本企業の協力でＬＮＧ化して輸出されている。ロシアは、カタールなどの他の天然ガス保有国とガス・カルテルを作ろうとしているなどと報じられているが、リーマン・ショック以降、世界経済低迷の影響で、ガス価格も低迷している。また、米国では、これまで開発不能とされてきたシェール・ガスの開発が始まると言われており、それが実現すれば、更に天然ガスの需給は緩むことになろう。

なお、日本は、石油にしても、天然ガスにしても、パイプラインではなく、船で搬入するところに特徴がある。

第三に、シーレーンの安全である。日本の貿易は、九割が海運に依存している。海は、三六〇度開放されており、常に最短のコースを選ぶことが出来る巨大な媒体（media）である。巨大なコンテナ船は、今や世界海運の主役である。日本のシーレーンは、北米大陸に向かう東向きのものと、欧州と中東へ向かう西向きのものとがある。東アジア経済の巨柱は日中韓の三カ国であり、経済力を反映して、日本は、シーレーンを最も頻繁に使用している国の一つである。

シーレーンの安全を脅かすのは、海賊、テロ、戦争であるが、特に最近では、アデン湾の海賊が、欧州と中東に向かうシーレーンを脅かしている。二十世紀末まで、海賊のメッカは、マラッカ海峡であり、多い年は二〇〇件の被害を数えた。マラッカの海賊は、国際協力の結果、今世紀に入って年数十件に減少してきたが、逆に、アデン湾の海賊が激増し、年二〇〇件近い被害が発生するようになっている。アデン湾における海賊の跳梁は、沿岸国のソマリアが事実上の内乱状態にあり、ソマリア政府が弱体であることが原因であり、解決が難しい。現在、日本を含む多くの国が海軍の艦船や航空機を派遣して、海賊対策に当たっている。

3 ――価値観を守る

(1) 価値観を守るとはどういうことか

国が守るのは、領土、国民、政府という物理的対象だけではない。また、安全と繁栄という利益だけでもない。国は、価値観を守る。価値観（value system）とは、信条（belief）の体系を指す言葉である。個々の信条は、個々の善悪に関する倫理的判断が踏み固められて出来る。善悪の判断は、良心から出てくる。良心が、幸福と悔悛という道徳感情を用いて、先天的に、善悪を教えてくれるのである。価値観とは、良心がほとばしらせた言葉の体系であり、良心の軌跡である。

価値観は、個人の、民族の、更には、人類の歴史の中で磨き上げられていく。個々の価値観は、個人を、或いは、民族を反映して個別的であるが、価値観を生む良心は、普遍的な機能である。したがって、人類に普遍的な価値観が存在し得ると考えることは正しい。

価値観の無い人がいないように、価値観の無い国はありえない。良心の無い人間があり得ず、また、良心が働かない国家もありえないからである。個人の場合に、良心と価値観の組み合わせが人格であるとすれば、民族の場合には、それが民族のアイデンティティとなる。アイデンティティは歴史の記憶と密接に結びついている。子供から民族の歴史的記憶を集団的に消すことが、民族抹消（genocide）の一形態に数えられるのはそのせいである。

ナチス・ドイツによる民族抹消の危険を経験したユダヤ人を見ればわかるように、自らの価値観を守り、自らの民族の歴史とアイデンティティを守りたいという欲求は、熾烈である。それは、良心の働きを通じて、人の種としての生存本能に直結するからである。古代中国の孔子も、論語の中で、政治の要諦として、兵、食、信を上げ、どれから捨てるかと聞かれて、先ず、「兵を去らん」と述べ、次いで、人はどうせ死ぬのだから、飢え死にしても信だけは譲らないと厳しく述べている。孔子にとって、信とは、仁政に対する民の信頼のことであり、それは、正に価値観のことである。

(2) 価値観に目を向ける外交

日本の外交・安全保障の論調において、平和主義の他に特段の価値観の問題が出てこないのは、世界的にも奇異な現象である。価値観を語らない外交は珍しい。まるで国としての信念がないように見えるからである。その原因として、二つ考えられる。

第一に、泰平の徳川三〇〇年を経て、帝国主義全盛の十九世紀後半に国際政治に飛び出した時の経験である。そこで、当時の日本人は、国際社会の正義に対する信頼を一度失ってしまう。岩倉遣欧使節は、ベルリンで、鉄血宰相ビスマルクから、国際政治の要諦は、法よりも銃であると諭され、また、実際、若い明治国家は、不平等条約や人種差別に悩まされていた。更に、辛うじて近代化の波をつかんだ日本は、近代化の波に乗り遅れた多くの伝統あるアジア諸国が、欧州列強に力で屈服させられるところをまざまざと見せつけられた。中国、インドさえも、例外ではなかった。国際社会において、法と倫理の最も後退した時期に、日本はデビューしたのである。明治の指導者には、法権の縛りを脱した絶対主権国家が鎬を削るウェストファリア型の欧州権力政治は、あたかも幕末に徳川幕藩体制が流動化し、各藩が自立して戦国時代に戻ったかのような状況と、重なって見えたに違いない。

しかし、欧州諸国は、国際関係においても、急速に倫理的に成熟しつつあった。そもそも、十九世紀に世界覇権を唱えたゲルマン系の英（アングロサクソン族）、仏（フランク族）、独（フランク族）等の欧州列強は、実は、アジアの多くの国と比べれば、文明的には晩熟である。彼らは、

第1章 国家、国益、価値と外交・安全保障

兼原信克

西ローマ帝国を滅ぼした後、カトリック僧からラテン語とキリスト教義を学びつつ、千年の間、陰鬱な宗教社会にこもっていた。数千年に亘り一貫して人類史に重きをなすインド文明や中国文明は言うに及ばず、七世紀以降の絢爛たるイスラム文明、或いは、隋唐宋という中国王朝の影響を受けて六世紀から一気に花開いた日本文明や朝鮮半島の文明、更には、六〇〇年に亘って欧州を圧迫し続けたオスマン・トルコに比べても、彼らの精神史が花開いた時期は遅い。

彼らの精神的飛躍は、宗教革命とルネサンスからである。欧州人が良く使う「啓蒙」とは、闇を開くと言う意味である。この時、欧州人は、正に、闇を開いたのである。そこから欧州の世界覇権まで、僅か四〇〇年であった。彼らの人類に対する大きな貢献は、(イ) ニュートンなどが打ち立てた自然科学思想を基礎として科学技術を発展させ、産業革命を実現したこと、(ロ) ロックやルソーに代表される啓蒙思想に立脚した民主主義制度を考案したことと、(ハ) グロチウスに遡る国際法思想を打ち立てたことである。(ニ) これに、二十世紀後半に米国が確立した地球的規模の自由主義貿易体制も加えてよいだろう。

逆に、彼らの犯した過ちもある。大航海時代の初期に行われた中南米の文明破壊や原住民の奴隷的苦役、アフリカ人の奴隷貿易、帝国主義時代のアジア、アフリカ諸国の植民地支配、人種差別、二十世紀に数千万人の犠牲を出して戦われた二度の世界大戦などは、人類史に残る汚

点である。法権を離れた絶対王政以降の数百年間は、ゲルマン系欧州人にとって、世界史的な飛躍の時代であると同時に、他の文明との関係で大きな過ちを犯した時代でもある。

しかし、人は、良心に基づいて倫理的完成を求め続ける。人には、良心に基づいて改悛の情が与えられている。過ちは、必ず正される。人類社会は、必ず、倫理的に成熟を続ける。十九世紀にはすでに奴隷制は廃止され、二十世紀には、戦争は否定され、人種差別は撤廃され、全ての植民地は独立した。基本的人権と民主主義と平和と民族自決が、二十世紀後半における国際政治の潮流になる。その根底にあるのは、人種も、民族も、国家も、宗教も越えた、地球的規模での人間の尊厳への揺るぎない信頼である。

日本が道を誤ったのは、欧州を中心とした国際社会の倫理的成熟についていけず、ドイツ、イタリア、ロシア等、他の後発近代国家と同様に、二十世紀にも、力だけがものをいう「乱の時代」が続くと考えたからである。苛められっ子は、苛めっ子になりやすい。社会正義に対する信頼が傷ついているからである。第二次世界大戦で、ロシアは連合国に加わったが、日独伊は敗退し、野望を挫かれた。

二十一世紀の日本は、国際社会において、力だけでなく正義を信じ、主張する国になる必要がある。そうして、国際社会の倫理的成熟を促進するルール・メイカーへと脱皮しなくてはならない。今日の日本には、国際社会において、良心に基づいて、正義を定義し、実現する重責を担う覚悟が必要である。

第二に、戦前、戦中の軍国主義への自己陶酔が生んだ心の傷から生じる国や人間の倫理性に対する信頼の消滅である。日本人は、当時、七千数百万だった人口の内、僅か四年弱の戦争で、三〇〇万人を失った。負ける戦争は、人災である。ベトナム独立をゲリラ戦で指導したホーチミンは、同じく三〇〇万人の同胞を犠牲にして、フランスと米国から、祖国統一と独立を勝ち取った。国土は完全に荒廃したが、ベトナム人の心は決して壊れなかった。しかし、日本人は、激しい軍国への陶酔から醒めた後、国家を総動員してまで、なぜ米国を相手に総力戦を戦わなければならなかったのか、納得することができなかった。そして、その心に深い傷を負った。

戦後、日本人が至高の善と信じて命さえも犠牲にしようとしていた民族的な価値観が一瞬にして崩れ去った。茫然自失して真っ白になった意識の中で、暴走した軍部に対する不信だけではなく、国家そのものへの不信や恐怖が噴き出したのである。国家という集団の基底には、根源的な良心が生む倫理がある。その全体が否定されたとき、日本人の良心そのものが深く傷ついた。そうして、国を失った日本人は個体へと還元された。群れから解放され個体に還元された人間の生命力は一見強そうに見える。しかし、群生の動物である人間が個体に切り離されれば、逆にその生存の力は弱くなる。そのような人間の創る社会はまとまりがなく、結局のところ弱く脆い。

軍国日本の政治指導が、戦後日本に残した一番大きな傷は、日本人の良心に負わせた傷である。傷ついた良心は、日本人が国や政府を再び信じることを強く躊躇わせ、或いは、拒否させる。良心は傷口を開けたまま、個人のレベルに沈潜し、逼塞する。更には、人間そのものに対する信頼を失い、道徳や倫理さえも否定し、冷笑するようになる人もあるであろう。こうして、国家と国民を結ぶ信頼の絆が根底から傷ついたのである。その根には、深刻な国家不信と人間不信が蹲っている。

このような心理が蔓延する中で、国家が、新しく倫理や価値観を語ろうとするたびに、国家への忠誠心の再糾合と捉えられて、猛烈な反発が出ることになる。そこから、軍隊の全否定や、国家からの逃避、戦前の日本の全否定という過剰な反応が生まれる。このような現象は、特に戦後期の初期に生まれた世代に特徴的であるように見えるが、より広く二十世紀後半全体を覆っているようにも見える。

しかし、これでは、現代日本民主主義が基礎を置く市民自治が機能しない。国を批判するだけではなく、国政に参画し、その結果に対する責任を共有しなくては、真の「市民」は生まれない。国家をただ批判し、国家にひたすら反対を叫ぶだけでは、市民自治は実現しない。それは、真の市民ではない。民主主義国家において、国は、批判の対象であると同時に、政治参画を通じて、自分たちで作るものである。どれほど近代化と都市化が進み、個人主義が確立しようと、民主主義国家である以上、市民とは公民である。それは古代のギリシャであれ現代の日本であれ変わらない。そして市民は、国民であり、国民は、市民である。日本の市民観は、「抵抗者としての市民」という側面だけが強調されすぎる傾向があり、「国家の運営に政治参画を通じて責任を持つ市民」という性格が薄い。また、市民が、国を愛する気持ちや民族の誇りから切り離され、むしろそれと対立するものとして認識されている。この日本の市民観は、世界の中では、かなり特殊なものである。ここから、外交、軍事、財政といった国家運営の根幹に係わる無関心が生まれてくる。同盟漂流、防衛力の骨粗鬆症化、破綻に近い財政は、その結果ではないだろうか。私は、「二十世紀後半生まれ」と一括りにされて、後世から「無責任世代」と呼ばれることを恐れる。

二十一世紀に生きる日本人は、傷ついた良心を癒し、人間に対する信頼を取り戻すことが必要である。そして、国を厳しく批判すると同時に、政治参画を通じて、自らの国を作り出そうとする意欲と責任感を蘇らせることが必要である。真の市民自治を生み出さねばならない。その覚悟があれば、日本の外交政策に、日本の価値観という魂が吹き込まれることが可能となる。二十一世紀を背負う若い日本人には、戦後世代の日本人のような、生々しい心の傷はない。戦前の歴史に堂々と向かい合うと同時に、戦前の日本と戦後日本を統合して、新しい日本を生むことの出来る世代が育っている。自らの良心に照らして、日本の価値観を、堂々と主張できる世代が登場しつつある。最早、日本外交において、日本が掲げるべき価値観の議論から逃避することは許されないであろう。

(3) 日本の価値観と普遍的な価値観

価値観は、民族や国家の歴史を反映して、個別的である。しかし、価値観を生むのは普遍的な良心である。したがって、人類には、必ず核となるような普遍的価値観が存在するはずである。日本人の価値観の中にも、人類全体に通用する普遍的な価値観が存在するはずである。それを探し出すことは、多くの意味で重要である。

第一に、それは、前項で述べたように、戦前の日本のみならず、明治日本のアイデンティティを作る際に掘り起こした古代からの長い歴史を持つ日本と、戦後半世紀に生まれ変わった日本の双方を貫く価値観を探し出し、二十一世紀の新しい、かつ、統合された日本人のアイデンティティを作り出すために重要である。

第二に、それは、欧米中心の価値観と伝統的価値観の相克に悩む多くのアジア、アフリカ諸国に対して、普遍的な人類共通の価値観を提示すると言う意味で重要である。それは、他のアジア、アフリカの国々に一五〇年ほど先駆けて近代化、欧米化に苦しんだ日本の使命でもある。日本が自発的な近代化の過程で経験した苦悩と成功は、他の多くのアジア、アフリカの国々のように、植民地化されて近代化された国々にとって、一つの指標であり、希望でありえるからである。

第三に、それは、ポスト民族主義の「東アジア地域主義」或いは「漢字文明圏の通史」を準備する上でも重要である。アジアでは、ポスト・モダンの欧州と異なり、これから多くの国が近代化し、国民国家化し、激しいナショナリズムと民族主義の時代を迎えることになる。しかし、その時代が過ぎ去り、アジアが「歴史の終焉」を迎えれば、自由と民主主義を基調とした米国・カナダを含む汎太平洋主義の戦略枠組が定着すると同時に、今度は必ず、欧州連合に見られるような穏やかな地域主義が出てくるであろう。その核には、普遍的な価値観に根ざした、新しい「東アジア人」のアイデンティティが座ることになるであろう。

では、日本人の価値観とは何であろうか。また、その中の普遍的な部分とは何であろうか。

第1章 国家、国益、価値と外交・安全保障

兼原信克

私は、日本が育んできた普遍的な価値観として、人類愛（或いは、個人の尊厳）と、法の支配と、民主主義を挙げたいと思う。また、交換の重要性という観点から、市場経済と自由貿易にも触れておきたい。

日本人は、近代以前に、自らの良心を、「人情」と「お天道様」を大切にする独特の日本的倫理観を基礎として、それを、大陸から伝来した大乗仏教と儒教によって磨き上げてきた。

まず、日本仏教であるが、聖徳太子による仏教導入を経て、平安時代には空海、最澄という高僧が出、その後に自ら仏と直面しようとした鎌倉時代の高僧が出て、精神的、霊的飛躍を遂げてきた。字も読めない困窮した人々の魂を救おうとした法然、親鸞の浄土門は広く広まったし、日蓮の高い宗教的情熱は今も門徒によってその熱さを保っているし、釈尊の悟りに肉薄した道元の禅宗は、海外において日本仏教を代表する一派となった。日本人の鎌倉時代における霊的覚醒は、カトリックの煩瑣な教義を捨て、ひたすらに聖書を通じて神と直面しようとしたゲルマン系欧州人の宗教改革に匹敵する。

次に、日本儒教であるが、中国、朝鮮、ベトナムのような科挙制度に基づく文民官僚制が存在せず、また、朱子学のような壮大な論理体系を好まない国民性から、独特の発展を遂げている。儒教の伝来は早いが、儒教が日本に広まったのは、徳川家康が奨励してからである。江戸初期の町人である伊藤仁斎が、古義（原典）を重視する一派を開き、それが人口に膾炙し始める。また、知行合一の陽明学は、武士の間で珍重された。儒家は、新井白石、荻生徂徠、吉田松陰といった優れた思想家を輩出した。特に、学問ではなく、思想という観点からは、自らの良心を素手で掬いとった松陰の清冽な言葉は、今も人の心を深く打つ力を持っている。

儒仏に育まれた近代以前の日本精神史には、多くの普遍的な要素が含まれている。

第一に、人類愛である。これは、人間の尊厳に対する敬意と言ってもよい。日本には、「人の情け」という言葉がある。それは、原初的な共生のための優しさであり、日本人が大切にしてきた道徳感情である。仏教は、「情け」を慈悲にまで遍く広げることを教える。仏教の慈悲は、生きとし生けるものの幸いを祈る。日本人は、仏の教えによって、分け隔てなく、遍く人を救うことを知った。それが、人類愛である。だからこそ、身を捨ててでも衆生救済に命をかける高僧が出てくるのである。

また、儒教は、人を愛すること（「愛人」）を教え、「情け」を個人から家族へ、家族から民族へ、民族から人類へと広げていく。その無辺の優しさが「仁」である。その方法論は思いやり（「忠恕」）である。儒仏双方共に、教えの基底にあるのは良心の覚醒である。

当然ながら、人類愛の前に、個々の命は平等である。人が人として扱われないとき、良心が噴き出す感情は「優しさ」から「怒り」に変わる。伊藤仁斎も、怒りは「仁」から生まれると言う。義憤は行動に連る。これを、抵抗の思想である欧州啓蒙政治思想においては、「人間の尊厳を守る」と言うのである。この怒りを非道な権力に対して主張するとき、基本的人権の思想が出てくる。

第二に、法の支配である。冒頭部分に述べた通り、人の集団は、個として、集団として、種としての生存を確保するという目的を有している。それはＤＮＡに刻まれた天与の機能である。権力は絶対ではない。目的でもない。生存を確保するための道具である。国民を幸福にするための道具である。権力の上に、権力が奉仕する大きな目的がある。それは、倫理的実在であり、冒頭述べたように、国民の一般意思（ルソー）とか、民意を通じて顕現する天意（孟子）と呼ばれるものである。

日本では、八世紀の聖武天皇時代に広められた「金光明経」により、非道な人王への厄災を説き、仏法により護国を実現するという思想が広まった。日本における「法の支配」の走りであり、日本政治思想史の基幹的事実である。空海は、晩年の「秘蔵宝鑰」において、およそ国家樹立の目的は、君主のためで家臣のためでもなく、万人を救うためであると説いた。鎌倉時代には、日蓮上人が、仏法をもって幕府を指弾して、立正安国を説いた。戦国時代でさえ、「お天道様」という権力を超える存在への畏敬の念があった。江戸期から浸透した儒学では、更に倫理的に磨かれた「天」という意識が出てくる。特に、孟子の政治思想が重要である。孟子は、天は、その代理人である君主に、天の意思として仁政を実現するように命じるとする。また、孟子は、仁政実現の成否は、治められている国民の反応を通じて現れるとし、民が悉く背くような暴虐な君主は、天の命を失って匹夫に戻るので、斃されても仕方がないと述べる。この考え方は、欧州啓蒙政治思想に酷似している。政治の本質は、洋の東西を問わない。

さて、以上に加えて、日本が、明治になってから導入した新しい普遍的な政治的価値観がもう一つある。それは、民主主義である。民主主義において重要なのは、その観念だけではない。具体的な手続きと制度こそが重要である。権力が、国民の一般的意思を執行する機関であるとして、誰が被治者である国民の一般的意思を確認するというのか。或いは、孟子は、権力が仁政の実現という点の要請を満たしているかどうかは、民を通じて知ることが出来ると言うが、どのようにしてそれを制度的に担保するのか。

それは、民主主義制度を通じてでしかありえない。民主主義制度とは、思想の自由、言論の自由、報道の自由、集会の自由が担保され、議会制度、複数政党制、自由普通選挙が実施され、かつ、行政府の専横から直接市民を保護しえる独立した司法府が存在するという一連のシステムのことを言う。どの一辺が欠けても、民主主義は機能しない。権力の本質を悪と見て、ギリシャ、ローマの古典を渉猟し、権力をコントロールする仕組みを考えたのは、欧州人による人類史への大きな貢献である。

日本は、一八九〇年の帝国議会開設以来、アジアで最も長い民主主義の歴史を有している。人類愛（人間の尊厳）と法の支配の伝統は、近代以前の日本にもある。しかし、権力をコントロールすることによって実現しようと言う制度的発想は、近代欧州政治思想と遭遇するまでは、存在しなかった。民主主義制度は、近代以降、日本が自家薬籠中の物とした新しい普遍的価値である。

現在、国際社会の中で、価値観の問題と言われるとき、人類愛（人間の尊厳）や法の支配のような考え方が問題となっているのではない。それを守るための仕組みである民主主義制度を導入しているか否かが問題となっているのである。特に、開発独裁を抜け出したばかりの国々や、或いは、旧共産圏の国々では、未だに民主主義の実践を巡って試行錯誤が続いている。民主主義は、外から押し付けてもうまくいかない。特に、欧州諸国等の植民地支配に服した国々は、たとえ人権保護の名目でも、先進国が主権の壁を超えて介入してくることに強い忌避感がある。しかし、社会の構成員が、主権の壁の内側から、人間の尊厳と法の支配を真に実現したいと願うとき、民主主義制度の導入は不可避の選択となる。実際、二十世紀の後半に独立した多くのアジア、アフリカの国々が、ASEANの国々のように、次々と民主主義へと転じてきている。

最後に、未だ日本人の価値観と言えるほどには成熟していないかもしれないが、市場経済と自由貿易を挙げておきたい。交換は、古代からおこなわれている営為である。相互に必要なものを、合意に基づいて、適正な対価で交換するという営為は、人類の生存のために不可欠である。しかし、近代の人間は、東インド会社の経営や、植民地経営や、大恐慌後のブロック経済など、利潤の高い商業を独占しようとして、多くの過ちを犯してきた。それが、最終的には、「持てる国」と「持たざる国」が戦った世界大戦にまでつながった。米国が主導した自由貿易体制が定着するのは、漸く戦後のことである。資源の乏しい日本は、自由貿易体制の中で、製造業を中心に、勤勉な国民の努力が正当に報われることによって、経済復興を遂げたのである。農業を中心に、未だに閉鎖的な傾向を見せる日本であるが、第二の開国の痛みに耐えることなくして、日本に将来はないであろう。

【参考文献】
『ブッダの真理のことば・感興のことば』中村元訳、岩波文庫
『ブッダのことば――スッタニパータ』中村元訳、岩波文庫
『論語』金谷治訳注、岩波文庫
『孟子』(上・下) 小林勝人訳注、岩波文庫

『新訂　孫子』金谷治訳注、岩波文庫
『ニコマコス倫理学』（上・下）アリストテレス著、高田三郎訳、岩波文庫
『戦史（上・中・下）』トゥーキュディデース著、久保正彰訳、岩波文庫
『君主論』マキアヴェッリ著、河島英昭訳、岩波文庫
『完訳　統治二論』ジョン・ロック著、加藤節訳、岩波文庫
『社会契約論』ルソー著、桑原 武夫、前川 貞次郎訳、岩波文庫
『仏教の大意』鈴木大拙著、法蔵館
『聖徳太子』（日本の名著）、中村元編、中央公論社
『選択本願念仏集』法然著、石上善應訳、ちくま学芸文庫
『立正安国論ほか』（中公クラシックス）日蓮著、紀野一義訳、中央公論新社
『正法眼蔵』（一〜八）道元著、増谷文雄訳注、講談社学術文庫
『密教経典・他』（現代語訳大乗仏典）中村元著、東京書籍
『日本政治思想史――十七〜十九世紀』渡辺浩著、東京大学出版会
『伊藤仁斎』（日本の名著）、貝塚茂樹編、中央公論社
『講孟箚記』（上・下）吉田松陰著、近藤啓吾訳注、講談社学術文庫
『留魂録』吉田松陰著、古川薫訳注、講談社学術文庫
『国際政治――権力と平和』ハンス・モーゲンソー著、現代平和研究会訳、福村出版
『日本外交の軌跡』（ＮＨＫブックス）細谷千博著、日本放送出版協会
『下田武三　戦後日本外交の証言――日本はこうして再生した』（上・下）永野信利構成・編、行政問題研究所
『防衛白書』防衛庁
『戦略外交原論』兼原信克著、日本経済新聞出版社

第2章

新しいパワー・バランスと日本外交

兼原信克

1——地球的規模のパワー・バランスを見る

日本のような国力の国の外交にとって、最も重要なことは、地球的規模のパワー・バランスが、自分の地位や利益にどう影響するかを考えることである。日本は、その主要なプレイヤーであるが、超大国ではない。地球的規模で権力均衡の図式が変われば、それに振り回される規模の国でもある。外交を実践するには、自分の位置、大きさをよく知り、他国の動きが自国にどう跳ね返ってくるかを、よく考えなければならない。

例えば、現代に生きる私たちは、地球物理学の発展によって、いくつかの大陸のプレートが衝突し、山塊ができ、海溝ができ、その周辺に地震が発生することを知っている。同様に、私たちは、地球的規模で、どのような勢力が連携し、或いは、衝突し、また、どのような利益の調整がなされ、或いは、どこで、どのような紛争が生じ得るかを、予め知ることが出来ねばならない。その上で、自らの重さと軽さをよく弁えて、自らの戦略的立ち位置を決め、国際的な権力関係が、出来れば自らに有利に働くように、少なくとも不利に働かないように、努める必要がある。それが外交であり、安全保障の要諦である。

それが出来なければ、昔の人々のように、突然の地震に慌てることになる。戦前の日本は、国際政治の中心であった欧州の権力政治に翻弄され続けた。目まぐるしく変わる潮の流れが読み切れなかったのである。だから、独ソ不可侵条約締結に際し、欧州政治は「複雑怪奇」と述べて辞職する宰相が出たりした。二十一世紀の日本は、地球的規模のパワー・バランスを読み切り、かつ、その安定に貢献する国にならねばならない。

(1) 国力の要素

国際的な力の分布を知り、その中で自らの位置を知るには、自国及び他国の国力を知り、相対的な国力差を知ることが必要である。そのためには、国力の要素を知らねばならない。

① 人口と面積

まず、人口と面積である。人口と面積それ自体は、国力の基礎ではあるが、国力そのものではない。人口が多いだけでは、大国や強国にはなれない。近代以前、世界的に人口の多い国と言えば、中国、インド、日本、オスマン・トルコ、ペルシャなどであった。農業中心の時代には、人口は、そのまま国力の指標であった。しかし、十八世紀末の産業革命以降、工業化によって、人口の小さな国が大きな経済力を持つことが可能になった。十九世紀に、アジアの諸大国が、今ではミドルクラスの国に過ぎない英仏独等の欧州列強に屈したのは、国力を一気に肥大化させる工業化に遅れをとったからである。

逆に、工業化が進んだ国同士では、人口は、再び意味のある指標になる。人口は国内市場と労働力の大きさを表すからである。今日、注目される人口大国は、一三億人の人口を抱える中国と一〇億人のインドである。二〇五〇年までには、インドの人口が、一人っ子政策の中国を逆転すると予想されている。

また、面積も、国力の基礎であるが、それ自体が国力そのものではない。巨大な国としては、ロシアが日本の四五倍であり、米中伯豪加が日本の二五倍くらいである。殆どの国が、砂漠、森林、凍土に覆われている。工業化以前、これらの国々は、農耕に適さず人々の関心の薄い不毛の土地を保有しているだけだったのである。ところが、工業化が進むと、天然資源、特に、エネルギー資源が豊富に存在する広大な領土を有する国が有利になる。典型例は、二十世紀後半に冷戦を構えた米露両国である。共に、石油、天然ガスのような二十世紀後半のエネルギー資源を豊富に有していたことが、彼らの国力の基礎となっていた。なお、日本は、陸地面積こそ狭いが、二〇〇海里経済水域を含む海洋面積では、世界第六位の大国である。

② 軍事力

現代国際政治において、国力の基本指標は、第一に、軍事力、第二に、経済力、第三に、政治力である。これは、国益のところで述べた安全、繁栄、価値観の三項目と対応している。

第一に、軍事力である。一旦、有事となれば、総合火力の比較だけが国力比較の物差しとなる。総合火力に転化できない指標は、特に正規戦では、余り意味がない。軍事力の比較のためには、質と量の双方を勘案しなくてはならない。

量とは、兵員数である。兵員数では、中国軍が二〇〇万を超え、米軍が一五〇万、ロシア、インドが一〇〇万である。北朝鮮軍も一〇〇万である。欧州六強である英仏独伊西及びポーランドは、数十万の単位である。NATO南翼の主力であるトルコ軍も大きい。日本の二四万の自衛隊もかなりの大きさである。しかし、兵士の数だけでは、軍の強さはわからない。質を組み合わせて考える必要がある。

質とは、戦闘能力であり、それは兵器の性能に比例する。現代の戦争では、防御の難しい弾道ミサイルやステルス爆撃機に搭載される核兵器の威力が圧倒的である。核兵器国としては、現在、核不拡散体制下で、国連安保理常任理事国である米露中英仏だけが認められているが、この他にも、インド、パキスタン、北朝鮮が核保有に踏み切っている。

また、現在、通常兵力のレベルにおいても、情報技術を駆使した精密誘導の能力が飛躍的に向上していることに注意を要する。精度が上がれば、小さな破壊力の弾頭で、敵の軍事中枢や軍事施設を集中的、かつ、確実に破壊することが可能になるからである。このような近代装備という観点からは、米国を筆頭に、米国の同盟国軍が進んでいる。ロシア軍がこれに続き、中国軍が猛追している。

更に、最終的には、敵勢力の制圧のために、巨大な兵力を地球上のあらゆる場所に投射できる能力が必要になる。兵力投射能力（power projection capabilities）である。特に、足の長い海空軍力を以て、重い陸軍を大量の兵站と共に軽々と大規模に振り回せる国が、本当の軍事大国である。この観点からは、米軍、ロシア軍が強力であるが、広大な植民地を支配していた英国、フランスなども一定の兵力投射能力を保持している。専守防衛の自衛隊は大きく遅れをとる。今後、ＰＫＯや海賊対策を強化するのであれば、一定の能力強化が必要である。

現在、質量共に圧倒的な力を有しているのは米軍である。これにロシア軍が続く。ＮＡＴＯに加盟している欧州諸国（特にＧ６と呼ばれる英仏独伊西ポーランド）及びトルコの軍隊、日本の自衛隊の実力は大きく、大名クラスと言ってよい。これに対して、総軍五万程度のカナダ軍や豪州軍は、装備ではすぐれているものの、サイズが小さく、旗本クラスである。

今日の時点で特筆に値するのは、中国の軍事力である。中国の経済的台頭の結果、中国の軍事予算が大きく伸びており、世界第二位の軍事予算となっている。軍事予算は、大体、GNPの二パーセントが通常の大きさである。中国の国防費は不透明であるが、世界最大の軍事予算である米国の軍事予算（平時で約三〇兆円）の半分に迫ろうとしていると思われる。因みに、日本や英国の軍事予算は、約五兆円程度である。中国軍の近代化は、一九九〇年代にロシア製兵器の大量導入によって劇的に進歩したが、このまま大規模な軍事予算を投入していけば、二〇二〇年には、強大な軍事力に転化するであろう。

なお、北朝鮮は、経済的に疲弊しており、その軍は、膨大な兵員数を誇るが、通常兵力における劣勢は否めない。

③ 経済力

第二に、経済力である。軍事力は、最先端の科学技術を取り込むことを必要とする。経済的に疲弊した国や、科学技術の進歩について行けなければ、最強の軍隊も、数十年で鉄屑の塊になる。逆に、工業化を伴う経済成長は、急速に国力を向上させるので、巨額の軍事予算を組むことを可能にする。先端軍事技術を駆使した、強大な軍事力を維持するには、国民経済の持続的な発展が不可避である。軍事力がパンチの強さとすれば、経済力はまさに基礎体力である。基礎体力のない運動選手がいないように、経済が発展しなければ、軍事大国にはなりえない。

経済力を図る指標はいくつかあるが、便宜であるので、国内総生産を用いることにする。近代以降、国際政治の主体は、工業国家である。産業国家と呼んでも良い。英語では、「industrialized nation」であり、同じである。十八世紀の末に英国が工業化して以来、大英帝国と、英国を追いかけた一握りの国々が、帝国主義競争を通じて、地球的規模で覇を唱えた。近代欧州の世界覇権と言われる現象である。特に、十九世紀後半には、中国、日本といった東アジアの雄や、インド、ペルシャといった西アジアの雄や、欧州を圧し続けたオスマン・トルコ帝国が、欧州勢に圧迫されるようになり、次々と欧州勢の軍門に下って行った。日本、トルコ、タイを除く多くのアジアの国々が主権を奪われ、或いはまた、半植民地の様相を呈することとなった。インド、中国でさえ、例外ではない。アフリカ大陸は、欧州勢によって、ケーキを切り分けるように、完全に分割された。

工業化によって飛び抜けた力を持ったのは、英仏独伊などの一握りのゲルマン系北西部欧州

第2章

新しいパワー・バランスと日本外交

兼原信克

諸国である。これをロシアと米国が追いかけ、アジアから唯一、日本が抜け出して、冷酷な国際権力政治に参画した。これらの工業化に先駆けた国々は、熾烈な権力闘争を繰り広げた。第一次大戦後、ロシアが共産化して独自の道を歩み始め、第二次大戦では、日独が英米仏露と戦って敗れ去った。その後、東西冷戦が始まり、日独両国が西側の一員として復権して、米国が主導する先進民主主義国の一団が構成された。二十世紀の後半には、先進民主主義国の中でも、G7と呼ばれた日米英仏独伊加といった国々が、最大規模の経済を誇り、毎年、世界の富の殆どを生産するようになった。

二十世紀末に、ソ連邦の崩壊と冷戦終了に伴って共産主義経済圏が消失し、市場経済が地球的規模に拡大した。同時に、情報技術の発展によって地球的規模で市場経済の効率が格段に向上した。これが、グローバリゼーションと言われる現象である。この全地球規模に広がった市場への自由競争に、戦後、植民地独立の波の中から生まれた新独立国や、旧共産圏から市場経済に転じてきた国々が陸続と参入した。彼らは、廉価で優秀な労働力や天然資源を武器にして、急速に工業化を進めている。その中でも、中国、インド、更には、ブラジルが地球的規模で影響力を持つ工業国家として、地位を固めつつある。今世紀前半は間違いなく中国の時代であるが、中国がやがてピークアウトすれば、今世紀後半はインドがその真の大きさを見せる時代になるのではないか。この他にも、世界の地域毎に、影響力のある新興工業国家が出現しつつある。アジアでは、韓国、豪州、インドネシアがあり、他のASEANの国々が続く。後発であるが、ベトナムの潜在力は評価されてよい。ラテン・アメリカではメキシコがあり、欧州ではスペインがあり、ポーランドがあり、中東と欧州の境目にトルコがある。なお、イランは、本来大国であるが、現在、核開発を巡って国際的孤立に苦しんでいる。

二十一世紀の冒頭に、特筆するべき現象は、工業化がグローバルに進んだことによって、新興工業国家が続々と登場し、先行した工業国家群が世界総生産に占める比率が、どんどん小さくなりつつあるということである。もうすぐ五割を切るであろう。十八世紀末から二十世紀末まで世界政治を切り回してきた先発工業国家が作ってきた国際権力体系が、新興工業国家群の登場によって、今、大きく変容しようとしているのである。それは、世界政治の主役が変わることを意味する。だから、G8（先のG7にロシアが加わったもの）は、G20へと拡大を余儀なくされたのである。また、「半世紀前の超大国」であるP5（米英仏中露の国連安保理常任理事国）が牛耳る国連安保理の正統性が疑問視され、安保理改革の議論が延々と続くのも、そのせいである。

現在のところ、世界最大の国内総生産を誇るのは、日本の三倍の経済規模をもつ米国である。これに日本と中国が並んで次席に座る。日本の半分程度の大きさで、英仏独と言った欧州のビッグ・スリーが並ぶ。その下に、やや小振りなイタリア、スペイン、ポーランドが来る。以上を欧州のビッグ・シックスと呼ぶ。皆、欧州連合内で、人口が四〇〇〇万以上の国々である。欧州連合諸国が全てまとまれば、米国経済より少し大きな経済規模を有している。韓国、豪州、カナダは、大体、日本の五分の一程度の経済規模である。新興工業国のインドやブラジルや、市場経済化したロシアは、現在、日本の四分の一程度であり、今のところ、韓国や豪州とさほど変わらない経済規模である。

この経済地図が、今世紀中葉に向かって大きく変化していくことになる。中国の台頭が劇的であるが、インドや、ブラジルが大きく経済規模をのばすであろう。最終的に、どの新興工業国が、どれほど経済規模を伸ばし、いつ、どのようにしてピーク・アウトするかは、今世紀の最も重要な戦略的問題である。それが、国際的なパワー・バランスを大きく変容させるからである。この変容の過程が安定的であるか、不安定であるかは、多くの国の死活的利益に係り得る。

特に、中国は、今年（二〇一一年）、経済力（ＧＤＰ）で日本を抜く。人民元の対ドル切り上げと相まって、今世紀前半中に、米国の経済規模に追いつく可能性がある。その経済力は、そのまま軍事力に反映されるであろう。その一方で、中国の人口ピラミッドは、少子高齢化によって、先進国並みの紡錘形に変化しつつある。社会矛盾も激しい。中国のピーク・アウトもまた、今世紀後半と言うよりは、前半の問題かもしれない。

④ 政治力

第三に政治力である。外交の最大の武器は、政治力である。政治力とは、言葉や思想の力を用いた統率力、リーダーシップのことである。もとより、如何なる言葉や思想も、政治力に転化するには、軍事力や経済力の裏付けが必要である。口先だけでの外交は難しい。しかしながら、軍事力や経済力がいくらあっても、平和と繁栄を実現するための方策を語る言葉や、良心が輝くような倫理・道徳を説く言葉がなければ、それは、ただの裸の暴力とお金に過ぎない。日本は、二十世紀前半には武断に走り、二十世紀後半には金満に溺れた。何故、日本が、米国のような世界政治のリーダーになれなかったかを、今一度、よく考える必要がある。

現代国際社会は、宗教戦争の色彩が濃かった三十年戦争後に欧州で成立したウェストファリア体制を基盤としている。ウェストファリア体制とは、ローマ法権を脱して絶対王権化した主権国家が原子論的に並列する国際体系である。グロチウス以来、世俗の思想である国際法によって、この国際体系に倫理的基盤を付与する試みが続けられてきたが、工業化、国民国家化によって欧州諸国が国力を急速に向上させる中で、多くの国のナショナリズムが高揚し、弱肉強食

第2章 新しいパワー・バランスと日本外交

兼原信克

の戦国時代的な様相を見せるようになった。特に、十九世紀以降、多くの大規模な機械化された戦争が戦われて数千万の人間が死に、また、アジア・アフリカ諸国の殆どは主権を奪われ、或いは、半植民地状態に貶められた。十九世紀は、国際社会から倫理が最も遠ざかった時期である。

しかしながら、二十世紀に入ると、国際社会に道徳的基盤を回復しようとするいくつかの動きが出る。二十世紀は、国際社会に正義と道徳が復権した時代である。孟子は、「天下無道」の時代には、大国や強国が覇を唱えるが、「天下有道」の時代には、徳のある賢い国が指導すると述べる（孟子・離婁篇）。二十世紀後半は、孟子の言うとおり、裸の力より、政治力がものをいう時代になったのである。それは、国際法・国際司法の発展、国連を筆頭とする国際社会の組織化、自由貿易制度の創設など多くの面に見られるが、本稿では、特に、次の二点を指摘したい。

第一に、国際法の復権と、国家間の暴力の否定である。米国が、冷酷な欧州権力政治の場であったウェストファリア体制に、主権平等を個人の平等に擬制して、米国内政の指導理念である民主主義を持ち込んだ。米国が主導して構築した国際連合は、侵略戦争などの不法な国家間暴力の否定を最大の目的としている。また、国連では、国の大小にかかわらず、一国一票の制度が承認されている。これは、基本的に弱肉強食であったウェストファリア体制の本質的な修正であり、二十世紀に現れた新しい現象である。

第二に、人間の尊厳を犯さないという思想の貫徹である。かかる観点から見るとき、二十世紀最大の出来事は、アジア、アフリカの植民地住民の政治的、或いは、軍事的な蜂起、すなわち、植民地解放闘争である。それは、人類愛、或いは、人間の尊厳を基盤とする欧州啓蒙政治思想、民主主義思想が辿り着くべき当然の論理的帰結である。十七世紀に英国のロックが唱え、十八世紀にフランスのルソーやモンテスキューが先鋭化させた基本的人権と民主主義の思想は、フランス革命を生み、米国独立戦争を生み、更に急進化してロシア革命を生んだが、それは更に、二十世紀に至って民族自決の思潮を生んだ。主権の回復なくして、人権の実現はないからである。殆どの植民地が独立した今日、人権思想は、再び、主権の壁の内側に戻り始めている。七〇年代のスペインや八〇年代の韓国など、その後先進民主主義国へと転じた国々の例はもとより、旧東欧・ソ連圏の共産党一党独裁体制も、その多くが二十世紀の末に内側から崩壊し、民主主義体制へと転じて行った。東アジアでは多くのＡＳＥＡＮの国々も民主化した。現在、新興独立国政府に対して、民主化の徹底や人権の履行確保が厳しく要求されるようになってきている。中東諸国にも民主化の波が及び始めた。これが十七世紀から始まった人権思想の最終的な展開なのであろう。

第2章

新しいパワー・バランスと日本外交

兼原信克

現代国際社会において政治力のある国々は、上述の人類社会の道徳的成熟に対する貢献度を目安にして、いくつかの層を為して存在する。

第一基層には、第二次世界大戦を勝利に導いた主要国である米英仏露中の五カ国が来る。特に、米国は、天下統一後の徳川家康のように、初めて地球的規模で、国際政治に倫理と組織化を本格的に持ち込んだ国である。それは、戦後、超大国となった米国の力がなければ、出来ないことでもあった。米国は、例えば、国連憲章を起草し、戦争を違法化して集団安全保障体制を立ち上げ、GATT(現在の世界貿易機関)を立ち上げて多角的開放的自由貿易体制を立ち上げ、更に、世界人権宣言を起草して人権諸条約への流れを作った。また、植民地から身を起こした米国は、欧州諸国の植民地支配に冷淡であり、米西戦争の結果手に入れたフィリピンを戦後早々に独立させ、また、スエズ危機では、植民地帝国として振る舞い続けようとする英仏両国を突き放した。米国の強い影響力は、軍事、経済における力だけではない。このような国際的な道徳基盤の構築や制度設計の手腕に負うところが大きい。

これに対し、英仏両国は、広大な植民地を次々に失って国力を落として行ったが、その一方で、地球的規模で伝搬していった人間の尊厳を基盤とする民主主義思想(啓蒙政治思想)の老舗として、現在も大きな影響力を保持している。敗戦国の日本とドイツは、ナチズム、軍国主義という負の遺産もあり、ここで一度、決定的に政治的影響力を失っている。

第二の基層は、冷戦を勝利に導いた先進民主主義国である。二十世紀の前半に、ナチズムと日本軍国主義が敗退した後、二十世紀後半は、勝者であった上記の五大国が分裂し、中露を筆頭とする共産圏と米英仏を筆頭とする自由主義圏が厳しく対峙することになった。冷戦は独裁化した共産主義体制の生命力が内側から尽き、ソ連が崩壊することによって、自由主義陣営の勝利で終わるが、この過程で特筆するべきは、日独の復権である。

一九七〇年代のオイルショックによって疲弊した世界経済の立て直しのために、敗戦国の日独両国を招いてG7首脳会合が開催されるようになった。当時の世界経済を牽引したのは米独日の三カ国であり、日独の復権は経済的なものであった。一九七九年のソ連によるアフガン侵攻後、デタント・ムードが消え去り、ベトナムの傷が癒えた米国のレーガン大統領が、「新冷戦」を指導し始める。最大級の西側先進諸国首脳の集まりであるG7に政治的な色彩が加わることは不可避であった。八〇年代以降、日独の政治的復権が進む。日本の中曽根総理は、日本を「西側の一員」であると明言した。中曽根総理は、日本の政治的復権を自覚して、安全保障問題を含め、自由主義陣営の中で応分の指導的責任を引き受けることを明確にした、戦後初めての宰相である。中曽根総理が出なければ、経済大国化した日本の戦後ナショナリズムは狭隘な愛国主義の袋小路へ入り込んだかもしれない。国民の民族的誇りに係わる感情を、国際的な責任感へと振り向け、昇華させて行くためには、優れた政治指導が必要である。なお、冷戦終了後には、民主主義と市場経済に舵を切ったロシアが加わり、G7は、G8となった。

第三の基層は、植民地支配によって奪われた主権を奪回し、踏みにじられた人間の尊厳を回復するために、人類愛に満ちたアジア、アフリカのリーダーたちを生んだ国々である。就中、世界史的なレベルで優れているのはインドを独立に導いた現代の聖人・ガンジーと、南アフリカのアパルトヘイトを廃止させた不屈の政治的闘士・マンデラである。

(2) 現代国際政治におけるパワー・バランス

現代国際政治におけるパワー・バランスは、どうなっているだろうか。まず米国が主導してきた先進民主主義国の集団がある。米国は、大西洋を挟んで欧州諸国と北大西洋同盟(NATO)を締結している。その総合軍事力は、米、加、英、仏、独、伊、西、ポーランド及びトルコを主力とする数百万の兵員数、及び、核兵器・精密誘導兵器を含む正面装備の質の双方において、圧倒的である。米英仏は、核兵器国であり、安保理常任理事国である。米国と欧州連合を加えた経済力は、日本や中国の六倍ある。G8の内、G6は、北米と欧州の国々である。また、現在、国際政治の基本的潮流となっている人間の尊厳（基本的人権）、法の支配、民主主義を唱道してきたのは米欧諸国であり、彼らは、依然として、政治思想面でも、メディアによる発信力の面でも、国際社会をリードしている。

米欧関係であるが、米国は、今後、戦略的脅威の減少した大西洋から、中国の影響力が劇的に増大する太平洋へと関心を移すことになる。それを見越した欧州では、指導的立場にある英仏両国の協力関係強化が進んでいる。また、欧露関係は長期的には緩和するであろう。NATOは、ロシアに対する警戒心の強いバルト三国やポーランドを除けば、英仏独伊ともに、ロシアに対する関与政策に熱心である。グルジア戦争後、ロシアが恐れたウクライナのNATO加盟の可能性も遠ざかっている。なお、NATO南翼のトルコは、既にGNP世界第一六位であり、八〇〇〇万の人口も年齢が若く、これから更に影響力を増すと思われるが、遅々として進まない欧州連合加盟に業を煮やして、東方にも関心を向け始めていることに留意を要する。

太平洋側では、「ハブ・アンド・スポウクス」(hub and spokes) と呼ばれる米国の二国間同盟網が安定の要となっている。日米同盟、米韓同盟、米豪同盟である。現時点では、日本の経済力が中国と並んでおり、韓豪両国の経済力が印伯露といった中国を除くBRICSの国々より少し小さい程度である。今日の時点では、米国の太平洋同盟網のもつ総合国力は大きい。軍事的には、韓国の六九万の軍隊は、規模こそ大きいが北朝鮮軍抑止のために半島から余り動けないため、戦略的柔軟性が低いという問題がある。但し、韓国海軍の遠洋海軍化は、未だ一定の規模でしかないが、注目に値する。逆に、豪州軍は小兵であるが、周辺に敵がいないために、地球上のどこにでも投入出来る戦略的柔軟性の高い軍隊である。豪州は、建国以来、米国の指導する全ての戦争に参戦しており、ベトナム戦争以外は、負けたことがない。また、豪州が、中国の圧力がかかる南シナ海に面したインドネシアの背後を支え、また、広大なインド洋の東側を抑える戦略的地位にあることも重要である。

米国の同盟国というわけではないが、北西太平洋の海浜部では、二十世紀末に、ＡＳＥＡＮ諸国の多くが、劇的な経済成長を遂げた後に、次々と開発独裁を倒して民主化していることに留意を要する。タイ、インドネシア、フィリピン等がそうである。シンガポールの経済も好調である。旧共産圏のベトナムも、共産党独裁を残したまま、市場経済へと大きく舵を切り、急速に発展している。五億人を抱えるＡＳＥＡＮ諸国全体で、既に、韓国程度の経済規模がある。なお、ベトナム、マレーシア、シンガポール、インドネシア、フィリピンと言った南シナ海に面した国々では、西沙諸島を完全に抑え、南沙諸島の一部に食い込んで、南シナ海の中央部に広大な排他的海洋権益（二〇〇カイリ水域）を設定して、「核心的利益」を主張する中国に対して、警戒感が出始めている。

以上を見れば、米国が、太平洋と大西洋を抱え込むようにして、ユーラシア大陸の両端にある先進民主主義国と連携している様子が解るであろう。これらの国々が、現代国際政治において、基本的人権と民主主義を掲げ、市場経済と自由貿易を促進し、科学技術におけるイノヴェーションを先導し、更には、現代的なライフスタイルの面でも、国際社会をリードし続けている。いわばメイン・ストリームの国々である。

これに対して、ユーラシア大陸の中では、先ず、中露両国の連携が見られる。中露両国の戦略的利益が合致したのである。まず、ロシアは、冷戦終了後、二五パーセントの領土と半分の人口を失い、現在、面積でこそ依然として世界最大であるが、人口は一億四〇〇〇万で日本と変わらない大きさになった。ロシアは、ソ連崩壊後、民主化と市場経済化を急ぎ、混乱したが、二十一世紀冒頭の油価高騰で国力を大きく復活した。ロシアは、NATOの東方拡大に危機感を募らせ、西側の欧州正面に関心を集中したため、背後の中国とは戦略的連携を望んだのである。

次に、中国であるが、既に述べた通り、軍事力、経済力において急激に台頭している。中国は、九〇年代の台湾海峡危機（李登輝総統による台湾の民主化が台湾の自立を大きく促進することを恐れた中国が、台湾海峡近海でミサイル演習を行ったために、米国が台湾海峡に空母を派遣して事態を鎮静化させた事件）において屈辱的な経験をした後、台湾を巡る米国との海戦を想定し、著しい軍事力増強を続けている。最近は、米海空軍の来援拒否のために、台湾以遠への軍事的影響力の拡大を目指している。中国もまた、両正面作戦を忌避して、北西の核兵器国であり陸軍大国であるロシアと戦略的連携を欲していた。

中露両国の連携は、国連安保理ではよく見られる光景である。また、上海協力機構は、中央アジア諸国の独立後、引き続き同地域を勢力下に置こうとするロシアと、新疆ウィグル地区の独立問題への波及を嫌った中国が、中央アジア地域の国境画定、信頼醸成措置、及び、急進的原理主義者を対象とした治安協力等で、共通の利害を見出して設立されたものである。但し、実際には、膨張する中国に対して、現状維持勢力であるロシアの心中も穏やかではないはずであり、また、中央アジアにおけるエネルギー権益を巡っても、中露間にいくばくの軋轢が生まれ始めている。

インドは、ガンジーに導かれて独立した生来の民主主義国家である。東西冷戦中は非同盟の雄であり、基本的に全方位外交の国である。但し、ニクソン、キッシンジャー時代の米中接近によって、ワシントン、北京、イスラマバード（パキスタン）、リヤド（サウジアラビア）という事実上の枢軸が出来たことに反発し、武器購入などを目的としてソ連への傾斜を強めざるを得なかった。冷戦終了後、インドは、米国の対中外交が変質しつつあるところを捉えて、微妙に米国や日本との距離を変化させつつある。米印原子力協定は、その意味で、象徴的な出来事であった。

この他、ユーラシア大陸の西アジア部には、パキスタン、イランという大国が並立するが、パキスタンは困難な民主化への道のりを歩んでおり、イランは革命第一世代の民族主義・反米主義が冷めやらず、また、ナショナリズムと絡んだ核不拡散問題で国際的孤立を深めて、本来の力を発揮できずにいる。トルコやイランに隣接するアラブ世界には、エジプト、サウジアラビアと言った国々が影響力を有しており、特に、サウジアラビア及び周辺の湾岸諸国は、OPECを通じて、産油国として大きな力を有している。

2——二十一世紀の日本外交

先に述べた通り、昨今の中印両国における急速な工業化は、国際政治の中央舞台に、巨竜（中

第2章

新しいパワー・バランスと日本外交

兼原信克

国）と巨象（インド）の登場を確実にする。その他にも、多くの新興産業国家が力を蓄えて登場してくるであろう。それは、十八世紀の末に英国に始まった産業革命が引き起こし、この二〇〇年間続いてきた地球的規模における権力関係再編が最終章を迎えることを意味する。まさに、世界史的な出来事である。特に、当面は、巨大な中国の台頭に戦略的関心を払わねばならない。

国際的なパワー・バランスの最終的な絵姿がどうなるか、その変容の過程が安定的であるか、日本の戦略的位置はどう変わるかという論点が、二十一世紀の日本外交の最大の戦略的問題である。この巨大な変容の中で、日本の安全と繁栄と価値観を守り続けるにはどうすればよいであろうか。それは、最早、日本一国で解決できる問題ではないし、同時に、日本が一国で取り組むべき問題でもない。それは、国際的な平和を維持しているパワー・バランスがどう変容するのか、国際的な繁栄を維持している市場経済や自由貿易体制がどう変容するのか、そして、基本的人権と民主主義を基調とする現代政治の価値観がどう変容するのかという地球的規模の問題だからである。

私たちは、日本の国益を守ると同時に、国際社会全体の平和と繁栄と普遍的な価値観を守り続けるにはどうすればよいかという問題を併せて考えねばならないのである。

二十一世紀前半において国際体系の変容を促す最大の力は、伝統的なアジアの大国における工業化である。特に、中国とインドの工業化がもたらす影響については、その総合国力の大きさにおいて、特別な関心を払わねばならない。ラテン・アメリカのブラジルが、これに次ぐであろう。

これらの新興工業国家は、国際関係の安定と、国際経済の繁栄という戦略的利益を共有している。むしろ、長く続く平和の中で、自由貿易体制の恩恵を最大限に享受して、国力を増進することを望んでいる。また、価値観の面でも、中印伯のみならず、新興工業国政府の多くが、「人間の尊厳」を大切にし、権力の上に立つ道徳的実体である「法の支配」に服することを理解している。但し、開発独裁を脱したばかりの国々や、市場経済に踏み切りながら共産党独裁を敷いている国々において、「人間の尊厳」と「法の支配」を制度的に担保する民主主義制度への移行速度において、未だ逡巡やばらつきがみられる状況にある。

今世紀最大の戦略的課題は、日本、及び、かつて西側諸国と呼ばれ、現在、国際政治経済の主流を形成している先進民主主義国家が、これから著しく国力を伸ばすであろう新興工業国家を、責任ある指導的大国として迎え入れることが出来るかどうかにかかっている。それは、先進民主主義国側の選択の問題であると同時に、新興工業国側の選択の問題でもある。新興国は、誇り高く、力がある。何事も、押し付けることはできない。説得できるかどうかが鍵である。日本の国益、すなわち、安全、繁栄、価値観が増進できるかどうかは、その点に大きくかかっていると言ってよい。これが「関与政策」と言われる政策の眼目である。

(1) 日米同盟と先進・新興民主主義国家群との連携

日本が、自国の安全と繁栄と価値観を守る上で、軍事的・経済的・戦略的利益と、基本的人権や民主主義と言った基本的価値観を共有する先進民主主義国群と連携していくのは、当然のことである。特に、アジア太平洋地域で最大の影響力を持つ米国との関係が重要である。

武経七書の一である「六韜」の豹篇には、太公望の言葉として、小国が大国の中で生き残るには、最強の国と同盟した上で、隣国と友誼を結べと記されている。これは、今に通じる外交の黄金律である。

米国は、先に述べたように、大西洋の向こうにある欧州諸国と同盟し、太平洋側に日米、米韓、米豪といった同盟網を張り巡らせ、核・通常兵力で圧倒的な強さを誇る米軍を主力として、欧州ビッグ・シックス及びトルコの軍隊、日韓豪の軍隊と緊密な関係にある。また、米欧日三極の経済規模は、依然として技術革新を主導し、世界中の人々のライフスタイルを変えている。日米欧三極の経済規模は、現時点で、中国の七倍ある。更に、日米欧韓豪と言った先進民主主義国群は、基本的人権と民主主義という主流の政治思想を担っている国々である。このメイン・ストリームに、九〇年代に、共産圏を脱した東欧諸国やＡＳＥＡＮの多くの国が参入してきている。これらの国々の持つ軍事的、経済的、政治的総合力を、一国で凌駕し得る国が登場することは、おそらくないであろう。日本外交は、この主流の国々との連携を確実なものにすることが求められる。日米同盟を基軸として、日本周辺の友邦である韓国、豪州、ＡＳＥＡＮ諸国と連携し、更に、依然として米国と並びグローバル・ガヴァナンスに大きく貢献している欧州諸国と連携していかねばならない。二十一世紀に入り、豪州との戦略的関係強化は、米国主導で日米豪の枠組みがスタートしたこともあり大きく前進し、「２＋２」会合（外務防衛大臣会合）も開催されるようになった。今後は、歴史問題を抱える対韓関係の改善が重要な戦略的課題となる。二千年近く中国文明の影響を受け、漢民族化しないで残っている人口数千万単位の民族国家は、日本、韓国、ベトナムだけである。特に、隣国である韓国との関係強化には、どれほど努力してもしすぎると言うことはない。

逆に、これらの国々の連携が分断されれば、米国以外に、中国をはじめとする新興工業大国

第2章

新しいパワー・バランスと日本外交

兼原信克

の圧力に耐え得る国力を持つ国は少ない。先進民主主義国は、連携すれば、彼らを関与することになるが、分断されれば、彼らに関与されることになる。特に、北大西洋条約機構のような集団安全保障体制の存在しない西太平洋においては、日米同盟がぎくしゃくして、日本が大陸側に所在する大国の圧力に屈すれば、他のアジア諸国も同様となるであろう。米国の影響力は、一気に東太平洋側へと後退する恐れがある。日米同盟は、アジア太平洋地域における平和と繁栄と民主主義の要であり、日本には、その自覚が必要である。

また、日米同盟は、特に、北東アジアの厳しい戦略環境の中で、自主的に防衛力を著しく制限してきた日本の安全にとって、不可欠であることを正確に認識する必要がある。日本は、中露両国のような強大な軍事大国や核武装した北朝鮮と隣接している以上、自衛隊のみの力では自分を守りきれない。特に、中国の東風21を始めとする各種ミサイルや北朝鮮のノドン・ミサイルなどの登場により、二十世紀末に、日本の安全保障は劇的に脆弱化したことを認識する必要がある。日本の安全保障のためには、核抑止力を有し、強力な攻撃能力と兵力投射能力を有する総勢一五〇万の米軍本体と直結した在日米軍（第五空軍及び第三海兵師団）並びに米第七艦隊との協力が不可欠である。また、現在、日米の役割分担は、剣道に喩えれば、専守防衛の自衛隊が面胴小手の防具であり、在日米軍が竹刀ということになっている。自衛隊には敵地攻撃能力がない。初めから、自衛隊だけでは、勝てない仕組みになっているのである。また、米国が必要に応じて協力を要請し得る欧州の同盟諸国、韓国、豪州、トルコを加えた陣営の総合軍事力は強大である。日本には、日米同盟を必要とする理由があるのである。

冷戦終結と中国の台頭によって、大西洋から太平洋に世界の重心が移る中で、これからは、日本が、米国の同盟網の中で、どれだけ頼りになる補完的存在たり得るかが、真剣に問われることになる。

(2) 対中政策、対露政策、対印政策

先ず、日本外交にとって、今世紀、日米同盟の運営に次いで最も重要な課題は、対中関係の運営である。明治以来一五〇年経った今日、中国が、再び総合国力で日本を抜くことになったからである。老齢化の進む中国が、どこで、どのようにしてピーク・アウトするか、未だによく解らない。しかし、少なくとも、経済規模では、米国に追いつく可能性がある。経済力の伸長は、不可避的に軍事力を増大させる。

中国外交は、依然として、十九世紀以来の外交的屈辱を感情的な下敷きにしている。そこか

ら、主権観念が先鋭化し、早稲田大学の劉傑教授が指摘されるように「主権の絶対性」という感情が噴き出すことになる。「対外対等」自体が、外交を指導する価値となる。それは、不平等条約や人種差別に苦しんだ明治時代の日本外交や、民族自決を唱えて独立を遂げたばかりのアジア・アフリカ諸国にも共通に見られる現象である。

しかし、忘れてはならないことは、国際社会それ自体が、二度の大戦における大量殺戮や、アジア・アフリカの植民地解放や、種々の急進的な独裁体制の崩壊及び人権思想の浸透や、自由貿易体制の確立などに見られるように、倫理的に成熟してきているということである。中国が苦しんだ十九世紀的な「天下無道（孟子）」の時代は過ぎ去り、二十世紀後半にはじまった「天下有道（同）」の時代が、牢固として確立してきているのである。

中国外交は、現在の国際秩序を支える道徳的基盤や価値観を造り変え得るような、革命的或いは革新的理念を持っているわけではない。逆に、中国は、自らがそう決断すれば、今世紀の大国として、現在の国際社会（the status quo）の運営に責任を持つ指導的大国となることが出来る。それを助長することが、私たちの関与政策である。日本の対中政策は、アジア太平洋地域の安定と繁栄という「戦略的利益」を共有し（安倍総理）、また、それを維持する「共同責任」を分有する（福田総理）ことを基本としている。

中国は、多くの先進民主主義国が経験した、近代化、工業化、国民国家化という激動の時代を、驚くほど短時間で通り抜けようとしている。社会格差は拡大し、伝統的価値観は崩壊し、新しい民族的アイデンティティが創作され、ナショナリズムが高揚する。国内政治には、軍部や大企業という新しいプレイヤーが現れてくる。軍事力と経済力が伸びれば、力に対する過信も生まれやすい。十九世紀の日本や欧州諸国の外交のように、自らの生存圏を「核心的利益」と呼んで、力で排他的に確保しようとする誘惑も出てくる。中国が、過剰な利己主義や排他的愛国主義に陥らず、この激動の時代を乗り切って、成熟した国家となることが、アジア太平洋地域のみならず、国際社会全体の利益である。中国共産党指導部の賢明な選択と、中国における市民社会の成熟に、一縷の希望を見出せるかどうかが鍵となろう。

次に、ロシアであるが、対露関係の抜本的改善は、二十一世紀前半の日本外交の最重要課題の一つである。ロシアは、エリツィン大統領時代に、急激に民主化と市場経済化に舵を切った。社会が内側から成熟する前に、政治・経済制度を切り替えたのである。やがて、徐々に育ちつつあるロシアの中産階級と、五年ごとに行われる大統領選挙は、ロシアを、ゆっくりと、私たちと変わらない先進的民主主義国へと変えていくことになるのではないだろうか。もとより、ロシアは広大であり民族も多様で、かつ、キエフ公国誕生以来、歴史的にたどった道も西欧諸

第2章
新しいパワー・バランスと日本外交
兼原信克

国とは大きく異なる。ロシアの変貌には、時間がかかるであろう。しかし、ロシアは、最早、共産革命の輸出勢力でも、また、軍事的な拡張勢力でもない。現状維持勢力である。明治以来、日本の北方を脅かしてきた最大勢力であるロシアとの関係を友好関係に切り替えることは、二十一世紀の日本にとって、戦略的な優先課題である。

一刻も早い領土問題の解決と平和条約の締結が望まれる。既に、ロシアは、日本を除くすべての国との国境画定を終えている。中国でさえ、二〇〇四年には、長大な中ソ国境の画定を終えた。二〇一〇年には、ノルウェーが六〇年続いたロシアとのバレンツ海の境界画定交渉を終了させた。日露関係の改善は、日本の北方の緊張をさらに緩和させるだけでなく、アジア太平洋地域の安定に大きく貢献する。また、急伸する東アジアのエネルギー事情を考えれば、遠方にある湾岸地域、豪州、カナダと並んで豊富なシベリアの天然資源が東アジア諸国に開放されることは、エネルギー需給の安定及びエネルギー輸入元の多元化という観点からも望ましい。

最後に、インドであるが、インドは、二〇五〇年までには一六億近い人口を抱えることになり、中国を抜いて世界最大の人口大国になる。広大な国土を覆う幹線交通網等のインフラ整備が進められており、やがて条件が整えば、更に経済的飛躍を遂げるであろう。二十一世紀の国際体系が変容する中で、中国台頭のインパクトに匹敵するものは、おそらく、インドの台頭だけであろう。生来の民主主義国家であり、深い人類愛にあふれたガンジーが建てた国であるインドは、軍事力、経済力が伸長するとしても、現在の国際システムに敵対したりしようとせず、初めから成熟した民主主義国家として歩み始めるのであろう。インドは、先進民主主義国家群の外交にとって大きな資産である。

【参考文献】

『総務省統計局国際統計』総務省
『防衛白書』防衛庁
『21世紀のエネルギー地政学』十市勉著、産経新聞出版
『中国人の歴史観』劉傑著、文春新書
『ガーンディー自叙伝——真理へと近づくさまざまな実験』（1・2）M・K・ガーンディー著、田中敏雄訳注、平凡社東洋文庫
『獄中からの手紙』ガンディー著、森本達雄訳、岩波文庫
『戦略外交原論』兼原信克著、日本経済新聞出版社

第3章

オバマ政権の核・通常兵器政策と「拡大抑止」

小川伸一

1——はじめに

「拡大抑止（extended deterrence）」とは、軍事力が生む抑止効果を同盟国にも与える政策である。抑止力の源は軍事力であるが、化学兵器や生物兵器は禁止条約で違法化されていることから、一般的には核戦力と通常戦力が手段となる。米国も例外ではない。したがって米国の拡大抑止は、「核の傘」と通称される「拡大核抑止（extended nuclear deterrence）」と通常戦力を抑止手段とする「拡大通常抑止（extended conventional deterrence）」によって構成されることになる。

二〇〇九年一月に発足したオバマ（Barack H. Obama）政権は、核兵器の廃絶を究極的目標に置きつつ、安全保障上の核兵器の役割の縮減と核軍縮を目指している。こうした意向は二〇一〇年四月に公表された「核態勢見直し（NPR）」報告に示されている。米国の核兵器の役割が縮小するとともに核軍縮が進められれば、拡大抑止のなかで拡大核抑止、すなわち「核の傘」の比重が低下することは否めない。しかしながら、「核の傘」の比重の低下が必ずしも拡大抑止そのものの信憑性を損なうわけではない。核兵器の役割の縮減を埋め合わせる形で通常兵器の役割を強化すれば、拡大抑止の信憑性を維持できるからである。

第3章

オバマ政権の核・通常兵器政策と「拡大抑止」

小川伸一

核兵器の役割の縮減と核軍縮を目指す一方で、オバマ政権は、今後一〇年に亘り、戦略兵器運搬手段の更新・近代化に約一〇〇〇億ドル、国家核安全局（NNSA）を中心に核兵器関連研究施設向けに約八五〇億ドルという巨額の資金を投じる意向を示している。[1]通常戦力面では、ミサイル防衛の開発・配備を進めるほか、ブッシュ（George W. Bush）前政権が打ち出した即時地球規模攻撃（PGS）計画を踏襲して長距離精密打撃力の研究・開発を進めようとしている。[2]

こうした動向を踏まえ、本稿ではオバマ政権の核・通常戦力政策が対日拡大抑止にもたらす影響を論じ、爾後我が国の防衛政策の在り方を検討する。

2――オバマ政権の核兵器政策と拡大抑止

(1) 核兵器の役割の縮小と「核の傘」

二〇一〇年NPRの最も重要な点は、米国の安全保障政策のなかでの核兵器の役割を縮小する意向を示したことである。米国は、長年に亘って、核兵器による抑止対象を自国あるいは同盟国に対する核攻撃のみならず、大規模通常戦力攻撃や生物・化学兵器攻撃などの非核攻撃も含めていた。さらには核兵器を予防攻撃や先制攻撃の手段にまで位置付けることもあった。

米国は、一九七八年六月、非核兵器国が核兵器保有国と同盟あるいは連携して米国や米国の同盟国に武力攻撃を加えない限り、非核兵器国に核兵器を使用しない、との旨の「条件付き消極的安全保証」を宣言するなど[3]、核兵器の役割を絞り込む姿勢を見せてきた。しかしながらその一方で、一九九〇―九一年の湾岸危機・戦争でブッシュ(George H. W. Bush)政権がイラクに対して発した警告にみられるように、その宣言を実質的に修正する「意図的曖昧性(calculated ambiguity)」とも称すべき政策を採り続けてきた[4]。「意図的曖昧性」とは、生物・化学兵器攻撃

第3章

オバマ政権の核・通常兵器政策と「拡大抑止」

小川伸一

に対する抑止力を確保するために核兵器を使用するか否かを曖昧にしておく方策である。すなわち、非核兵器国が単独で米国や同盟国に対して生物・化学兵器攻撃を加えた場合、従来の「条件付き消極的安全保証」の下では核兵器を用いて対応することができず、抑止手段は通常戦力のみとなる。しかしながら、通常戦力のみで大規模な生物・化学兵器攻撃を効果的に抑止できるのかとの疑問が呈されたため、そうした生物・化学兵器攻撃に対しては核兵器を用いて対応する選択肢を留保したのである。

米国の通常戦力は益々強化されているが、そうした動向を背景に二〇一〇年のNPRは、核使用に関わる「意図的曖昧性」を修正し、核兵器の役割を絞り込もうとしている。すなわちNPRは、核兵器の「基本的な役割」は米国や同盟国に対する核攻撃を抑止することにあると述べ、こうした方針に則り、生物兵器が将来大きな脅威をもたらすことになれば再検討するとの留保を付しながらも、核不拡散条約（NPT）を順守している非核兵器国に対しては、そうした国がたとえ米国や同盟国に生物・化学兵器攻撃を加えても米国は核兵器を使用せず、通常戦力で対応する方針を宣言した。[5] この結果、「意図的曖昧性」は、NPTを順守している非核兵器国に対しては適用されないこととなった。

オバマ政権による「意図的曖昧性」の修正は米国の消極的安全保証の強化につながるが、こうした消極的安全保証の強化は、核兵器開発の動機を鎮める効果があることから、NPTの目的・理念に沿うものである。また、北朝鮮やイランのような核不拡散上の取極めに違反している国々に対し、NPTやその他の核不拡散上の取極めを順守するように促す効果を持つ。他方でNPRは、核兵器配備の「唯一の目的（sole purpose）」は核攻撃を抑止することにあると断定するまでには至っていないことから、従来通り、核兵器を保有する国やNPTを順守しない非核兵器国からの通常戦力攻撃および生物・化学兵器攻撃に核兵器で対応する可能性を排除していない。しかしながら同時にNPRは、米国が核使用を考慮するのは「米国や同盟国・パートナーの死活的利益を守るという極限状況においてのみ」とくぎを刺している。[6]

二〇一〇年NPRは、核拡散や核テロ問題に有効に対処することを念頭に、米国の核兵器の役割を低下させることを約束しているが、これは、核兵器政策の在り方次第で国際社会が取り組んでいる核拡散・核テロ問題に対する米国のリーダーシップが左右されるとの考え方に基づいている。こうした考え方に対しては、米国が自国の核兵器の役割を低下させても、そのこと自体、核拡散や核テロの危険を低下させることはないと批判する意見もある。[7]しかしながら、米国が自国の核兵器への依存度を低下させれば、核拡散防止や核テロに対抗しようとしている国際社会での米国の立ち位置や指導力の強化につながることは十分期待できる。

それでは、今回のＮＰＲは日本などアジアの同盟国に供与されている米国の「核の傘」に如何なる影響を与えるのであろうか。ＮＰＲが公表される前、核兵器の役割を低下させようとするオバマ大統領の姿勢をみて、日本国内の一部では米国の「核の傘」への信頼性が損なわれるのではないかと危惧する向きがあった。しかしながら、ＮＰＲが明確に述べているように、米国は、核兵器保有国やＮＰＴを順守しない非核兵器国からの非核攻撃に対し核報復の選択肢を維持し続けるとしている[8]。この結果、核兵器保有国や北朝鮮のような国に対する米国の「核の傘」は、これまでと同様に機能することになる。ＮＰＲ公表後に当時の岡田外務大臣が述べたように、米国は、このＮＰＲを通じて、核兵器による抑止力も含め、日本を含む同盟国などに対する抑止力を供与し続けることを再保証したとみることもできる[9]。

とは言え、米国の非核同盟国は、ＮＰＲが米国および同盟国の「死活的利益」が脅かされるという「極限状況」においてのみ、米国が核兵器の使用を考慮すると述べていることを忘れてはならない。しかもＮＰＲは、核兵器配備の目的を核攻撃の抑止のみにすることを目標に通常戦力を強化していく決意であることを確認している[10]。したがって、国際社会の安全保障環境が劇的に変化しない限り、米国の拡大抑止のなかでの核兵器の役割は低下していくものと考えられる。

(2) 核軍縮と「核の傘」[11]

今回のNPRは米国の核戦力を徐々に削減してゆく方針を打ち出しているが、こうした核軍縮は米国の拡大核抑止、すなわち「核の傘」に如何なる影響を与えるのであろうか。いわゆる「核の傘」とは、核報復の威嚇、さらには必要とあらば核の応酬に踏み込むとの威嚇によって、同盟国・友好国に対する第三国からの武力攻撃を抑止することである。このように「核の傘」は、核報復と核の応酬のエスカレーションの威嚇を基本とするが、抑止すべき脅威の特質や対象となる挑戦国によってその機能や在り方が異なる。例えば、脅威の観点からみると、冷戦時代に米国が西欧に供与していた「核の傘」と日本向けの「核の傘」は、機能上、異なる特質を有していた[12]。挑戦国の観点からみても、冷戦時代のソ連のような核兵器保有国と非核兵器国では、「核の傘」の機能や性格が異なっている。以下、核兵器保有国と非核兵器国を対象とした「核の傘」の特質を概観し、核軍縮が及ぼす影響を探る。

冷戦が終結して久しいが、核兵器保有国が消滅したわけではない。ソ連の核戦力を継承したロシアや中国が今後も核兵器を保有し続けることは疑いない。また、中露ともに、将来、米国および日本や欧州などに軍事的脅威を及ぼすことがないとは言い切れない。したがって、日本や多くの欧州諸国にとって、米国が供与する「核の傘」の必要性はなくなっていない。

中露などの核兵器保有国を抑止の対象とする「核の傘」は、冷戦時代のソ連を念頭においた「核の傘」と類似している。核戦争に対する恐怖や核戦争にエスカレートする危惧が、同盟国に対する核攻撃のみならず、他の戦力を用いた武力行使に対しても一定の抑止効果を持つ点は共通しているが、強いて分類すれば二つの見方がある。すなわち、「核の傘」は核報復の可能性があれば足りるとする見方と、[13] 核報復に加え、核の応酬を可能とするエスカレーション能力やそれを制御する能力も必要とする見方である。[14]

前者の見方は、核兵器が未曾有の破壊力を有していることにその論拠を求める。すなわち、核兵器の巨大な破壊力や殺傷力に鑑み、核報復の危険性が残っている限り、挑戦国は自制を余儀なくされる筈とみるわけである。これを米国が供与する「核の傘」に置き換えると、米国が報復手段として核兵器を使用しないと中露が断定しない限り、中露を対象国とする米国の「核の傘」は有効と判断するのである。冷戦時代、ソ連を念頭においた米国の「核の傘」に対し、「米国は、パリを守るためにニューヨークを犠牲にするだろうか」という懐疑論が見受けられた。すなわち、米国が、ソ連からの再報復の危険を冒してまで同盟国を守るために核報復に踏み切るだろうかとの疑問である。米国の「核の傘」で守られている国の立場に立てば、こうした不安が生じるのはもっともなことであった。しかしながら、その疑問に対しては、米国の同盟国のみならず、ソ連も回答不能だったのである。米国からの核報復で予想される惨禍を考慮すると、米国が同盟国を守る際に核兵器を使用しないと確信できない限り、換言すれば米国が核を用いて対応するかもしれないという一抹の危惧を拭い切れない限りソ連は米国の同盟国に攻撃をしかけることを躊躇せざるを得なかったと考えるわけである。[15]

「核の傘」の機能をこのようにみることに対しては、楽観的に過ぎるとの批判もあろう。しかしながら、戦略レベルで米ソが核応酬のエスカレーションの優劣を語ることのできなかった冷戦時代の相互確証破壊態勢において、米国の「核の傘」で守られていた主要同盟国のいずれもがソ連からいかなる武力攻撃も受けていない歴史的事実を思い起こせば、こうした「核の傘」の見方は、必ずしも的はずれとは言えないかもしれない。未曾有の殺傷力と破壊力を持つ核兵器を報復攻撃に用いるか否かを特定できない「不可測性」に「核の傘」の有効性を見出す上述の立場に立てば、米国が強力なカウンターフォース能力を持った戦略核戦力を大幅に削減しても、非脆弱な報復核能力を一定程度配備する限り、米国の「核の傘」の抑止効果は残ることになる。

他方で、「核の傘」を供与する国家が核報復に踏み切るか否か特定できないという「不可測性」

のみに依拠する「核の傘」では、同盟国に十分な安心感や信頼感を与えることは難しい。こうした欠陥を和らげるためには、「核の傘」の供与国が、単なる報復能力に留まらず、核の応酬を可能とするエスカレーション能力やエスカレーションを制御する能力を備えておくことが必要となる。そしてこうした能力を担保するものが「損害限定能力」である。なぜなら、「核の傘」の供与国が、挑戦国に比べ損害限定能力の面で優っていれば、それだけ核兵器の投げ合いに踏み切るという威嚇の信憑性が高まるからである。「核の傘」の供与国にとっての損害限定手段は、挑戦国の核戦力を攻撃・破壊するカウンターフォース能力、とりわけ硬化された相手の戦略攻撃戦力を短時間に攻撃・破壊できる「硬化目標即時破壊能力（prompt hard-target kill capability）」とミサイル防衛などの戦略防衛である。したがって、戦略攻撃戦力の硬化目標即時破壊能力を強化するとともに、ミサイル防衛などの戦略防衛を強化して相手に勝る損害限定能力を確保できれば、それだけ「核の傘」の信憑性や信頼性を高めることになる。[16]

「核の傘」の信憑性・信頼性がカウンターフォース能力の優劣に依存するという見方を前提にして、戦略核戦力の削減と米国の「核の傘」の関係を考察すると次のことが言える。核軍縮を進める際の最も重要な基準は、政治的に極度の対立関係に陥ってもそれが先制核攻撃につながらない状態を意味するクライシス・スタビリティをはじめとする戦略的安定を損なわないことにある。そのためには信頼できる一定程度の報復能力を維持しながら削減を進めることが必要になる。したがって米中露は、脆弱な戦略核戦力、あるいは脆弱になりそうな戦略核戦力を削減対象としていくはずである。こうしたプロセスが進めば、究極的に米中露ともに非脆弱な戦略核戦力のみを配備することになるが、このような状況にあってはカウンターフォース能力の優劣が語れなくなり、その結果、核の投げ合いのエスカレーション能力にも差異がなくなる。つまり、今日のように米国のカウンターフォース能力が中露に対し圧倒的に優位にある場合の「核の傘」に比べ、そうした状況における米国の「核の傘」の信頼性は低下せざるを得ない。そして米中露が配備する戦略核戦力のすべてが非脆弱なものとなれば、米国の報復核攻撃の目標は、通常戦力を除くと、もっぱら中露の都市・産業施設とならざるを得なく、先に指摘した「不可測性」に基づく「核の傘」と類似の機能を持つことになる。

こうした状況下での「核の傘」は、「核の傘」に対する挑戦国の認識、すなわち「信憑性」よりも、同盟国が「核の傘」に寄せる「信頼性」の方が大きく低下する。挑戦国が「核の傘」に問う信憑性、つまり米国が米国自身に対する挑戦国からの核報復を覚悟して同盟国を守るために挑戦国に対し核攻撃を決断するか否かは、米国と同盟国の二国間関係の在りようや米国内の世論の動向などが大きく作用しようが、基本的には挑戦国も含め何人も確たることは言えないことは既に指摘した通りである。したがって、「核の傘」の信憑性は残るといえる。他方、米国の「核の傘」に依存する同盟国の立場に立つと、こうした状況における「核の傘」は、まさに「米国はパリを守るためにニューヨークを犠牲にするだろうか」という懐疑論が典型的に当てはまるケースであり、米国からの再保証を取り付けようとするに違いない。このように、カウンターフォース能力に差異のない戦略環境における「核の傘」は、信憑性を維持する余地は残るとしても、同盟国からの信頼性を維持するためになんらかの施策が必要となるものと想定される。

ここで重要な役割を果たすのがミサイル防衛である。将来、米国が、一定程度の迎撃力を備えるとともに、非脆弱でしかもコスト・パーフォーマンスの面で中露の戦略攻撃ミサイルを上回る迎撃ミサイルを備えた本土ミサイル防衛システムの開発に成功すれば、その防衛システムは、カウンターフォース能力と同様に、強力な損害限定能力を米国に保証する。すなわち、米国が中露に勝る損害限定能力を新たに確保するがゆえに、米国の「核の傘」の信憑性・信頼性を回復することができるのである。こうして見ると、「核の傘」の信憑性・信頼性を損なわずに徹底した核軍縮を進めようとするのであれば、中露の戦略攻撃ミサイルを迎撃する米国の本土ミサイル防衛の成否がその鍵となるのである。

ところが、オバマ政権は、米国のミサイル防衛システムのうち戦略弾道ミサイルを迎撃する迎撃ミサイルの配備数を三〇基としている。[17]しかも迎撃対象は北朝鮮などの懸念国の長射程弾道ミサイルであり、中露などの戦略弾道ミサイルは迎撃対象とされていない。したがって、中露に対する損害限定手段としては依然としてカウンターフォース能力に依存せざるを得ないが、こうした状況においてカウンターフォース能力の優劣を判断しかねる状況にまで徹底して核軍縮を進めれば、中露からみた米国の「核の傘」に対する信憑性（不可測性）は残るとしても、同盟国からの信頼性は低下することになろう。

3――オバマ政権の通常戦力政策と拡大抑止

同盟国に対する非核兵器国からの武力攻撃を抑止するにあたっては、核兵器よりもむしろ通常戦力の在りようが大きな役割を果たすと考えられる。実際、非核攻撃に対する核兵器の抑止効果には疑問が残る。朝鮮戦争、ベトナム戦争、一九七三年の第四次中東戦争[18]、さらには一九

第3章

オバマ政権の核・通常兵器政策と「拡大抑止」

小川伸一

八二年のフォークランド紛争など、非核兵器国が核兵器保有国に対して武力を行使した事例が散見されるからである。これらの事例に共通しているのは、未曾有の殺傷力や破壊力を有するために使用し難いという核兵器の欠陥をついた点である。他方、核兵器保有国は、上記の紛争の幾つかにおいて核兵器の使用を検討したこともあったが、いずれのケースにおいても、断念している。この事実は、核使用をめぐる道義的、政治的ハードルがいかに高いか、言い換えれば、非核攻撃に対する核抑止の限界を示すことになったのである。

拡大抑止力を生む兵器は核戦力と通常戦力であるが、核戦力よりも通常戦力に依存する度合いを高めることは理に適っている。選別的に報復攻撃ができ、しかも副次的損害を限定できる通常戦力攻撃は、多数の人間を殺傷するとともに壊滅的な物的損害をもたらす核報復よりも実行し易いがゆえに、報復威嚇の信憑性が高い。抑止の成否を決定づける重要な要素の一つが軍事力行使の威嚇の信憑性であることから、通常戦力は核兵器の欠点を補っていると言える。さらに、命中精度の向上や攻撃目標の選別能力に資する情報処理能力の向上などによって、米国のハイテク通常戦力の破壊力は飛躍的に高まっている。実際、既に一九九一年九月、当時のチェイニー（Dick Cheney）国防長官は、ブッシュ（父）大統領が発表した戦術核兵器撤去計画の補足説明の中で、戦術核兵器に充当されていた任務のほとんどをハイテク通常兵器が果たすことができるとの見方を示しているのである。[19]

信頼できる通常抑止力を構築するための必要条件の一つは、挑戦国が使用する通常戦力に匹敵する戦力を整備するとともに、戦闘行為のエスカレーションも含め挑戦国の軍事力行使に相応する戦闘作戦を可能とする態勢を備えることにある。[20] 第二の条件は、一定程度のパワープロジェクション能力を備えておくことが不可欠である。防御能力のみに基づく抑止力は本質的に弱体である。挑戦国からみて、もっぱら防御能力に依拠する国家に対し武力攻撃を加えたときのコスト計算が挑戦国内の軍事施設に対する反撃能力を持つ国家に対して武力攻撃を加えた際のコスト計算よりも容易であると想定できるからである。[21] 他方、抑止が破綻する最も大きな理由は、挑戦国が抑止を提供する国の意図を見誤った場合である。[22] したがって、同盟国に拡大通常抑止を提供している核兵器保有国は、挑戦国による誤認を防ぐべく、同盟国と挑戦国の間の通常戦力バランスが不利であれば、バランスを回復するために同盟国に戦力増強を促すか、あるいは同盟国の周辺に自国の通常戦力を展開するなどの措置を講じてコミットメントの意志を明示することが望まれる。また、同盟国との間の定期的な軍事演習も抑止を提供する国の意志を効果的に挑戦国に伝えることになろう。

拡大抑止で守ろうとしている同盟国の周辺で通常戦力バランスを維持することは、挑戦国が拡大抑止を提供している国家に対し報復核攻撃能力を保有している国家の場合、特に重要である。奇襲的に同盟国の一部が軍事占領されるなど、短時間に既成事実が作られてしまうと、挑戦国に対する武力行使が核兵器の投げ合いにエスカレートするのを恐れるあまり、効果的な反撃作戦に踏み切れないことも想定されるからである。

オバマ政権は、ミサイル防衛その他の通常戦力や核戦力を活用して、同盟国が位置する地域に適合した「地域的抑止態勢（regional deterrence architecture）」を構築しようとしている。[23] その抑止態勢を構築するものは、地域毎のミサイル防衛のほか、新たに打ち上げられた「海空統合戦闘構想（joint air-sea battle concept）」に基づく戦力配備、さらにはブッシュ前政権の政策を踏襲した通常弾頭を用いる長距離精密打撃力などが含まれよう。[24] とりわけ長距離精密打撃力は、「介入阻止（anti-access & area denial）」能力を構築しようとしている国家に対しては有効なパワープロジェクション手段である。また、日本をめぐっては、在日米軍の円滑且つ持続的な駐留を企図した米軍再編のロードマップを着実に実施すること、さらにはグアムを太平洋地域での米軍の活動のハブ基地にすることを公言している。[25] こうしてみれば、核兵器の役割が今後さらに縮小するとともに核軍縮が進められたとしても、ミサイル防衛や長距離精密打撃力などを中心に米国のハイテク通常戦力が強化されれば、米国の拡大抑止への信頼性が必ずしも低下するわけではないと言えよう。

オバマ政権は、二〇一〇年のNPRにおいて、これまでの歴代政権と異なり、NPTを順守する非核兵器国が生物・化学兵器を用いた場合でも通常戦力で対応する決意を示している。確かに、米国の通常戦力の大きな破壊力を考慮すれば、生物・化学兵器の殺傷力が今日の程度であれば、殆どの生物・化学兵器攻撃を通常戦力で抑止できるかもしれない。生物兵器は、ヒトに対する殺傷力の面で核兵器に匹敵する潜在力を持つと想定されているが、実際のところ、そうした規模の殺傷力をもたらす生物兵器を実用化することは容易ではない。[26] また、生物兵器の保有を疑われている国家は散見されるが、[27] そうした兵器を強化していると疑われている国家は見当たらない。化学兵器については過去何度も戦場で使用されたが、戦争の帰趨を決定づけるほどのインパクト、言い換えれば戦略的打撃を与えることはなかった。[28] ヒトに対する生物・化学兵器の恐るべき殺傷力は、依然、潜在的なものであり続けており、今日までのところ、これらの兵器は戦争の帰趨を決定するような戦略的意義を孕むまでに至っていない。また、たとえ生物・化学兵器攻撃を試みても、攻撃対象は兵士や一般市民のみであり、カウンターフォース攻撃に限界があるために、相手に戦略的打撃を与えることは容易ではない。しかも生物・化学兵器攻撃に対しては、核攻撃と異なり、ワクチンや解毒剤、さらにはガスマスクや防護服で人的被害を抑制することも可能である。こうした防御可能性は生物・化学兵器攻撃に対する米国の通常戦力の残存性を高め、報復攻撃の余地を残す。こうしてみれば、高い命中精度に裏打ちされた強力な破壊力を持つ通常戦力を備えた米国のような国家にとっては、生物・化学兵器攻撃に対する防御能力を強化することを条件に、ハイテク通常戦力による報復の威嚇で生物・化学兵器攻撃に対し一定程度の抑止力を構築できる可能性もでてきている。

しかしながら、米国は、その強力な通常戦力を重視し過ぎることに慎重でなければならない。なぜなら、米国の通常打撃力が強力になればなるほど、米国に敵対する国家が米国の通常打撃力を相殺するために生物・化学兵器に依存する度合いを高めることも考えられるからである。とりわけ、二〇一〇年のNPRで示唆しているように、未曾有の殺傷力を持つ生物兵器が実用化される危険性は否定しきれない。二〇一〇年末現在、化学兵器禁止条約の締約国が一八八カ国、しかも同条約が強力な査察検証規定を備えているのとは対照的に、生物・毒素兵器禁止条約の締約国は一六三カ国に留まり、しかも査察検証規定を欠いていることは大きな懸念材料である。将来の生物兵器攻撃に対する通常抑止に不安が残る限り、国際社会は、大きな殺傷力を持った生物兵器が開発される前に、一度挫折した査察検証制度の再検討も含め、生物兵器を封じ込めるべく追加的対策を講じなければならない。[29]

要するに、核軍縮や核兵器の役割の縮小によって米国の「核の傘（拡大核抑止）」の役割が低下しても、拡大通常抑止がそれを補完できれば、米国が供与する拡大抑止全体の信憑性・信頼性を維持することは可能であるが、そうした政策シフトを成功させるためには生物・化学兵器の廃絶にむけてより一層の努力が必要となるのである。

4――おわりに

米国が核兵器の役割を縮減する一方で拡大抑止の信憑性・信頼性を維持しようとするならば、通常戦力の役割が相対的に高まることになる。しかしながら、米国がパワープロジェクション能力を中心にハイテク通常戦力の強化によって拡大抑止の信憑性・信頼性を確保しようとすれば、先に指摘したように生物・化学兵器の拡散を促す危険が伴う。この点、日米安保体制下の日本は、隣国に対する打撃力の整備を控えているために、そうした懸念に煩わされることなく通常戦力の強化を進めることができる。防御面での日本の通常戦力の強化が米国の日本向けの拡大通常抑止を補完する効果を持つことは疑いない。とりわけミサイル防衛は、抑止の強化につながることから、通常戦力強化の主要なテーマである。ただし、日本はミサイル発射の早期警戒情報を米国に頼らざるを得ないし、またその他ミサイル防衛に関する技術・運用上の協力を米国に仰がねばならない状況にある。こうした状況にあって日本が堅持してきた集団的自衛権不行使の原則がミサイル防衛を運用するにあたっての日米間の協力の障害になったり、あるいは日米間の相互信頼を損なうような危険を孕んでいるのであれば、この原則を再検討することも必要になろう。

さらに日本は、米国の日本向けの拡大抑止をめぐって、冷戦時代に直面しなかった新たな問題に直面している。中国の急速な経済成長に伴って米中間の経済相互依存関係が深化したために、今日では米中の貿易総額は輸出入ともに日米の貿易総額を大きく上回る状況になっている[30]。この結果、将来何らかの理由で日本に対する中国の軍事的脅威が高まった場合、米国が日米安保条約に基づき中国を抑止しようとすれば、米国にとって経済・通商上の利害関係が相対的に少ない日本を守るために中国という大きな経済・通商上の利益を犠牲にするという厄介な構図となる。換言すれば、経済・通商上の利害の一致という、米国の対日拡大抑止の信憑性・信頼性を支える基盤の一つが損なわれようとしているのである。日米通商関係が規模の面で米中通商関係に伍してゆくことが難しいのであれば、日本は日米通商関係の質的側面を注視して日米相互依存の深化を図ることが必要であろう。拡大抑止の信憑性の根幹は同盟国を守るという拡大抑止提供国のコミットメントを挑戦国が如何に判断するかにかかっていることから、軍事的要素に劣らず政治、経済・通商、さらには人的交流も含めた日本と米国の総合的な二国間関係の在りようが極めて重要なのである。将来、核軍縮が大きく前進するとすれば、米国の拡大抑止を構成する一つの柱である拡大核抑止、すなわち「核の傘」が挑戦国からみた米国の対応をめぐる「不可測性」に大きく依拠せざるを得ないことを忘れてはならない。

〔注〕

〔1〕Arms Control Association, "In the News: Obama Pushes for Vote on New START," *Arms Control Today*, vol. 40, no. 10 (December 2010), p. 43.

〔2〕Global Security Newswire, "U.S. to Spend $1B Over Five Years on Conventional Strike Systems," December 14, 2010. [http://gsn.nti.org/gsn/nw_20101214_5988.php]（二〇一一年一月二五日）.

〔3〕第一回国連軍縮特別総会が開催された一九七八年六月、当時の米国のバンス（Cyrus Vance）国務長官が発表した。バンス長官の宣言の全文については、"Statement of Secretary of State Vance: U.S. Assurance on Non-Use of Nuclear Weapons, June 12, 1978," *Department of State Bulletin*, August 1978, p. 52.

〔4〕Scott D. Sagan, "The Commitment Trap: Why the United States Should Not Use Nuclear Threats to Deter Biological and Chemical Weapons Attacks," *International Security*, vol. 24, No. 4 (Spring 2000), pp. 91-96.

〔5〕U.S. Department of Defense, *Nuclear Posture Review Report*, April 2010, pp.15-16.

〔6〕Ibid., p. 16. 但しＮＰＲは、「死活的利益（vital interests）」や「極限状況（extreme circumstances）」が何を意味するのかについては具体的に述べていない。

〔7〕例えば、Peter D. Feaver, "Obama's Nuclear Modesty," *New York Times*, April. 9, 2010.

〔8〕U.S. Department of Defense, *Nuclear Posture Review Report*, April 2010, p. 16.

〔9〕外務省、外務大臣談話「米国の『核態勢の見直し（ＮＰＲ）』の公表について」、平成二二年四月七日。[http://www.mofa.go.jp/mofaj/press/danwa/22/dok_100407.html]（二〇一一年一月二五日）

〔10〕U.S. Department of Defense, *Nuclear Posture Review Report*, April 2010, p.17.

〔11〕ここでの記述は、拙稿、第二章「核軍縮と『核の傘』」黒澤満編著『大量破壊兵器の軍縮論』（信山社、二〇〇四年七月）、二五 - 五〇頁に依拠している。

〔12〕詳しくは、拙稿、「『核の傘』の理論的検討」日本国際政治学会編『転換期の核抑止と軍備管理』国際政治第九〇号、有斐閣、（一九八九年三月）、九一 - 一〇二頁。

〔13〕この見方に近い議論としては、Joseph S. Nye, Jr., "The Role of Strategic Nuclear Systems in Deterrence," *The Washington Quarterly*, vol. 11, no. 2 (Spring 1988), pp. 46-47; Daniel Frei, *Risks of Unintentional Nuclear War*, U.N. Institute for Disarmament Research, (New York, U.N. Publications, 1982), p. 106.

〔14〕これに類する議論として、Brent Scowcroft et al., *Report of the President's Commission on Strategic Forces*, (Washington, D.C. : U.S. Government Printing Office, 1983), pp. 16-17. また、Colin S. Gray & Keith Payne, "Victory is Possible," *Foreign Policy*, No. 39 (Summer 1980), p. 16.

〔15〕たとえば、Christoph Bertram, "Strategic Defense and the Western Alliance," *Daedalus*, vol. 114, no. 3 (Summer 1985), pp. 293-294; Steve Fetter, "Nuclear Strategy and Targeting Doctrine," Harold A. Feiveson, (ed.), *The Nuclear Turning Point: A Blueprint for Deep Cuts and De-alerting of Nuclear Weapons*, (Washington, D.C.:Brookings Institution Press, 1999), p. 53

〔16〕こうした視点からカウンターフォース能力の意義を論じた論考としては、Earl C. Ravenal, "Counterforce and Alliance: The Ultimate Connection," *International Security*, vol. 6, no. 4 (Spring 1982) を見よ。ただし、抑止力の基盤を報復能力に求める戦略環境にありながら、カウンターフォース能力や戦略防衛を無制限に強化すると、クライシス・スタビリティを脅かすなど、「核の傘」の供与国と挑戦国との間の相互抑止の不安定化をもたらす危険があることに注意しなければならない。

〔17〕U.S. Department of Defense, *Ballistic Missile Defense Review Report*, February 2010, pp. 15-16.

〔18〕イスラエルは、スエズ危機が生起した一九五六年の秋から本格的に核兵器開発を進め、一九六七年頃には実戦で使用可能な核兵器を保有していたと見なされている。Rodney W. Jones et al., ed., *Tracking Nuclear Proliferation: A Guide in Maps and Charts, 1998* (Washington, D.C.: Carnegie Endowment for International Peace, 1998), p. 205; Joseph Cirincione et al., *Deadly Arsenals: Tracking Weapons of Mass Destruction* (Washington, D.C.: Carnegie Endowment for International Peace, 2002), p. 225 などを参照。

〔19〕William M. Arkin, Damian Durrant & Hans Kristensen, "Nuclear Weapons Headed for the Trash," *Bulletin of the Atomic Scientists*, vol. 47, no. 10 (December 1991), p. 16. 同様の見方として、Marc Dean Millot, "Facing the Emerging Reality of Regional Nuclear Adversaries," *The Washington Quarterly*, vol. 17, no. 3 (Summer 1994), p. 52.

〔20〕Paul K. Huth, *Extended Deterrence and the Prevention of War* (New Haven: Yale University Press, 1988), pp. 203-204, 211-212.

〔21〕Samuel P. Huntington, "Conventional Deterrence and Conventional Retaliation in Europe," *International Security*, vol. 8, no. 3 (Winter 1983/84), pp. 37-38.

〔22〕Richard Ned Lebow, "Correspondence: Deterrence Failure Revisited," *International Security*, vol. 12, no. 1 (Summer 1987), p. 197. また Morton H. Halperin, "NATO and the TNF Controversy: Threats to the Alliance," *ORBIS*, vol. 26, no. 1 (Spring 1982), p. 110.

〔23〕U.S. Department of Defense, *Quadrennial Defense Review Report*, February 2010, p. 14.

〔24〕オバマ政権の「海空統合戦闘構想」や長射程精密打撃力については、Ibid., pp. 32-33 などを見よ。

〔25〕Ibid., p. 66.

〔26〕Milton Leitenberg, "The Self-Fulfilling Prophecy of Bioterrorism," *Nonproliferation Review*, vol. 16, no. 1 (March 2009), pp. 95-100.

〔27〕米国の国務省によると、生物兵器の保有を疑われている国はイラン、北朝鮮、ロシア、それにシリアである。U.S. Department of State, "Adherence to and Compliance with Arms Control, Nonproliferation, and Disarmament Agreements and Commitments," July 2010, pp. 16-17, 20-21, 23-25.

〔28〕Susan B. Martin, "Correspondence: Responding to Chemical and Biological Threats," *International Security*, vol. 25, No. 4 (Spring 2001), p. 195. また、Sagan, "The Commitment Trap," p. 113 を見よ。

〔29〕この点で多くの示唆を与える論考としては、Jonathan B. Tucker, "Is Washington Prepared to Lead at the BWC Review Conference?" *Arms Control Today*, vol. 41, no. 1 (January/February 2011) を参照。

〔30〕二〇〇九年の貿易統計によると、米中間の貿易総額は三六五九億ドルであったのに対し、日米間は一五二六億ドルと米中貿易総額の約四割であった。但し、米中間の貿易では中国の対米輸出額が二九六四億ドルを占めるなど不均衡な状況にある。『朝日新聞』二〇一〇年一二月二四日（朝刊）。

第4章

日本における「核の傘」の歴史的形成過程

太田昌克

1——はじめに

日本の安全保障と国防政策の「基軸」とされる日米同盟体制が担う主要な戦略的機能の一つに、米国が日本に提供している「核の傘（『拡大核抑止』）」の役割がある。一九七六年に初めて閣議決定された「防衛計画の大綱」に「核の脅威に対しては、米国の核抑止力に依存する」との基本方針が明記されているように、日本の歴代保守政権は東西冷戦時代から、米軍核戦力が裏打ちする抑止力に国防政策の根幹を委ねてきた。

日本の憲政史上、画期的な政権交代を経て登場した民主党主体の菅直人政権も二〇一〇年末に閣議決定した新たな「防衛計画の大綱」で、「核兵器のない世界」への努力を約束する一方、「現実に核兵器が存在する間は、核抑止力を中心とする米国の拡大抑止は不可欠」と明記した。米国の核戦力に加え、精密誘導兵器に代表される先進型通常戦力やミサイル防衛（ＭＤ）にも抑止機能を分散させていく方向性を示唆してはいるものの、「核の傘」に国防の要諦を委ねる基本姿勢は依然、明確に堅持されている。

八〇年代末から九〇年代初頭の東西冷戦終結やソビエト連邦崩壊により、米ソ両大国が軍事的に正面衝突する恐れは消え去り、冷戦のピーク時には双方がそれぞれ二万発以上を持ち合って対峙した核兵器の戦略的役割も大きく低減するであろうと一時考えられた。しかし、全世界には二〇一〇年段階でなお計約二万発の核が存在し、〇六年時の北朝鮮による初の核実験を受けた日米両国の対応を見ても明らかなように、「核の傘」に国家の安全保障を依存する基本的構図には抜本的な質的変化が起きていない（太田二〇〇八年）。

日米同盟の盟主、米国のバラク・オバマ（Barack Obama）大統領は〇八年の大統領選挙戦中に、世界的な核廃絶目標を「米国の核政策の中心的な要素」に位置付けていくと宣言し、大統領就任から間もない〇九年四月にはチェコの首都プラハでの演説で「核兵器のない世界の平和と安全」を追求していくと表明した（Arms Control Today 2008, Obama 2009）。

こうした「核の役割低減」を志向する動きは、近年高まる核テロや核拡散の脅威を勘案すれば、「核のリスク」を局限化していく歓迎すべき動きと言える。その一方でオバマ政権は、老朽化する「核兵器庫」を今後も必要に応じて刷新していく方針を示しており、その主要な理由を、日本など同盟国に供与し続けている「核の傘」に求めている（DOD 2010）。

本稿では、現在の日米両政府が依然、同盟の枢要な戦略的要素とみなしている「核の傘」について、日米両国の解禁済み公文書などからその歴史的形成過程を紐解いていく。そのための分析的記述を進めるに当たってまず、拡大核抑止力を構成する米核戦力の運用実態、すなわち「能力」の内実を検証する。その上で、「能力」を同盟内の安全保障政策に転化していく際に不可欠な米政治指導者の「意図」を観察していく。そして「能力」と「意図」の分析を通じて、米国が日本に供与し続けてきた「核の傘」がいつ構築されたかを考察してみたい。

なお抑止力という概念的な機能を構成する要件には、抑止する側の「能力」と「意図」に加え、抑止される側の心理的な受け止め方、つまり抑止対象者の「認識」が挙げられよう。この「認識」を分析するに当たっては、米国の「核の傘」の潜在的な抑止対象であったソ連や中国、北朝鮮の政策決定者の内心を客観分析しなくてはならないが、紙幅の都合もあって本稿では省略する。

2——朝鮮半島に〝起源〟——核空母の初寄港

米国が同盟国に保証している「核の傘」は〇九年末の段階で、①米北西部三州に配備されている四五〇基の大陸間弾道ミサイル（ＩＣＢＭ）②オーバーホールの二隻をのぞく一二隻の戦略型原子力潜水艦（ＳＳＢＮ）に搭載された潜水艦発射弾道ミサイル（ＳＬＢＭ）二八八基③六〇機の戦略爆撃機——から成る「トライアッド（Triad）」によって構成されている（Norris and Kristensen 2010）。

それでは、米国が冷戦中から日本に差し掛けてきた「核の傘」は、どのように形成されたのだろうか。この大きな問いへの「解」を考案するに当たり、そもそも日本に初めて米国の核戦力が持ち込まれたのは、いつだったのかを考えてみたい。なお本稿で「持ち込み」という言葉は、米軍艦船に搭載された核兵器が日本の港湾や領海内に入ってくる「通過・寄港」も含む広い意味で使うことにする。米国が意味する「イントロダクション（introduction）」は核兵器の陸上配備・貯蔵という「狭義の持ち込み」を指しており、それとは峻別していく。

日本に最初に核兵器が持ち込まれたのは、朝鮮戦争休戦直後の五三年秋とみられる。休戦協定成立から二カ月半後の同年一〇月、米海軍が保有する空母の中でも最も早い時期に核搭載仕様に改造された空母オリスカニ（USS Oriskany）の横須賀寄港が、同艦の航海日誌から確認できる。同艦の極東派遣は、朝鮮戦争で対峙する北朝鮮や中国を抑止することに最大の狙いがあったようだ。当時のオリスカニ艦長、チャールズ・グリフィン（Charles D. Griffin、後の海軍大将）

は退役後の七〇年、米海軍研究所のオーラル・ヒストリーで「オリスカニは海上において、強力な空母航空群の同乗の下、休戦後の緊張状態の中で再燃する〔共産勢力の〕敵対行為をけん制する、ぞっとするような抑止力として貢献〔した〕」と言明している（U.S. Naval Institute1973、太田二〇一〇年）。

また第一九空母航空群司令官としてオリスカニ艦載のＡＪ１爆撃機隊を率いたジェームズ・ラメージ（James D. Ramage、後の海軍少将）は退役後の八五年、米海軍研究所のインタビューに以下のように答えている。

「まだ〔米中の〕交渉ごとが続いていたようで、〔アイゼンハワー＝Dwight D. Eisenhower〕大統領はすぐさま戦争から引き下がるつもりはなかった。（中略）私はグリフィン艦長にこう言ったものだ。『艦長、核攻撃能力については心配に及びません。我々には整備された三六機の航空機があり、核兵器を運搬できるよう訓練された最低四〇人のパイロットがいるのです。彼らはＡＪ機よりも早く攻撃エリアに駆けつけたがっています。だからご心配なく』と。（中略）恐らく一〇月だった。（中略）私は準備態勢を取るよう命じられた。我々は知識面での核に関するあらゆる適正を備えており、確か一〇発か一二発の核を組み立てて用意した。暗闇の中で笛を鳴らしながらの作業だったが、とにかく我々は出撃の準備を整えた。乗組員を選び、すべて用意万端だった」(U.S. Naval Institute 1999, 太田二〇一〇年)。

この証言から、オリスカニが五三年秋の段階で、核攻撃態勢に入っていたことが分かる。すなわち、オリスカニは核攻撃能力を厳然と実証することにより、朝鮮半島における共産勢力の動きを抑止し、韓国を守る「核の傘」となっていたわけだ。そして、その「傘」を提供するオリスカニが日本に寄港していた実態は、その効用が韓国防衛の後背地である日本にも及んでいたと考えていいだろう。

休戦後も有事と絶えず背中合わせにあった朝鮮半島の防衛を主眼に米核戦力が初めて東アジアに展開された経緯を考えれば、その後日本全土に投射されていく「核の傘」の〝起源〟は朝鮮半島にあったとみることができよう。

3——三層構造の「傘」

空母オリスカニの極東派遣以来、米軍核搭載空母の日本寄港が繰り返され、六〇年代に入ると核艦船の日本への立ち寄りは常態化していくことになる。そのことは、オリスカニの艦長だったグリフィンがその後海軍作戦副部長に就任し、六三年三月にケネディ（John F. Kennedy）大統領に対し、「五〇年代初頭から日本に寄港した空母には通常、核兵器が搭載されてきた。太平洋に展開する空母機動部隊を構成する駆逐艦や巡洋艦も同様に〔核〕装備していた」と説明していることからも明らかだ。また六三年二月一五日には、駐日米大使のライシャワー（Edwin O. Reischauer）が「〔核巡航ミサイル〕レギュラスを搭載した通常型潜水艦が定期的に日本を訪れている」との公電をラスク（Dean Rusk）国務長官に送っている。さらに六七年以降は、弾薬補給艦はじめ日本に立ち寄る補給艦船にも核が搭載されるようになり、日本の港湾内での海上核貯蔵システムが確立されていった（太田二〇一〇年、太田二〇〇四年、Burr 2006）。

こうやって恒常化していく日本への海上核戦力配備は東西冷戦の終結まで続くことになり、「核の傘」の実体を裏打ちする「能力」の一角を形成した。なお、横須賀や佐世保への核艦船進入が繰り返されるに当たっては、核兵器を搭載した艦船や航空機の一時立ち寄りを、日米安全保障条約改定時に新設された事前協議の対象としない「日米核密約」が背景にあったことをここで指摘しておきたい（外務省有識者委員会二〇一〇年、波多野二〇一〇年、太田二〇一〇年）。
「傘」の効果を創出する「能力」は、他にも存在した。まず、七二年まで米軍の施政権下にあった沖縄に大量配備された戦域・戦術核戦力である。沖縄への核配備は、西ドイツやアラスカ、韓国、フィリピンよりも早い五四年末から五五年初頭にかけて開始されている。核爆弾以外にも核砲弾の「２８０ミリ銃」や「１５５ミリ榴弾砲」、核巡航ミサイル「マタドール」、「核機雷」や地対地核ロケット「オネスト・ジョン」、地対空核ミサイル「ナイキ・ハーキュリーズ」、短距離核弾道ミサイル「ラクロス」、空対空核ミサイル「ファルコン」、地対地核ミサイル「リトル・ジョン」、核無反動ライフル「デイビー・クロケット」など、計一八種類もの核が六六年までに搬入され、その多くが七二年の本土復帰まで配備され続けた。

中でも中国を射程に収める中距離核巡航ミサイル「メースB」の配備は、東アジアの鋭い緊張状態を反映していた。また、ベトナム戦争ピーク時の六七年には総計一二〇〇発以上もの核兵器が沖縄に集積し、アジア最大の核補給基地として「核の傘」の一翼を担った。アジア・太平洋地域には六七年時点で計約三二〇〇発の核が貯蔵されていたが、沖縄に配備された核兵器総数は韓国（八〇〇〜九〇〇発）やグアム（五〇〇発超）を完全に凌駕していた。このことから、沖縄がアジア最大の「核弾薬庫」だったことが明白に読み取れる（Norris, Arkin and Burr 1999）。

また日本本土には五四〜六五年、核爆発を引き起こす「コア」と呼ばれる核物質部分を抜き取った「非核コンポーネント」が三沢や横田、板付の各米軍基地に配備され、有事の際には、沖縄から輸送機で「コア」を搬入して核爆弾を組み立て、本土の各基地に待機する戦闘機や爆撃機で核攻撃を仕掛ける態勢が整っていた（太田二〇一〇年、太田二〇〇四年）。

日本に寄港する核艦船と沖縄に地上配備された核戦力に加え、もう一つ「核の傘」を支える重要な〝スポーク〟があった。それは、六〇年代に入り西太平洋への作戦航行を本格化させるSLBM搭載型のポラリス型戦略潜水艦やグアムに展開する戦略爆撃機、米本土配備のICBMからなる戦略核戦力だった。

こうして核搭載空母オリスカニが寄港した五三年以降、①日本の港湾に立ち寄る空母機動部隊からなる海上核戦力②沖縄に配備された戦域・戦術核③米本土や西太平洋に配備・展開した戦略核――といった「能力」が日本周辺に徐々に築かれ、六〇年代前半までに三層構造の「核の傘」が実体的に形成されるに至った。

4――日本防衛のための拡大核抑止

次に、日本を含む東アジア地域に核戦力を投射してきた米国の「意図」を分析することで、「核の傘」が形成されていった経緯を考えてみたい。

日本に最初の核空母オリスカニを派遣したアイゼンハワー政権が日本防衛の観点から、拡大核抑止をいかに考えていたかを示す米側文書の存在は、現段階において筆者の知る限り、確認されていない。ただ、同政権末期に作成された報告書「一九六二年七月一日までの米国と同盟国の限定的軍事作戦の能力」の草案には、以下の興味深い下りが登場する。

「極東は核能力が明らかに必要とされる地域だ。相当規模に上る、よく組織化された攻撃で共産軍が極めて迅速な初期的な勝利を修める一方、非核戦力でその進撃を食い止めるのに必要な〔米軍の〕兵力や基地、施設は限界に達し〔米軍が〕重大な危険に直面しかねない状況が想定される」（太田二〇一〇年）。

当時から極東の「ホットスポット」は朝鮮半島と台湾にあるとの認識が米政府内では定着しており、通常戦力で不利な対ソ軍事バランスを考慮して大量報復戦略を採用したアイゼンハワー政権が、韓国、台湾防衛のために核使用すら場合によっては辞さないとの戦略的思考を取っていたことが読み取れる。この報告書には日本防衛に関する個別の記述は見当たらないが、東アジアで共産勢力を封じ込める有効な手段の一つして核を活用する「意図」があったことは明らかだ。また米解禁公文書によると、ダレス（John Foster Dulles）国務長官は朝鮮戦争休戦後の五三年末、英国のチャーチル（Winston Churchill）首相らに対し、「休戦協定が得られた主たる理由は、我々がもっとより激しいスケールで戦闘活動を行う準備をしていたからだ。こうした限られた人数の会合だから、言明するのは差し支えないが、我々は原爆攻撃を行うための手段を既に戦場に配備していた。このことは中国の持つ優れたインテリジェンス網を通じて、彼らも知るところとなった」（U.S. Department of State1984、太田二〇一〇年）と語っている。

そして大量報復戦略の硬直性を問題視し、新たに柔軟反応戦略を採用したケネディ政権期に入ると、日本防衛を目的とした拡大核抑止の効用が、米政府内でも明確に意識され始めるようになる。例えば、六二年二月に来日したギルパトリック（Roswell Gilpatrick）国防副長官は池田勇人首相や大平正芳外相との会談後、日本側との協議内容や合意結果をケネディ大統領に報告するための覚書を作成し、その中でこう明記している。

「米国の核の力は、共産主義勢力による日本へのいかなる原爆攻撃も抑止することに貢献しなければならない」(U.S. Department of State1996、太田二〇一〇年)。

ギルパトリックが言う「米国の核の力」が米核戦力のうち具体的に何を指すのかは不明だが、核保有大国ソ連や核武装化を既に進めていた中国の先制核使用を抑止するために米核戦力が重要であるとの認識が、日米協議を受けた大統領あて覚書の中で指摘されていることは特筆に値する。なぜなら、ケネディ政権中枢が日本防衛という視座から米核戦力の機能的役割をはっきり意識し、自国の核戦力が同盟国防衛に投射される拡大的効果、つまり「核の傘」の機能的側面を日米同盟の文脈で捉えていたことを示しているからだ。

しかし、六三年秋まで続いたケネディ政権が日本政府首脳に対し、明瞭な形で「核の傘」を約束することはなく、盟主の「意図」の表明はジョンソン(Lyndon B. Johnson)政権の登場を待つことになる。

5――「意図」の確認作業

「核の傘」で日本を守る――とした米国による最初の「意図」の表明は六五年一月の日米首脳会談で行われている。日本側会談記録によると、佐藤栄作首相は六五年一月一二日のジョンソン大統領との会談で、中国の核武装に対抗するため、日米安保条約に基づき「核で攻撃された場合、通常兵器の場合と同様に」日本を守ってもらいたいと要請した。ジョンソンはこれを快諾し、「日本の立場」に理解を示した上で「核保有国の数を増やしたくない」と表明した。また米側会談記録には、ジョンソンが「核抑止力」という言葉を使って、こう明言したことが記されている。

「日本は核兵器を保有していないが、米国は保有している。だから日本の防衛のために、日本が我々の核抑止力を必要とするなら、米国は〔対日防衛〕義務を守り、その防衛力を提供する」（太田二〇一〇年）。

この大統領の言質により、ジョンソン政権から「核の傘」の確約が得られたと言っていいだろう。この「意図」の表明は、佐藤にとって十分満足できる成果だったようだ。ジョンソンの発言を聞いた佐藤は即座に「それが私の聞きたかったことだ。しかし、このことは公の場では言えない」と答えている。また佐藤はこの日の日記に「短刀直入《ママ》に会談に入り、三八度線、形はともかく台湾、ベトナムも退かないとはっきり答へ、日本の防衛に任ずるから安心しろとすべて話はとんとん」としたためている（太田二〇一〇年、佐藤一九九八年）。

佐藤はこのジョンソンとの会談翌日、「傘」の保証をより確かなものにしようと、今度はマクナマラ（Robert S. McNamara）国防長官に対し踏み込んだ発言をしている。同月一三日の会談のやり取りを記した日本側会談記録には、こう明記されている。

「中共の核爆発の性質については昨夜（ＣＩＡから）説明を聞いた。しかしながら日本は核兵器の所有あるいは使用についてはあくまで反対である。日本は技術的にはもちろん核爆弾を作れないことはないが、ドゴールのような考え方は採らない。また、核兵器の持込みということになれば、これは安保条約で規定されているのであって、陸上への持込みについては発言に気をつけていただきたい。もちろん戦争になれば話は別で、アメリカが直ちに核による報復を行なうことを期待している。その際、陸上に核兵器用施設を作ることは簡単ではないかも知れないが、洋上のものならば直ちに発動できるのではないかと思う」（太田二〇一〇年）。

核武装を進める中国の動きを強く警戒する佐藤が、中国と「戦争」になった場合、「直ちに核による報復」に踏み切るよう暗に要請しており、先制核使用を含めた中国への核報復の敢行を促す佐藤の強烈な「核への信奉」が浮かび上がる。

さらに、この二年一〇カ月後の六七年一一月、佐藤は再度、ジョンソンとの会談で「意図」の確認作業を行っている。同月一五日、佐藤はジョンソンと以下のやり取りをしている。

佐藤　今回の訪米の前に天皇陛下に拝謁したところ、陛下も日本の安全保障ということを心配されていた。前回の訪米の際に大統領は、私に対して、日本に対する any attack に対しても日本を守ると約束された。その後、中共が核開発を進めるに至ったことにも鑑み、先に大統領の与えられたコミットメントが、我が国に対する核攻撃に対しても同じように適用されることを期待したい。沖縄返還も今日このようなことになって来ていることでもあり、それとの関連で、陛下は日本の安全について色々心配しておられるので、ここでこの問題に触れた次第である。

ジョンソン 我々の間にはすでにコミットメントがある。（中略）私が大統領である限り、我々の間の約束は守る。私は、総理の率直な意見の開陳に感謝する。私の念頭には常に世界の安全の問題があり、日本の安全も同様である（楠田二〇〇〇年）

驚くことに、佐藤がわざわざ天皇との謁見内容を披歴しながら、天皇の「心配」を強調している。そして、ジョンソンから「核の傘」の確約、特に核開発を進める中国の核攻撃を想定した対日防衛義務を取り付けることに腐心しているのが分かる。戦後の日本国憲法下で象徴天皇となった今上天皇の言葉を持ち出すのは対外交渉では「奥の手」だろう。対中脅威論者である佐藤がいかに「核の傘」を重大視していたかがよく伝わってくる。

一方、「私が大統領である限り」との条件付きながらも、佐藤は同盟の盟主から「核の傘」供与の「意図」をしっかりと取り付けている。なおジョンソンの確約はあくまで口頭で行われており、日米間の正式書面にはなっていない。しかしそれでも、日本が同盟を組む米国トップの発言の意味は圧倒的に重い。従って、六五、六七両年に行われた日米首脳会談を通じて米側の「意図」の表明が繰り返しなされており、それまでの「能力」配備実態と考え合わせると、日本への「核の傘」は六〇年代後半までに確立されたと結論付けることができよう。

6――おわりに

佐藤とジョンソンが政治の表舞台を去った後の一九七五年、三木武夫首相とフォード（Gerald Ford）大統領は八月の首脳会談で「共同新聞発表」を行い、米国の「核の傘」の日本防衛上の役割についてこう明記した。

「米国の核抑止力は、日本の安全に対し重要な寄与を行うものであることを認識した。これに関連して、大統領は、総理大臣に対し、核兵力であれ通常兵力であれ、日本への武力攻撃があった場合、米国は日本を防衛するという相互協力及び安全保障条約に基づく誓約を引続き守る旨確言した」（三木・フォード共同新聞発表、七五年八月六日）。

第4章

日本における「核の傘」の歴史的形成過程

太田昌克

「核の傘」がいつから日本に供与されたのか、という問いの「解」を導くに当たり、「傘」の確約が初めて日米間の公式文書に明示されたこの共同新聞発表を重視する研究者や実務者もおられるはずだ。しかし、筆者はあえて六〇年代半ばに行われた二つの日米首脳会談で米側首脳から表明された「意図」と、それまでに形成されていた三層構造の「能力」の重要性を強調したい。

なぜなら、六〇年代の「意図」の確認作業を通じて、日米両国は七〇年の日米安保条約の自動延長へと歩を進めると同時に、日本は独自核武装の選択肢を封印し核拡散防止条約（NPT）体制への参加に踏み切った歴史的文脈を考慮するからだ。また六七年首脳会談後に佐藤政権は、現在にも続く「核四政策（①非核三原則②核廃棄を念願するが、現実的にすぐ実現できないため当面は実行可能な核軍縮に力を注ぐ③米国の「核の傘」に引き続き依存する④核エネルギーの平和利用に全力で取り組む）」を採用しており、こうした国策の重大決定が「核の傘」の存在を前提としているためだ。

最後に、こうした歴史的過程を通じて形成された「核の傘」の今日的な意味に若干言及しておきたい。

東西冷戦が終結して二〇年の歳月が流れたが、東アジアの軍事的緊張状態は緩和するどころか、むしろ激化しかねない方向に進んでいることは、北朝鮮の核開発や中国の軍事力増大を勘案すれば、論をまたないであろう。そうした意味で、日本の国防にとって「核の傘」が依然肝要との意見は理解できる。

ただ一方で、北朝鮮やイラン、シリア、そして二〇〇三年に発覚したパキスタンを扇の要とした「核の闇市場」といった核拡散の実情を考えると、「核のパワー」に国家の安全を委ねることを絶対視する政策には疑問を差し挟まざるを得ない。「核の傘」の恩恵を受けられず、自国の安全保障に不安を感じる者が自ら「傘」を開く必要性と動機に正統性を付与しかねないからだ。

オバマ政権が「核兵器の役割低減」を志向するのは、こうした「核のジレンマ」に気付いているからだろう。核廃絶を究極目標に掲げてきた日本政府もそうしたジレンマをしっかり認識した上で、「核の傘」がもたらす拡大核抑止をただ神聖視するのではなく、過去の抑止効果の科学的かつ歴史的検証を踏まえた上で、他国や第三者に核拡散の動機や正統性を与えない総合的な拡大抑止、また中核抑止の在り方を考えていくべきだ。核テロや懸念国への核拡散により、「核のリスク」はむしろ冷戦時代より高まっている。思考停止を続けることはもはや許されない。

【引用文献】

Robert S. Norris, William M. Arkin and William Burr, "Where they were: Between 1945 and 1977, the United States based thousand of nuclear weapons abroad," *Bulletin of the Atomic Scientists*, Vol.55, No.6 (November/December 1999).

"Arms Control Today 2008 Presidential Q&A: President-elect Barack Obama," *Arms Control Today*, Volume 38, Number 10 (December 2008).

William Burr ed.," How Many and Where Were the Nukes? What the U.S. Government No Longer Wants You to Know about Nuclear Weapons During the Cold War," *National Security Archive Electronic Briefing Book* No. 197, August 2006, NSA website.

外務省有識者委員会「いわゆる『密約』問題に関する有識者委員会報告書」(二〇一〇年)。

楠田實『楠田實日記——佐藤栄作総理首席秘書官の二〇〇〇日』(中央公論社、二〇〇〇年)。

波多野澄雄『歴史としての日米安保条約—機密外交記録が明かす「密約」の虚実』(岩波書店、二〇一〇年)。

Robert S. Norris and Hans M. Kristensen, "U.S.nuclear forces, 2010," *Bulletin of the Atomic Scientists*, May/June 2010.

Barack Obama, Remarks by President Barack Obama, Hradcany Square, Prague, April 5, 2009, provided by White House.

太田昌克『盟約の闇——「核の傘」と日米同盟』(日本評論社、二〇〇四年)。

太田昌克『アトミック・ゴースト』（講談社、二〇〇八年）
太田昌克『核の傘の構築をめぐる歴史的分析——同盟管理政策としての日米密約』（政策研究院大学提出博士論文、二〇一〇年）。
佐藤栄作『佐藤栄作日記　第二巻』（朝日新聞社、一九九八年）。
U.S. Department of Defense (DOD), Nuclear Posture Review Report (April, 2010), DOD website.
U.S. Department of State, *Foreign Relations of the United States: 1952-54, Vol. V*, Major Meeting with European Leaders (Washington D.C.: U.S. Government Printing Office, 1984).
U.S. Department of State, *Foreign Relations of the United States: 1961-1963, Vol. XXII*, Northeast Asia (Washington D.C.: U.S. Government Printing Office, 1996).
U.S. Naval Institute, *The Reminiscences of Admiral Charles Donald Griffin, U.S. Navy (Retired), Volume I* (U.S. Naval Institute, Annapolis, Maryland, 1973). この資料は日米史家の新原昭治氏より貸与賜った。
U.S. Naval Institute, *The Reminiscences of Rear Admiral James D. Ramage, U.S. Navy (Retired)* (U.S. Naval Institute, Annapolis, Maryland, 1999). この資料は新原昭治氏より貸与賜った。

なお本稿の執筆にあたっては、同じテーマを扱った優れた先行研究である、等雄一郎「非核三原則の今日的視点——『核の傘』・核不拡散条約・核武装論——」『レファレンス』第六七九号（二〇〇七年八月）も参照した。

第5章

北朝鮮の核問題をめぐる関係国の対応とその収支

秋田浩之

1――はじめに

北朝鮮は一九九三年に核拡散防止条約（ＮＰＴ）からの脱退を宣言して以来、核兵器保有国への道をひた走っている。すでに核実験を二度も強行し、ミサイルの開発も加速しているもようだ。二〇一〇年秋には従来のプルトニウム型に加えて、濃縮ウラン型の核施設の存在も明らかになった。

北朝鮮がこのまま核兵器保有国になれば、北朝鮮のミサイル射程の範囲内にあり、敵対的な関係にある日本は極めて深刻な脅威にさらされる。では、北朝鮮の核計画を封じ込めるにはどうすればよいのか。この問いへの答えを探るのが、この章の目的である。

北朝鮮問題への処方せんを探るにはまず、なぜ、これまでの外交努力が失敗したのかを分析しなければならない。そのうえで失敗の原因を精査し、同じてつを踏まないようにすることが肝心だ。

本章ではこうした視点から、国際社会の圧力を巧みにかわし、核兵器の開発計画を着実に進めてきた北朝鮮の行動パターンを主に分析する。対象にしたのは北朝鮮がＮＰＴ脱退宣言をし

第5章 北朝鮮の核問題をめぐる関係国の対応とその収支

秋田浩之

た九三年から、二度目の核実験を強行した〇九年までの約一六年間である。

そこから浮かび上がる行動パターンは単純にいえば次のようになる。

北朝鮮はまず、核開発を加速したり、ミサイルの発射に踏み切ったりするなど、軍事的に「暴走（挑発）」する。すると、関係国はそれを止めようと北朝鮮に外交的に働きかけ、それでも言うことを聞かないなら制裁などを加えようとする。

北朝鮮は対立が抜き差しならなくなる直前まで緊張を高め、ぎりぎりのところで「暴走」を止め、そして関係国に要求する。「もし、核計画（ミサイル開発）を中断したら、見返りに何をしてくれるのか」と。

すると、軍事衝突を望まない関係国は内心、北朝鮮がひとまず「暴走」をやめ、対話に応じたことに胸をなで下ろし、交渉のテーブルに着くことに同意する。そこからはたいてい、北朝鮮のペースだ。関係国は長く、難しい交渉の末に、北朝鮮から十分とは言えない譲歩を引き出すにとどまり、見返りに寛大な経済支援を与えてしまう。

こうした見返りを得た北朝鮮はしばらくおとなしくしているが、一定の期間が過ぎると「暴走」を繰り返し、再び、新たな見返りを要求するのである。

もちろん、北朝鮮との交渉にはさまざまな駆け引きがあり、事態はいつもこの通りに展開してきたとは限らない。だが、九三年から〇九年までの対北朝鮮交渉をおおくくりにしてながめると、おおむね「北朝鮮による暴走→暴走停止の見返り要求→見返りの供与」というパターンをたどっていることが分かる。

では、なぜ、日米韓や中国、ロシアは北朝鮮のこうした行動に歯止めをかけ、核兵器やミサイルの開発をやめさせることができなかったのか。別の言い方をすれば、どうして北朝鮮は何度も同じ手口を使い、関係国から見返りを食い逃げすることができたのか。この問いへのヒントを得ることも本章の目的の一つである。

〇九年以降も北朝鮮の挑発行為はやむどころか、むしろ激しくなっている。二〇一〇年三月には韓国哨戒艦である「天安」を魚雷によって沈没させたほか、一一月に入ってからは韓国への砲撃に踏み切った。今後も危険な挑発に出る可能性がぬぐいきれない。そうした事態を防ぐためにも、いまこそ過去の失敗から教訓を学ぶ必要がある。

2 ――「暴走」と「ごほうび」の連鎖――北朝鮮との交渉パターン

九三年から〇九年までの北朝鮮をめぐる危機は主に三つに分けられる。第一幕が北朝鮮のNPTからの脱退宣言を受けた危機だ。北朝鮮による核開発が最初に国際社会を揺るがしたできごとである。このときは米政府が一時期、限定的な北朝鮮への空爆をも検討したとされ、緊張は大きく高まった。

第二幕ともいえるのが、九八年のミサイル危機だ。九八年八月に北朝鮮がテポドン1号とみられる中距離弾道ミサイルを発射し、日本列島の上空を通過させた。ミサイルの飛距離がさらに伸びれば、米国にも脅威が及びかねないため、当時のクリントン米政権は深刻に受け止め、オルブライト国務長官を平壌に派遣し、直接交渉に当たった。

第三幕は〇二年一二月に始まった。北朝鮮は核施設の凍結を解除し、核爆弾の原料であるプルトニウムを得るため、核燃料棒の再処理を始めた。〇六年一〇月には初の核実験を強行。〇九年四月にはテポドン1号よりも射程が長く、グアムやアラスカも視野に入れるといわれるテポドン2号改良型を発射した。

これら三つの危機に際し、北朝鮮は米国をはじめとする関係国を相手に、どのような駆け引きを演じ、見返りを手に入れたのか。北朝鮮の行動を①「暴走」②暴走停止の約束③見返りの獲得――の三段階にわけて分析する。

（1）危機の第一幕――NPTからの脱退宣言（九三～九四年）

北朝鮮の「暴走」は九三年三月に突然、始まった。NPTから脱退すると宣言し、核開発に着手する姿勢をにじませた。NPTから抜ければ、同条約がうたっている「非核兵器保有国は核兵器を製造せず、取得もしない」という規則から自由になる。このため、北朝鮮がいよいよ核兵器の開発に本格的に動き始めたという見方が広がり、朝鮮半島の情勢は一気に緊迫した。

これに追い打ちをかけるように、北朝鮮は同年五月には中距離弾道ミサイルである「ノドン」の発射実験に踏み切った。これは射程一〇〇〇キロメートルといわれ、日本列島を射程内におさめる能力がある。

この二つの動きは韓国だけでなく、日米にとって深刻な脅威になりかねないものだった。北朝鮮が核兵器を保有し、それをノドンの先端に搭載する技術を得てしまったら、日本や在日米

第5章 北朝鮮の核問題をめぐる関係国の対応とその収支

秋田浩之

軍に直接、核攻撃できるからだ。

当時のクリントン米政権はこうした事態を阻むため、北朝鮮の核施設への限定的な空爆なども検討するに至った。

ところが、北朝鮮は同年六月に、いったんこうした「暴走」をやめる。そのうえでNPT脱退を停止し、一部の核施設への査察に同意した。ただ、その見返りとして、「核兵器を含む武力による威嚇・行使をしない」との約束を米国から取りつけた。

収束したかにみえた危機は翌九四年五月に北朝鮮の「暴走」によって再燃する。北朝鮮が核施設から燃料棒を取り出し、核爆弾の原料となるプルトニウムを抽出する動きを見せはじめた。さらに六月には棚上げしたはずのNPT脱退を改めて宣言したのである。

米国は北朝鮮に核開発をやめさせるため、国連安全保障理事会に制裁の発動を提案した。米政府内では北朝鮮への武力行使の可能性も改めて検討された。これに対し、北朝鮮は制裁は戦争を意味すると警告し、一触即発の状態になった。

北朝鮮はこうして危機を瀬戸際まであおったうえで、再び、「暴走」にブレーキをかける。金日成主席がカーター米元大統領の訪朝を受け入れ、三時間にわたって会談。米朝協議に応じるとともに、その間は核開発を凍結することに同意したのだ。

それから四カ月後の同年一〇月。北朝鮮は米国との「枠組み合意」を受け入れた。北朝鮮が核開発を凍結し、NPTに復帰する見返りとして、米国などが軽水炉やエネルギー支援を供与するという内容だった。

ここから浮かび上がるのは、北朝鮮が以後、何度となく繰り返す行動パターンである。まず、核・ミサイル開発などの「暴走」によって危機をつくり出す。瀬戸際まで緊張を高めたうえで、「暴走」をやめる用意があると打診、その見返りとして米国による安全の保証や経済支援を求める——というものだ。

単純なからくりにみえるが、この手法に日米韓中などはほんろうされ、結局、北朝鮮に支援を食い逃げされ続けるのである。

では、ここで九三～九四年の危機・第一幕の北朝鮮と米国の取引のバランスシートをみてみよう（図表5—2）。

北朝鮮が得た見返りは主に二つある。ひとつは米国からの「武力による威嚇・行使をしない」との確約（口答による安全保証）であり、もうひとつは軽水炉とエネルギー支援だ。

これに対し、北朝鮮が示した譲歩とは、核燃料棒の取り出しなどによるプルトニウムの生産中止とNPT復帰の約束にすぎなかった。いずれも北朝鮮は「暴走前」の状態に戻るだけであ

図表5－1

	北朝鮮の「暴走」	暴走停止の約束	獲得した「見返り」
1993年 3月	NPTの脱退宣言		
5月	日本に向けノドン発射		
6月		NPT脱退、一時停止	米、武力威嚇しないと約束
1994年 5月	燃料棒取り出し		
6月	再びNPT脱退宣言	カーター訪朝受け入れ	
10月		米朝枠組み合意	軽水炉、エネルギー支援

図表5－2　<米朝の取引のバランスシート>

見返り　米の安全保証（口頭）、軽水炉・エネルギー支援
北朝鮮の約束　－）プルトニウム生産中止、NPT復帰約束

軽水炉・エネルギー支援
ノドン開発推進、米との関係改善

り、何ら新しい義務を負ったわけではない。

北朝鮮がとった行動と見返りを差し引きすると、どうなるか。上の図表にみられるように、軽水炉・エネルギー支援とノドン開発推進、米国との関係改善という三つの利益を得たことになる。

(2) 危機の第二幕——テポドン発射が生んだミサイル危機（九八〜二〇〇〇年）

北朝鮮をめぐる危機の第二幕は、九八年八月の弾道ミサイル「テポドン」の発射が引き金となった。テポドンは

日本列島の上空を通過した。九三年のノドン発射のときにはさほど強く反応しなかった日本も、自分の頭上を北朝鮮のミサイルが通過したと知り、強く反発した（図5―3）

さらに、米国にとってもこの事態はより深刻な脅威を意味した。米国に届かないノドンならともかく、テポドンミサイルがさらに進化すれば、北朝鮮がグアムやアラスカなど米国を直接、射程におさめられるミサイルを手にすることを意味する。

案の定、米国はそうした事態を避けるため、北朝鮮との直接交渉に乗り出した。北朝鮮は九九年五月にペリー元国防長官の訪中を受け入れ、交渉の地ならしに入り、同年九月には米朝交渉が続いている間は、少なくともミサイル発射を凍結することを約束した。

その後、北朝鮮は凍結からさらに踏み込み、二〇〇〇年一〇月にはテポドン実験の中止も示唆した。

ただ、北朝鮮は当然ながら、テポドン発射実験を無条件に止めたわけではなかった。発射凍結を確認し、さらには中止も示唆する一方で、しっかりとその見返りも手に入れた。

具体的にはオルブライト米国務長官（当時）による同年一〇月の北朝鮮訪問がその象徴だ。北朝鮮は朝鮮戦争を米国と戦って以来、休戦状態を実現するにとどまっており、米朝で完全な和平を結ぶには至っていない。

図表5－3

	北朝鮮の「暴走」	北朝鮮の約束	与えた「ごほうび」
1998年 8月	テポドンの実験		
10月		米朝ミサイル協議再開	
1999年 5月		ペリー調整官の訪朝受け入れ	
9月		米朝交渉中の発射凍結を約束（ベルリン）	米、一部制裁解除に合意
2000年 7月		米朝外相会談（タイ）	
10月		テポドン発射凍結を確認	敵対関係解消、オルブライト訪朝で合意
		テポドン実験中止を示唆	オルブライト訪朝、クリントン大統領の訪朝検討

図表5－4　＜米朝の取引のバランスシート＞

見返り　米国務長官の訪朝、敵対関係の解消（共同文書化）
約束　－）テポドン発射凍結
米朝関係の改善

こうしたなか、米国の外交トップである国務長官の訪朝は大きな意味がある。米国は北朝鮮を交渉相手国として認知したことになるからだ。

北朝鮮は、米国も射程に収めかねないテポドンを試射し、米国が脅威を感じる状況を意識的につくりだした。そのうえで約一年半の交渉の中で、自らつくりだした脅威を取りのぞくだけで、オルブライト長官の訪朝や一部制裁解除などの譲歩を米側から引き出したのである。

ここでも第一幕と同様、北朝鮮

が日本列島を越えるテポドン発射という緊張をつくりだし、それを交渉カードに使うことで、米側から安全の保証や国務長官の訪朝を取りつける北朝鮮の行動パターンがうかがえる。

では、危機の第二幕における米国と北朝鮮のバランスシートをみてみよう。

まず、北朝鮮が約束した主な内容は、テポドンなどミサイル発射の凍結である。これに対し、米側はオルブライト国務長官の訪朝と米朝の敵対関係の解消をうたった共同文書に応じた。

この米朝の取引をいまから振りかえれば、北朝鮮に有利な内容といえる。北朝鮮はテポドンを再び発射することはないと約束したが、その数年後にはこの約束をほごにし、発射を強行している。

北朝鮮は後に空手形となる小切手を米側に渡し、そのかわりにオルブライト訪朝と米朝共同文書の二つを手に入れた。対米関係の打開を熱望する北朝鮮にとっては願ってもない取引だったといえる。

（3）危機の第三幕——核開発の加速、そして核実験へ（〇二～〇九年）

危機の第三幕は〇二年秋に始まった。ブッシュ政権のケリー国務次官補が訪朝した際、北朝鮮は濃縮ウラン型の核計画の存在をにおわせた。

同年一二月には核施設の建設の凍結を解除し、さらに北朝鮮が核開発をしないよう監視に当たっていた国際原子力機関（ＩＡＥＡ）の査察官を追放した。翌〇三年一月にはＮＰＴ脱退を表明。九三年と同様、日米韓などが強く反発し、北朝鮮をめぐる情勢は一気に緊迫した。

当時、ブッシュ政権はイラク戦争に突入しつつあり、イラクと同様、北朝鮮を「ならず者国家」と呼び、強硬姿勢を強めていた。北朝鮮はこのまま緊張を高めるのは得策ではないと判断したのだろう。同年八月からの六カ国協議の開始には応じた。そのうえで、六カ国協議を舞台に、「暴走」と譲歩を組み合わせたお得意の駆け引きを始めたのである。

そうした北朝鮮の行動パターンは、以下の図表５―５にはっきり表れている。

北朝鮮による最初の「暴走」は「燃料棒八千本の再処理終了の宣言」（〇三年一〇月）だった。これが事実なら、北朝鮮は核爆弾の燃料となるプルトニウムを本当に手に入れたことになる。さらに〇五年二月には「核兵器の保有宣言」に踏み切った。この間、六カ国協議は開かれていたが、北朝鮮が核開発の停止にさまざまな条件などを付けたため、交渉は決裂寸前までいった。

北朝鮮はこうして緊張を高めたうえで、同年九月に日米韓中ロに歩み寄り、「核兵器放棄」「Ｎ

ＰＴ早期復帰」を約束した。その代わりに、米国などは北朝鮮に主に三つの見返りを与えた。①「侵略せず、攻撃もしない」との約束②米朝の関係正常化に向けた目標の確認③軽水炉供与の協議――である。

ここまでが危機・第三幕の前半だとすれば、後半の駆け引きは〇六年の北朝鮮による新たな「暴走」から始まった。北朝鮮は同年七月にミサイルを連射し、一〇月にはついに初の核実験に踏み切った。

危機感を強めた日米韓中が六カ国協議の再開を呼びかけると、北朝鮮も同年一二月に受け入れた。

そこからは北朝鮮がサラミを切るように小刻みの譲歩（約束）を示し、それに対して関係国がさまざまな見返りを与えるというパターンに陥っていく。

図表5―5の〇七年二月から〇八年一〇月にかけて、北朝鮮は寧辺などの核施設の無能力化を約束したほか、核計画の申告書提出などに応じた。その見返りとして、米政府は北朝鮮へのテロ支援国家指定を解除、米中韓ロによるエネルギー支援も実施された。さらに、北朝鮮のマネーロンダリングに使われていたとされる金融機関「バンコ・デルタ・アジア」への制裁も解除した。

図表5－5

	北朝鮮の「暴走」	北朝鮮の約束	与えた「ごほうび」
2002年12月	核施設建設、凍結解除		
2003年 1月	NPT脱退を宣言		
8月		6カ国協議開始	
10月	「8千本の燃料棒再処理を終了」（北朝鮮）		
2005年 2月	核兵器の保有を宣言		
9月		6カ国協議で核兵器放棄、NPT早期復帰を約束	米、不侵略.不攻撃を約束／米朝正常化の目標確認／軽水炉協議へ
2006年 7月	ミサイル連射（テポドンも?）		
10月	初の核実験を強行		
12月		6カ国協議に復帰	
2007年 2月		6カ国協議、核放棄プロセス合意	
3月			米、BDA資金の凍結解除
7月		寧辺の核施設を停止	エネルギー支援、第1弾
9月		6カ国協議、寧辺など無能力化、年内完了を約束	米のテロ解除作業開始／エネルギー追加支援を取り付け
11月		寧辺などの核施設無能力化に着手	
2008年 6月		核計画の申告書を提出	
7月		6カ国協議、検証メカニズム設置で合意	
10月			米、テロ支援国家指定を解除
2009年 4月	テポドン2号発射		
5月	2回目の核実験強行		
6月	拘束中の米国人記者に有罪判決		
7月	中長距離ミサイル連射		
8月			クリントン元大統領訪朝

図表５－６　＜米朝の取引のバランスシート＞

見返り　米による「安全保証」とテロ指定解除、エネルギー支援
約束　一部核施設の無力化、核申告書の提出

米朝改善、核開発の温存

このうち、米政府のテロ指定解除とバンコ・デルタ・アジア関連の制裁解除は、北朝鮮が強く望んでいたものだった。とくにテロ指定解除の決定は、北朝鮮が核や日本人拉致問題を解決していないにもかかわらず、米朝関係を一歩、前進させることを意味する。日本は米側に強く反対したが、最終的に押し切られた。

しかも、米国が与えたこれらの見返りは結局、北朝鮮に食い逃げされた。〇九年四月以降のできごとをみれば分かるように、北朝鮮は再び暴走モードに入り、テポドン２号の発射や二回目の核実験を強行したのである。その後、一〇年には韓国哨戒艦「天安」を撃沈したり、韓国を砲撃したりするなど、北朝鮮は暴走を加速している。ただ、これまでの行動パターンからすれば、ある程度、緊張を高めたうえで、北朝鮮は再び、暴走を停止すると約束。その見返りを要求し始めるだろう。

危機・第三幕における北朝鮮と米国のバランスシートはどうだったか。ここでもやはり、北朝鮮が得をした結果になっている。

北朝鮮が示した主な譲歩は「寧辺など一部核施設の無力化」と「核計画

申告書の提出」の二つだった。だが、北朝鮮はすでに寧辺以外にも核施設を持っているとされ、寧辺の施設を無力化しても核計画への支障はさほど大きくないもようだ。核計画申告書についても、すべての計画が網羅されている保証はない。

これに対し、米国はテロ指定解除に踏み切ったほか、他の関係国と一緒にエネルギー支援の供与にも応じた。

〇九年から一〇年末にいたる一連の北朝鮮の暴走をみると、一連の米朝取引のバランスシートは明らかに北朝鮮側のプラスといえる。

(4) 九三～〇九年の対北朝鮮交渉とは何だったのか

北朝鮮による九三年のNPT脱退宣言以来、日米など関係国のこれまでの対北交渉は決して成功だったとは言えない。では、何が問題だったのか。そこからくみ取れる教訓を挙げれば、次の三つになるだろう。

教訓① 北朝鮮は「暴走→約束→暴走」を反復する。米国をはじめとする関係国はそのたびに見返りを与え、ただ食いされてきた。

教訓② 北朝鮮が示した譲歩は本来、当然、履行すべき義務が大半であり、そもそも見返りを与えるに値しない。

教訓③ 北朝鮮に過分な見返りを与えてきたにもかかわらず、北朝鮮の暴走は止まるどころか、むしろ加速している。

（NPT脱退、テポドン実験、核実験…）

3――北朝鮮の暴走を許す構図――後退を続ける米国の「レッドライン」

北朝鮮の「暴走」に見返りを与え、しかもそれを食い逃げされるという失敗はなぜ生じたのだろうか。まず指摘されるべきなのは、米政府による北朝鮮政策の優先順位の問題である。

米国と北朝鮮は太平洋を隔てられており、今のところ北朝鮮のミサイルは米本土には届かない。このため、いちばん米国が懸念するのは北朝鮮の核が流出し、米国へのテロ攻撃などに使われる事態だ。いわば、米国にとっては北朝鮮からの核流出の防止がいちばん優先度が高い。

次に、米国が恐れるのは北朝鮮が米本土を射程におさめる長距離ミサイルを開発し、配備することだろう。北朝鮮がそうしたミサイルを持ち、核弾頭を装着する事態は米国にとって悪夢だ。

この二つさえ阻止できれば、ただちに北朝鮮を非核化できなくても、米国が核攻撃に遭う危険はひとまず防げる――。これが米政府の本音ではないか。そんな前提に立って、米国の北朝鮮政策の優先順位を並べると、次の通りになる。

〈米国の優先順位〉

最優先↓（A）核拡散防止（米国への核攻撃阻止）

（B）長距離ミサイル開発の阻止

（C）北朝鮮の非核化

（D）朝鮮半島の安定

この優先順位を裏づけるのが、図表5―7である。これは北朝鮮が核・ミサイル開発につい

図表5－7　＜レッドラインを突破し続ける北朝鮮＞

レッドライン①＝**プルトニウム増産**　→93～94年に増産許す

レッドライン②＝**プルトニウム再処理**　→03～07年7月(?)まで再処理許す

レッドライン③＝**「テポドン」再発射**　→06年7月、09年4月に相次ぎ発射

レッドライン④＝**核実験**　→06年10月、09年5月に核実験許す

レッドライン⑤＝**核物質・技術の移転**　→07年9月、対シリア協力の疑惑浮上、イスラエルが空爆?

→08年4月、米、北朝鮮の対シリア協力の事実公表

て、「レッドライン（越えてはならない一線）」をどのように突破してきたかを時系列で示したものだ。

ここから分かるのは、米国の優先度が高くないレッドラインから順番に突破されているということだ。

まず、破られたレッドラインが図表5―7の①と②である。これは北朝鮮の非核化にかかわるもので、米国にとっての優先順位は上記の表でいえば（C）だ。

その次の③（テポドン再発射）は米側にとって優先順位（B）の懸案だ。

北朝鮮は最後に米国が最も重視する核拡散（A）のレッドラインも越えようとしている。シリアへの核開発協力である。〇八年四月、米政府は北朝鮮がシリアに核協力していた事実を公表した。米政府はこの問題については極めて深刻に受け止めたとみられる。

ただ、米国は具体的な制裁や強硬措置をとるには至ってい

ない。イスラエルが空爆によってシリアの核関連施設を破壊したとの情報もあり、「実害はない」と判断したのかもしれない。

いずれにしても、米国が核拡散防止を最優先に位置づけ、非核化をその下に位置づけていることを北朝鮮が見透かし、核開発を加速している可能性がある。

4——危機と関与の「比例関係」——変遷する中国の対応

中国の対北朝鮮政策の優先順位はどうなっているのか。結論から言えば、それは以下のような順番になっているとみられる。米国の優先順位とは大きく異なり、核拡散防止やミサイル開発阻止よりも、朝鮮半島の安定を重視する立場をとっている可能性がある。この仮説が正しいとすれば、米中の政策の連携は難しい。

〈中国の優先順位〉

最優先↓（A）朝鮮半島の安定（緊張回避）
（B）北朝鮮の非核化
（C）核拡散防止
（D）ミサイル開発の阻止

上記の仮説が本当に正しいかどうか、分析してみたい。図表5―8は中国が北朝鮮の暴走に対し、どのような行動をとってきたか、順を追って列挙したものだ。最初は傍観を決め込んでいた中国が、渋々ながら関与を強め、説得外交に重い腰を上げるという流れになっている。図表5―8の変化を精査すると、やはり中国の優先順位は上記のA↓Dの順番であることが浮き彫りになる。

まず、フェーズ①では、北朝鮮がNPT脱退を宣言し、核開発計画に動き出した時期だ。北朝鮮は核施設で核爆弾の原料となるプルトニウムを生産し始めたとされたが、中国は傍観者を決め込み、関与に否定的だった。

フェーズ②は九八年の北朝鮮によるテポドンミサイル発射だ。中国は傍観者から一歩、危機

図表5－8

フェーズ① 傍観を決め込む――北朝鮮のプルトニウム増産の時期（93～94年）

北朝鮮問題の関与に否定的	→94年 5月	中国は役割に限界と主張。

フェーズ② 対北朝鮮圧力に抵抗――北朝鮮によるテポドンミサイルの発射（98年）

北朝鮮の擁護に動く	→98年 8月	テポドン発射、中国は国連決議採択に猛反対（結局、報道向け声明で決着）
	99年 6月	江沢民中国国家主席、金永南・最高人民会議常任委員長に米国との関係改善促す。大規模支援も表明

フェーズ③ 説得に乗り出す――北朝鮮が核実験を強行し、核保有宣言（02～09年）

当事国、あくまでも米朝	→02年10月	訪米、核保有認めず、米中で一致
	03年 3月	米中朝の3者協議。米朝接触をお膳立て
当事国として関与へ	→03年 8月	6カ国協議をスタート、議長役をになう
対話に加え、じわり圧力も	→04年 4月	金正日総書記が訪中「核物質輸出で米が攻撃しても止められず」
	05年 5月	核実験「越えてならない一線」、実験なら食糧支援停止（北朝鮮側に非公式に伝達）
圧力に動く、支援も継続	→06年10月	核実験。制裁決議に同意 遼寧省丹東市・吉林省の一部銀行に対北送金業務の停止を通達 胡錦濤国家主席「国際社会の強烈な反応を知らしめる必要がある」（扇参院議長に）
圧力・支援、両方を強化？	→09年 4月	ミサイル再発射。国連決議には反対・報道向け声明を主張（結局、議長声明で決着）
	6月	核実験後の国連決議に基づき、中朝貿易の規制強化。ただ、貿易量は減らず

の回避へ重い腰を上げる。しかし、北朝鮮を非難する国連決議の採択に猛反対するなど、北朝鮮を擁護しようとする行動が目立った。

中国の行動が変わるのはフェーズ③になってからだ。この段階になると、北朝鮮が核実験を強行し、米国などが一気に反発を強めた。中国はこのまま傍観していたら朝鮮半島が極めて緊迫しかねない、と懸念を強めたとみられる。

北朝鮮が核実験の兆しをみせると、中国は食糧支援の停止をちらつかせて圧力をかけた。それでも実験を強行すると、国連での制裁決議に同意したのである。

一連の行動から浮かび上がる中国の特徴は主に二つある。まず、北朝鮮によるプルトニウム増産やミサイル発射にはさほど強い反応を示さなかった。第二に、北朝鮮が核実験に踏み切り、半島情勢がいよいよ緊迫すると、それを回避するために立ち上がり、北朝鮮にあからさまな圧力を加えた。

こうした点から、中国は北朝鮮によるミサイル発射やプルトニウム増産は多少、大目に見ても、朝鮮半島の安定を損なう行動には断固として反対する立場であることがうかがえる。

5 ――ドン・キホーテか、リアリストか――強硬に反応する日本

最後に日本の優先順位を分析してみよう。図表5―9をみていただきたい。

フェーズ①は北朝鮮の九三～九四年のプルトニウム生産への対応だ。このとき日本は不意打ちを食らった格好で、対応は後手に回った。九四年二月になって邦人救出や対北朝鮮制裁の検討が本格的に進み始めた。

フェーズ②になると、日本の危機意識はようやく目覚める。きっかけは北朝鮮が日本上空を通過するテポドンミサイルを発射したことだった。

日本政府は強い反応を示した。ただちに制裁を発動し、米国とのミサイル防衛の共同研究にも合意した。さらに日本独自の情報収集衛星の打ち上げも決めたのである。日本が北朝鮮のミサイルに対し、強い脅威を感じていることを表す動きだ。

フェーズ③では、日本の行動はさらに先鋭化する。北朝鮮がミサイルの再発射に続き、核実験に踏み切ったからだ。日本は六カ国協議のメンバーの中で最も強硬といえる措置をとった。国連決議に基づく制裁に加えて、日本独自の制裁も三回にわたって発動した。

図表5－9

フェーズ① プルトニウム生産に大慌て

ようやく緊急シナリオに着手 →94年 2月 クリントン米大統領と細川首相が会談、米、日本に協力要請
邦人救出・制裁案の本格検討（4省庁会議）

フェーズ② 危機意識のめざめ――ミサイル危機

北朝鮮のテポドン発射に制裁、ミサイル防衛導入へ

→98年 9月	北朝鮮がテポドン発射。食糧支援、チャーター便、日朝国交正常化交渉の凍結からなる制裁発動
	米国とのミサイル防衛の共同研究に合意
12月	**情報収集衛星の打ち上げ、閣議決定**

フェーズ③ 北朝鮮の核実験に強烈に反応

日本、制裁法続々、強硬論の先頭に

→02年10月	小泉首相、第1回目の訪朝
03年 3月	**情報収集衛星、初の打ち上げ成功**
04年 2月	外為法を改正、独自の経済制裁可能に
5月	小泉首相、再訪朝
6月	特定船舶入港禁止法が成立
06年 7月	北朝鮮がテポドン発射。
	第1弾の独自制裁（人的往来、船舶など）
9月	**2回目の情報収集衛星、打ち上げ成功**
10月	北朝鮮が核実験。日本は金融制裁発動
	第2弾の独自制裁（輸入の全面禁止など）
07年 3月	ミサイル防衛システム、日本に初配備（空自入間基地に）
09年 5月	北朝鮮が2回目の核実験。
	第3弾の独自制裁（輸出禁止など）

上記の行動パターンからうかがえるのは、日本は北朝鮮の非核化を最優先に考えているということだ。北朝鮮が核実験を強行すると、日本はそれまでよりもはるかに激しく反発し、制裁を連発した。

これに次ぐ優先順位はミサイルの脅威への対応だろう。北朝鮮によるテポドン発射を受け、日本はただちに米国とのミサイル防衛の共同研究に合意した。さらに独自の情報収集衛星の打ち上げも決めた。

いずれも、日本がいかに北朝鮮のミサイル開発を懸念しているかが分かる。

こうした分析に基づき、日本の優先順位を列挙すると、以下のようになる。

〈日本の優先順位〉

最優先↓（A）北朝鮮の非核化
（B）ミサイル開発の阻止
（C）朝鮮半島の安定
（D）核拡散防止

6——おわりに——米中日、なぜ一枚岩になりきれないのか

これまで日米中の北朝鮮政策の優先順を探ってきた。その結果を取りまとめたのが、以下の図表5—10である。一目して分かるように、三カ国の政策目標には少なからぬ違いがある。

とりわけ深刻なのは、米中だけでなく、日米の優先順位にも食い違いがあることだ。日本にとっては北朝鮮の非核化が最大の目標だ。北朝鮮のミサイルの射程内にある日本にとって、北朝鮮による核兵器保有はただちに深刻な脅威になるからだ。

これに対し、米国としても北朝鮮の非核化を目指しているものの、当面は核拡散防止に最大の力点があるとみられる。

仮に、北朝鮮が核兵器を保有したとしても、いまのところは米本土に届くミサイルを持たない。このため、北朝鮮の核がテロリストや他の敵対国に流出しない限り、理論的には北朝鮮から直接、核攻撃をうける危険はないといえる。

中国の優先順位も日米とは異なる。中国は北朝鮮が核兵器を保有しても、それが自分たちに向けられることは、あまり想定していないだろう。中国にとっていちばん困るのは北朝鮮問題

図表5－10　＜日米中の優先順位にはズレがある＞

	米国	中国	日本
A	核拡散防止	朝鮮半島の安定	北朝鮮の非核化
B	ミサイル開発の阻止	北朝鮮の非核化	ミサイル開発の阻止
C	北朝鮮の非核化	核拡散防止	朝鮮半島の安定
D	朝鮮半島の安定	ミサイル開発の阻止	核拡散防止

図表5－11

米国が最も真剣になるシナリオ → 北朝鮮の核が他国に流出しかねない
放置すれば、他の国々にも核開発が広がりかねない

中国が最も真剣になるシナリオ → 北朝鮮の暴走や崩壊で朝鮮半島が混乱しかねない
日韓なども核保有に動き、緊張が激化しかねない

日本が最も真剣になるシナリオ → 北朝鮮が核弾頭付のミサイルを実戦配備しかねない

が緊迫し、朝鮮半島が不安定になることだ。

日米中の優先順位の違いは、北朝鮮問題をめぐる三カ国の行動にもズレを生みかねない。三カ国とも「北朝鮮の非核化」を掲げているが、必ずしもそれが最優先の緊急課題ではないからである。

そうした構図を整理すると、図表5―11のようになる。

米国が危機を最も真剣に受け止め、対策を講じるシナリオは北朝鮮の核が他国に流出しかねない状況になったときだろう。中国は北朝鮮危機が過熱し、朝鮮半島が混乱に陥りかねなくなった

とき、最も真剣に事態の収拾に動くとみられる。

日本は北朝鮮のミサイル射程にあるため、米国よりも北朝鮮の核計画の進行状況に敏感にならざるを得ない。北朝鮮が核弾頭を軽量化し、ミサイルに装着したら、日本の危機感はいまとは比べものにならないくらい強まるはずである。

北朝鮮は金正日体制から後継体制への移行期にさしかかっている。内政的にも不安定な状態が続くなか、外国により強硬な行動に出てくることも考えられる。一〇年の北朝鮮による韓国哨戒艦の撃沈や韓国砲撃は、そうした危険が現実に迫っていることを改めて印象づけた。

北朝鮮と地理的に近い日本は韓国と並び、関係国の中でもいちばん深刻な脅威を受けている。まずは北朝鮮政策をめぐる日米の優先順位のズレをできるだけ小さくし、北朝鮮につけいるすきを与えないようにすることが急務である。

【参考文献】
全国紙（日本経済新聞、読売新聞、朝日新聞、毎日新聞、産経新聞）
米主要紙（The New York Times, Washington Post, Los Angels Times, etc.）

Emma Chanlett-Avery, Sharon Squassoni, North Korea's Nuclear Test: Motivations, Implications, and U.S.Options, Congressional Research Service, 2006
沖部望『北朝鮮核問題解決に向けた取り組みについて』世界平和研究所、二〇〇四年
冨田恵一郎『核開発問題をめぐる中国の北朝鮮政策』調査と情報、二〇〇六年
Joseph Nye, Will the U.S.-Japan Alliance Survive?, Real Clear World, 2009
Scott A.Snyder, Reaching Out to Touch North Korea: The Sanctions Debate and China, Council on Foreign Relations, 2009
Murray Scot Tanner, China Rethinks Unrest, The Washington Quarterly, 2004

第6章

米軍の再編と東アジア戦略

古本陽荘

1——はじめに

一九六〇年の日米安全保障条約改定から五〇年にあたる二〇一〇年は、日米両国で日米同盟の意義や将来像について語るシンポジウムが相次ぎ、活発に意見が交わされた。だが、鳩山政権が進めた米軍普天間飛行場の移設計画の見直しが迷走した結果、両政府間の同盟深化のための協議は一時的に、棚上げ状態に追い込まれた。他方、二〇一〇年は、北朝鮮による韓国軍哨戒艦「天安」撃沈や韓国・延坪島への砲撃、尖閣諸島周辺海域で起きた中国漁船による海上保安庁巡視艇への衝突など、東アジアの安全保障環境の急激な変化を目の当たりにする年ともなり、広く一般国民が日米同盟の意義について考え直す好機にもなった。

本章では、普天間移設をパッケージに含めた在日米軍再編は、米軍の軍事力の近代化やそれに伴う世界的米軍の配置の見直しの一つの帰結であったことを振り返ったうえで、オバマ政権下で進んでいる米軍の東アジア展開の見直しの方向性について論じる。さらに、本来はパーツに過ぎない基地問題が同盟関係全体を左右する事態に陥った反省を踏まえ、政治制度の改善の必要性を論じることを試みる。

2――ブッシュ政権と軍事力近代化

二〇〇一年からのブッシュ政権は、冷戦後の米軍の軍事力の在り方や世界的な展開について本格的な見直しに着手した。ブッシュ政権の軍事力の近代化のキーワードは「トランスフォーメーション」である。幅広い概念であるが、その主眼は、国防政策が冷戦時代の特定の敵に対処することを念頭においた「脅威ベース」のアプローチから、見えない敵に対し柔軟に機動展開することを重視した「能力ベース」のアプローチへと転換されるのに合わせて、軍事力を変革することであった。

トランスフォーメーションの方向性はまず、ブッシュ大統領が就任前、一九九九年九月に大統領候補として行った演説で示された〔1〕。この中でブッシュ大統領は「次世紀の米軍を迅速に機動展開し、兵站支援の必要性を最小限に抑えたものにする必要がある」と述べ、大統領に就任した場合には大規模な軍事力の変革に乗り出すことを宣言。研究開発費を増額し、米軍を「軽く」し、「より遠方に」「速やかに」展開できるよう装備やシステムを大きく見直す考えを表明した。

さらに、二〇〇一年九月にブッシュ政権下で発表された最初の「四年ごとの国防政策見直し(Quadrennial Defense Review : QDR)」では、トランスフォーメーションの説明のために章(第五章二十一世紀型の米軍創設)を設け、目標として、(1)多層的弾道ミサイル防衛システムなどによる防護能力の向上、(2)情報システム攻撃からの防御や攻撃的な情報戦能力の向上、(3)米軍の戦力投射を拒むアクセス拒否能力への対処、(4)原子力潜水艦への巡航ミサイル配備、無人航空機(Unmanned Aerial Vehicle : UAV)による情報収集・偵察活動、特殊部隊による迅速な作戦活動を通じた敵の「聖域」の打破、(5)宇宙システムにおける能力や生残性の向上、(6)指揮系統や情報システムにおける統合作戦能力の向上、の六つを掲げた。

これを受け、ラムズフェルド国防長官は同年一一月、国防総省内にトランスフォーメーション局を設置し、変革に向けた検討を本格化させた。その結果は、トランスフォーメーションの実現に向けた行程表ともいえる「計画指針」として二〇〇三年四月に公表された。[2] この際、「軍事力の強化」とともに、「国防総省内の業務改革」「他省庁との協力」も柱として据えた。業務改革は無駄を省きトランスフォーメーションのための研究開発費を確保するための努力であり、他省庁との協力は9・11テロ事件の連携不足の反省を踏まえ、「見えない敵」に対処するために政府内の情報共有の必要性を強調したものだった。

他方、トランスフォーメーションはブッシュ政権が突如として立ち上げた構想ではないことも指摘もしておかなければならない。クリントン政権下の九七年、コーエン国防長官の諮問機関である国防協議委員会（National Defense Panel）の報告書「国防を変革する」は、すでにトランスフォーメーションという言葉を使用し、米軍の抜本的改革に乗り出すよう進言していた。[3]また、コンピューター・ネットワークの発展による情報化の飛躍的進歩により、軍の能力を革命的に向上させる「軍事における革命（Revolution in Military Affairs : RMA）」の研究が着々と進んでおり、その成果がトランスフォーメーションを可能とした。

3 ――米軍の兵力態勢見直し

米軍の機動展開能力が飛躍的に向上することを前提に、世界に駐留する米軍の配置についても全面的に見直す作業が始まった。冷戦時代の「仮想敵」から「見えない敵」へと脅威認識の重点が変わり、抑止力としての大規模な米軍の駐留が不要な地域が出てくるのは必然であった。

トランスフォーメーションによって初めて可能となった米軍の再配置であることから、軍の変革と態勢見直しは、表裏一体の関係にあったといえる。

二〇〇一年のQDRを受け、海外に展開する米軍の態勢を見直した作業がグローバル・ポースチャー・レビュー（GPR）である。二〇〇三年一一月の大統領声明で、同盟国や関係国との協議に入ることが正式に発表され、翌年八月にはブッシュ大統領が、退役軍人会の集会で演説し、「一〇年間で六〜七万人の米兵と一〇万人の米兵家族や文民を本国に戻す」との方針を表明した。[4] ブッシュ大統領がこのGPRを進めた背景には、合理的な米軍の再編成という意味合いのほかに、「家族は共に生活すべき」とのブッシュ大統領の保守的な価値観に基づく政治信条が大きな要素として働いていた。

一方、米軍をなるべく本土に戻し、有事の際には本土から機動的に展開するとはいっても、そこには限界があった。例えば、輸送機で簡単に運べるストライカー旅団の導入で陸上部隊の移動が迅速になったとしても、それは前方展開する陸上部隊がいらなくなるほど展開時間が短縮されるわけではなかった。また、朝鮮半島のような冷戦構造が続く地域では米軍の配備による抑止が依然として必要とされた。こうした現実も踏まえGPRでは、トランスフォーメーションで向上した機動展開能力と、実際の安全保障環境への対処との両方のバランスを考慮しな

第6章

米軍の再編と東アジア戦略

古本陽荘

がら、世界に展開する米軍基地の位置付けを整理した。基地の整理統合が進む一方、展開拠点となる基地については、機能を強化する方向性が打ち出された。

国防総省が二〇〇四年九月に連邦議会に提出した報告書「米国の世界的国防態勢の強化」(Strengthening U.S. Global Defense Posture) によると、GPRは海外の米軍基地を（1）戦闘部隊が常駐する海外展開拠点であり、指揮統制機能や家族の生活施設なども充実している主要作戦基地 (Main Operating Bases: MOB)、（2）大規模な部隊は常駐しないもののローテーション配備される部隊の受け入れ先などとして想定されている前方作戦基地 (Forward Operating Sites: FOS)、（3）米軍の常駐は想定されず有事に使用される協力的安全保障施設 (Cooperative Security Location : CSL)、の大きく三つに分類。個別の基地をどう分類したかの詳細は公表しなかったが、沖縄県の空軍嘉手納基地については、MOBとして分類したことを例示した。機能を考えた場合、海軍横須賀基地や空軍三沢基地などもMOBに分類されたと想定され、在日米軍基地の前方展開拠点としての重要性が確認されることとなった。

4——在日米軍再編

ブッシュ政権が当初、大規模な兵力削減を想定したのはドイツの陸軍を中心とする在欧米軍と在韓米軍であった。これに対し、在日米軍は必ずしも大幅削減を想定していなかった。協議を正式にスタートさせた二〇〇二年一二月の閣僚級の日米安全保障協議委員会（2プラス2）では、すでに決まっていた米軍普天間飛行場の移設を実現し、移設に伴う米軍基地の整理縮小案を盛り込んだ沖縄に関する特別行動委員会（SACO）最終報告（一九九六年）を着実に実施していく方針を改めて確認したにすぎなかった。

橋本政権とクリントン政権の間で合意されたSACOプロセスと米軍再編協議とは本質的に性格が異なっていた。SACOは一九九五年の少女暴行事件をきっかけとした沖縄の基地負担軽減を図るための「在沖縄米軍」再編だった。一方、米軍再編協議は技術革新や新装備の導入により可能となった世界的な米軍の再配置の一環であった。この意味からしてSACOにはそもそも限界があった。核開発を進めていた北朝鮮は一九九三年に国際原子力機関（IAEA）を脱退し、日本海に向け弾道ミサイル・ノドンを発射していた。こうした安全保障環境のなか、東アジアからの大規模な米軍撤退は地域を不安定化させることが明白であった。したがって、SACOでは、在日米軍の兵力削減は、米軍の東アジアへのコミットメントが疑われない規模に止める必要があり、在日米軍基地内の合理化による縮小という性格が濃くなった。

一方、ブッシュ政権下の在日米軍再編は、軽量化や情報化といった技術革新により機動的に展開する新しい米軍を想定したもので、海外や米国の基地再編とも連動したものであった。沖縄の負担軽減を求める日本側の要求に対し、米側は海兵隊の司令部要員八〇〇〇人などをグアムに移転する案を提示した。東アジアには北朝鮮など不安定要因が残っているにも関わらず、大幅削減が可能とされたのは、米軍全体の機動展開能力が高まることで、米軍削減による抑止力の減少は限定的との判断があったためだ。

だが、米軍が進めていた変革の意図を日本側が即座に、くみ取ったわけではなかった。国会議員、メディアを含め日本の国内世論全般は、米軍再編協議を再び、普天間移設という基地問題として受け止めた。在沖縄海兵隊の移設先として検討された自治体からは反発の声が上がり、両政府間の協議にも不透明感が漂った。こうした中、在日米軍基地の事情に詳しいアーミテージ国務副長官が二〇〇四年一〇月に来日した際、「個別的な事柄、場所から議論を始めたが、議論のスタート地点が間違っていたかもしれない」と協議を仕切り直す方針を表明した。[5] 日米同盟の本来の目的を確認したうえで、在日米軍と自衛隊の役割や任務について協議し、その結論として個別の基地問題を決着させるというアプローチの転換であった。

この方針に基づき両政府間では、(1)共通戦略目標、(2)役割・任務・能力、(3)基地再編、という三段階で外務・防衛担当閣僚による合意文書が発表された。

二〇〇五年二月の共通戦略目標では、「台湾海峡をめぐる問題の平和的解決」「六者会合を通じた朝鮮半島の非核化の達成」など東アジアの戦略環境に関し認識が共有された。同年一〇月の役割・任務・能力に関する合意では、情報・監視・偵察(ISR)活動や人道救援活動など具体的に米軍と自衛隊が協力を強化すべき分野が例示され、相互運用性を高めていく方針が示された。

これらを踏まえ翌年五月に合意された在日米軍再編の計画が、「再編の実施のための日米ロードマップ」である。普天間飛行場については、沖縄県内にある海兵隊のキャンプ・シュワブの沿岸部に移設。第三海兵遠征軍(3MEF)の司令部機能の大部分をグアムに移転することにより、3MEF要員八〇〇〇人とその家族九〇〇〇人がグアムに移り、人口密度の高い嘉手納基地以南の米軍基地の多くを返還することとなった。また、在日米軍司令部のある米軍横田基地に日米の共同統合運用調整所を設け、航空自衛隊の航空総隊司令部を横田基地に移転するなど、沖縄の基地問題を超えた米軍の再編計画となった。

一方、グアムについては海軍、空軍を中心とした基地の増強計画が別途、動いていた。巡航ミサイル搭載型や特殊作戦部隊仕様の潜水艦の母港化や、戦略爆撃機や無人偵察航空機グローバル・ホークの格納施設の整備などでグアムは戦力投射の拠点となる構想だった。海兵隊司令部のグアム移転は、グアムの基地機能強化計画に統合される形で可能となった。

5——オバマ政権の国防政策とアジア政策

(1) 継続と修正

二〇〇八年の大統領選挙で当選したオバマ大統領は、共和党のブッシュ政権のゲーツ国防長官を留任させるとともに、大統領選挙では党内最大のライバルだったヒラリー・クリントン氏を国務長官に指名した。ゲーツ長官は米軍再編ロードマップを着実に履行することや弾道ミサイル防衛（ＢＭＤ）に関する協力強化を確認した二〇〇七年五月の２プラス２の当事者であり、対日政策に関する継続性が担保された人事とみられた。

一方、クリントン長官については、大統領候補時の論文で「米中関係は二一世紀の世界で最も重要」と主張していたことから、[6] 日本側に警戒する声があったが、就任間もない二〇〇九年二月に来日し、在沖海兵隊のグアム移転に伴う両国の経費負担に関する協定書に署名した。この際、オバマ政権におけるレビューの結果、日米同盟を強化していく方針に変更はなく、「日米同盟は米国の外交政策の礎（a cornerstone of our foreign policy）」と明言した。[7] オバマ政権はホワイトハウスに招待する最初の外国首脳として当時の麻生太郎首相を受け入れるなど対日重視のメッセージを相次いで出した。

一方、オバマ政権の国防政策については約一年かけ議論した結果が、二〇一〇年二月に新たなＱＤＲとして発表された。ゲーツ長官が二〇〇八年七月に発表した国家防衛戦略（National Defense Strategy）の骨格を継承して、アフガニスタン、イラクで遂行中の戦争に勝つための態勢作りを最大の目的に掲げた。イラク、アフガニスタン両戦争では開戦直後は、精密誘導弾や無人機による爆撃などハイテク兵器で戦果を挙げたものの、次第に即製爆発装置（Improvised Explosive Devise : IED）による攻撃で米兵の死者が増加する傾向が顕著になった。

こうした現実を踏まえ、ゲーツ長官は、米国と同じように兵器の近代化を進める国家を相手とした「正規戦」よりも民衆に混ざりゲリラ化した相手と戦う「非正規戦」に重点を置く姿勢に転じた。ゲーツ長官はＱＤＲに先立ち、単価が計画を大幅に上回っていたうえ、対テロ戦争での役割を想定していない第五世代戦闘機であるＦ22ラプターの調達を一八七機で打ち切る方針を発表した。その一方で、ＩＥＤによる死傷者が急増する事態への対策として耐地雷防護(Mine Resistant Ambush Protected : MRAP) 車両を大量調達することを決定している。トランスフォーメーションは正規戦を想定した変革だった。ゲーツ長官による非正規戦重視の姿勢は、ハイテク兵器の開発こそが米軍の優位性を担保する方法と信じられていたトランスフォーメーション路線の修正でもあった[8]。

一方、２０１０ＱＤＲは、米軍の戦力投射を妨害する「アクセス拒否能力」を有する国家への対抗措置を強化する方針を明確にした。想定している対象国家は中国である。中距離弾道ミサイルや巡航ミサイル、航空戦力、電子戦、コンピューター・ネットワーク攻撃能力の向上を挙げ、これらの能力を何のために有しているのか、と疑問を呈した。アクセス拒否能力への対抗措置を講じる必要性については、２００１ＱＤＲでもすでにトランスフォーメーションの目的の一つとして取り上げており、目新しいものではないが、マレン統合参謀本部議長が「これらの多くの能力は極めて明確に米国を狙ったものとうかがえる」と語っているように、[9]中国によるアクセス拒否能力が米軍を念頭に置いたものとの考えを米政府関係者が明確にするようになってきている。

さらに、2010QDRは、海軍と空軍がアクセス拒否能力に対しどう効果的に戦うかについての「統合エアシー・バトル構想」を研究するとの方針を盛り込んだ。一九七〇年代に研究された対ソ連作戦コンセプトである「エアランド・バトル構想」の二十一世紀版とも言えるもので、米空母を念頭に置いた対艦弾道ミサイルの使用や通信手段の遮断などで西太平洋における米軍の作戦能力を抑え込む中国の作戦構想に対し、米海軍と空軍が統合した作戦を展開し、相乗効果を期待するものである。

また、2010QDRはアクセス拒否能力への対応として、空母搭載型の偵察・攻撃無人機(N—UCAS)や次世代の戦略爆撃機について二〇一一会計年度予算(二〇一一年一〇月～二〇一二年九月)から予算を計上する方針も示している。

二〇一〇年は国防総省のアクセス拒否能力に対する警戒と連動する形で、米政府全体が中国の南シナ海や東シナ海における領土・領海の主張に対し「航行の自由」を脅かすものだとして警告を発してきた。特に七月にハノイで行われたASEAN地域フォーラム(ARF)に出席したクリントン国務長官が、「南シナ海の自由航行は米国の国益」だとして中国の海洋権益拡大に強い懸念を表明したことは、米国がアジア重視の姿勢を強めていることを内外に強調するものとなった。〔10〕

ただ、オバマ政権の高官らは、米中経済の相互依存が進む中、中国を封じ込める意思がないことを繰り返し表明してきた。米政府の対中基本方針はあくまで「関与政策」であるが、十分な説明がないままアクセス拒否能力を高めている中国に対し、ヘッジ戦略としての対中作戦構想を推進していくというのがオバマ政権の対中戦略といえよう。

一方、２０１０ＱＤＲでは北朝鮮については、弾道ミサイル開発や核開発に警鐘を鳴らしているもののそれほど具体的な記載はない。これは、２０１０ＱＤＲの発表が、韓国軍哨戒艦撃沈や延坪島への砲撃事案の発生前だったという事情もある。

それ以降に、北朝鮮に関する政策変更があったことを示唆したのは二〇一一年一月、中国を訪問する途中、同行記者団と会見したゲーツ国防長官である。ゲーツ長官は「北朝鮮による核兵器開発と大陸間弾道ミサイル（ＩＣＢＭ）の開発は、米国に対する直接の脅威になりつつある」と述べ、五年以内に北朝鮮がＩＣＢＭにより米国本土を直接攻撃する能力を保持するとの評価を明らかにした。〔11〕

米政府はそれまで、北朝鮮が開発した核兵器や関連物質を国際テロ組織や米国と敵対関係にある国家に輸出することを懸念する核不拡散重視の姿勢を強調していたが、「直接の脅威」と明言したことで、ブッシュ政権の後半で見られた北朝鮮に対する脅威認識のずれが日米間に生じる可能性は低まったと言えよう。

一方、国防総省では2010QDRと同時並行で、世界的な米軍の配備態勢についてのレビューも行った。レビュー全体を発表するには至らなかったが、フロノイ国防次官（政策担当）は、QDR策定段階で、在日米軍再編については計画を推進するとの決定を行ったことを明らかにしている。[12]さらに、ゲーツ長官も国防予算削減に関する記者会見のなかで、米軍兵力の削減を想定しているのは欧州方面であることを明らかにした。[13]二〇一一年一月の来日時の前原誠司外相との会談では、「アジア太平洋地域での米軍のプレゼンスの重要性は増加している」と明言しており、[14]アジア太平洋において日本と韓国など同盟国との関係を重視する姿勢は当面維持されるものとみられる。

(2) 米軍再編見直し論

こうした中、国防予算に関し一定の権限を持つ上院軍事委員会のレビン委員長らから二〇一一年五月、在日米軍再編の大幅な見直しが提言された[15]。普天間飛行場の移設計画については、全面的に見直し、沖縄県の空軍嘉手納基地に統合。一方で地元の負担軽減のため、嘉手納基地の戦闘機部隊の一部を青森県の三沢基地やグアムのアンダーセン基地などに移転するよう提案した。同年三月の東日本大震災を受け、今後、日本側に多額の復興関連支出が必要とされることや米側でも膨張した財政赤字の削減圧力が高まっていることが見直し論浮上の背景にあった。

一方で、日米両政府は同年六月の日米安全保障協議委員会(2プラス2)で普天間飛行場の移設先として、キャンプ・シュワブ沿岸部にV字形滑走路二本の代替施設を建設し、移転する方針を確認した[16]。

レビン提案の嘉手納統合案は、過去に何度も検証され実現性は低いとみられたもので両政府もこの案には慎重な姿勢を崩していない。むしろ、レビン提案で注目すべきは、沖縄からグアムへの海兵隊の移転は基本的に支持したうえで、グアムに戦闘部隊も移転し、グアムに近いテニアン島に大規模な訓練施設を建設するよう求めた点である。海兵隊は、在沖海兵隊も含めた兵力態勢の見直しを進めており、その方向性と合致しているからだ。海兵隊トップのアモス総司令官は就任時の議会証言で、「司令部全体を沖縄からグアムに移すのではなく、グアムにも沖縄にもハワイにも置けないか検討している」と証言している。[17]

これは、日米合意通り第三海兵遠征軍の司令部は沖縄からグアムに移すものの、その隷下にある司令部機能を沖縄、ハワイにも置くとともに、この三カ所から二〇〇〇人規模の海兵遠征隊（MEU）を派遣できる態勢を念頭においたものとみられる。本稿執筆時点（二〇一一年六月）で、海兵隊はこの計画について説明するに至っていないが、実現した場合、沖縄からは司令部要員だけでなく戦闘部隊もグアムに移転することになり、在沖海兵隊はさらに削減される可能性がある。

海兵隊が司令部と戦闘部隊を西太平洋に分散配備することを検討しているのは、不安定要因の多いこの地域で部隊を機動的に展開するためだけではなく、中国のアクセス拒否能力への対抗手段という側面がある。司令部を一カ所に集中した場合、弾道ミサイルなどの攻撃対象となり壊滅的な損害を被る可能性がある。司令部分散は、こうした脆弱性を克服するための方策として想定されている。

6——在日米軍の意義

(1) 抑止力と緊急対処

国防政策の変遷のなか、米軍にとっての在日米軍の意義についてはどのような経緯をたどったであろうか。東アジアでは朝鮮半島有事、中台有事への備えが必要な情勢に変わりはなく、在日米軍による伝統的な抑止力としての機能は当面必要とされる。一方で、第七艦隊と空軍が抑止力として機能すれば、海兵隊は必要はないとの不要論や削減論は冷戦終結後の一九九〇年代に浮上し、鳩山政権でも同じような議論がみられた。だが、これに対しては、域内で機動展開できる唯一の陸上部隊である沖縄の3MEFの抑止力としての機能の重要性が強調され、さらに、アジア全域において自然災害や人道支援任務などで迅速に対応する能力から、地域の安定のために不可欠との主張がなされてきた。[18]

実際に二〇〇四年のインドネシアのスマトラ沖大地震・津波で大勢の死者が出た際には、3MEF司令官がタイのウタパオ基地に入り、指揮を執ったほか、各国から派遣された軍との調整も行った。大規模災害時には、被災地の空港などインフラが破壊され、天候によっては長距離海上輸送に支障がある事態も想定される。一定期間、食糧などを自ら補給できる機動展開部隊として海兵隊が域内にいるかいないかでは明白な差がでるといえよう。

(2) 不安定の孤

さらに、二〇〇一年の9・11テロが、在日米軍基地の地政学的な重要性を浮かび上がらせた。2001QDRは、「不安定の孤」(Arc of Instability) との言葉を使い、極東から中東・北アフリカまでにかけ孤を描いた範囲に、テロの温床地帯や紛争発生の可能性の高い地域が集中しているとの見解を示した。この不安定の孤には、米軍が展開拠点として安定的に保持できる基地が限られていた。インド南方の英領ディエゴガルシアを除けば、不安定の孤の西端に近い第五艦隊の司令部が置かれたバーレーンなど中東の米軍基地と、東端にある在日米軍基地や在韓米軍基地しかない。その結果、2001QDRは、不安定の孤をにらんだ前方展開の拠点として、在日米軍基地を位置付けた。実際には、フィリピンのアブ・サヤフやインドネシアのジュマ・イスラミーヤなど、不安定の孤の範囲外のイスラム過激派組織への対処も念頭に置かれていた。

在日米軍基地は、対テロ戦略の展開拠点としての重要性を増したのであった。

(3) アクセス拒否能力への対処

抑止力、緊急対処能力、前方展開拠点としての重要性に加え、オバマ政権下では、中国のアクセス拒否能力に対処する意味合いから在日米軍の重要性が高まっている。西太平洋における米軍の接近を阻止する能力を中国が保持しても、米軍が日本に展開拠点となる基地を有している以上、「寄せ付けない」能力はそもそも一定程度無力化されるからである。

例えば、米軍が在日米軍基地を常駐を前提とするMOBから、ローテーション配備中心のFOSに変更したらどうなるであろうか。仮にグアムやハワイの米軍基地から、東アジアの緊張が高まった際にのみ日本の基地を使用する態勢を取った場合、米軍部隊の移動は中国のアクセス拒否能力により阻まれる可能性が出てくる。また、緊張が高まっている最中に、米軍が部隊を動かせば、それ自体がさらなる緊張を呼び、中国による先制攻撃を誘発する事態も想定される。こうした意味から、アクセス拒否能力への対応として、一定程度の米軍部隊が在日米軍基地に駐留する重要性はさらに高まっていくものとみられる。

2010QDRは、同盟国との協力関係の強化を強調している。前出の統合エアシー・バトル構想を政府外で研究しているシンクタンクCenter for Strategic and Budgetary Assessments（CSBA）もアクセス拒否能力に対処するためには、日本や豪州との同盟関係の強化が不可欠と指摘している。[19] 例えば、中国が多数の弾道ミサイルにより在日米軍基地の無力化を狙うことなどを想定した作戦計画策定などが日米間の課題となるであろう。

一方で、先に述べた通り、将来的には、海兵隊が西太平洋に分散配備され、在沖縄海兵隊の規模が縮小される可能性は否定できない。その削減規模については、周辺諸国に誤ったメッセージを与えないよう日米両政府間での緊密な協議を要することになろう。

7——安全保障と政治

オバマ政権が日米同盟重視の姿勢を繰り返し示してきたのに対し、政権交代を遂げ二〇〇九年九月に発足した民主党の鳩山内閣は「対等な日米関係」を掲げ、米国では中国との関係強化を目指しているものと受け止められた。普天間飛行場の移設についても、就任前、鳩山首相自身が「最低でも県外」と述べ、合意計画の見直しを公約としていた。

だが、鳩山政権の移設計画見直しの作業とは、海兵隊の歩兵とヘリコプター部隊を切り離せば緊急対処能力が低下するとの基本的な認識も欠如したまま、ただ基地の受け入れ先を日本中から探すとの迷走劇に終わった。結局、鳩山首相は公約を撤回し、日米合意案に沿った形での普天間決着を目指す方針に回帰し、退陣に追い込まれた。沖縄県民の期待値を高めた結果、条件付きながら合意計画を容認する姿勢を示していた仲井真弘多知事は二〇一〇年一一月の再選時には「県外移設」を公約せざるを得ず、移設が実現するかは、予断を許さない状況が当面、続くものとみられる。

普天間移設について日米両政府が合意したのは一九九六年である。大規模基地の移転が困難であることは言うまでもないし、荷重な基地負担を負ってきた沖縄県内に代替施設を作るという本質的な矛盾もある。だが、そうした国内状況は十分に把握したうえで、日本政府は米国との累次の合意文書を作成しては、実現を先延ばししてきた。政権が代われば一定の政策変更があるのは当然のことだが、日本の政界では、安全保障政策について実際の安全保障環境などを無視した議論がまかり通ってきた現実がある。制度的な改善の余地があるとしたらどのような点であろうか。

戦後の日本の政治体制では、自民党内での政権の交代はあるものの、政党間の政権交代は稀であった。このため安全保障に関しては与党側に圧倒的な情報量があるというのが常態であった。

普天間問題が迷走する最中には、「野党だったので何も聞いていなかった」と公言する議員の声が聞かれた。民主党と自民党を軸とした二大政党制が定着する可能性があり、一方で当面は政局が安定しないことも予想されるのであれば、安全保障に関しては与野党を超えてある一定程度の情報の共有が必要であろう。

例えば、国会の安全保障委員会や外交委員会などの与野党の理事に対して、政府側がこれまで以上に情報を開示して、説明を尽くす努力がなされてもいいのではないだろうか。急を要する局面になってから説明の機会を設けようとしても、信頼関係を構築するのは難しいであろう。野党議員も含めた情勢ブリーフのような形で、日常的に政府側から重要案件に関し情報を提供する場を設けてはどうだろうか。米国では国際テロ組織アルカイダのウサマ・ビンラディン容疑者が殺害された後、その遺体写真を公開するかで論争となった。オバマ政権は写真を一般には非公開とする一方で、与野党の情報委員会の議員を中央情報局（CIA）本部に招き入れ、写真を開示することでバランスを取った。こうしたことは、議員の間に守秘義務に関する知識があることや政府と野党議員の間に一定の信頼関係があって初めて可能になるといえよう。外交や防衛には秘密指定の情報があり、政府側には、機微な情報を国会議員に明かせば、外部に漏れるとの不信感がある。これまでも検討されたが実現していない、国会議員も対象に含めた秘密保全法制の整備は、それを乗り越えるための一つの方法といえよう。

鳩山政権下の普天間移設をめぐる混迷は、政権交代した際に、それまでの経緯を全く無視した安全保障政策の変更が同盟国や周辺国との関係上、いかに危険であるかを見せつけた。安全保障上の重要政策の決定や緊急事態への対処が「政争の具」となり、国益を損なう事態を避ける仕組み作りは急務といえよう。

8——おわりに

オバマ政権の抱えている最大の課題は、財政再建である。議会予算局（CBO）が二〇一一年一月二六日に発表した二〇一一会計年度の米国の財政赤字は、一兆四八〇〇億ドルで過去最悪を更新した。二〇一二年の大統領選挙でも、財政赤字の削減策が大きな争点となりそうだ。9・11テロ以降、国家安全保障に関する予算は「聖域」と考えられてきたが、共和党の保守派にも異変が起きつつある。二〇一〇年の中間選挙では、連邦政府の縮小を求めるいわゆる、ティー・パーティーと呼ばれる政治運動が全米に拡大し、その支援を受け多くの共和党議員が初当選した。こうした米国内の空気を受け、オバマ大統領は国防総省に一二年間で四〇〇〇億ドル規模の国防費削減を検討するよう指示している。これまでも述べた通り、米国の国防政策は当面、アジア太平洋重視を継続する見通しで、東アジアの米軍が大きく削減されることはないものとみられる。だが、国防費削減の圧力は、在日米軍などにも影響を及ぼすことは予期しておかなければならない。２０１０ＱＤＲが日本を含めた同盟国との関係強化の姿勢を強調しているのも、米国が同盟国に役割の拡大を期待しているものと受け取るべきで、日米間の期待のギャップを埋める努力がこれまで以上に求められることになるであろう。

〔注〕

〔1〕一九九九年九月二三日、シタデル軍事大学で行った演説。
http://www.citadel.edu/pao/addresses/pres_bush.html

〔2〕http://www.defense.gov/brac/docs/transformationplanningapr03.pdf

〔3〕http://www.fas.org/man/docs/ndp/front.htm

〔4〕http://georgewbush-whitehouse.archives.gov/news/releases/2004/08/20040816-12.html

〔5〕二〇〇四年一〇月一三日の在日本米国大使館での記者会見。『毎日新聞』（二〇〇四年一〇月一四日朝刊）

〔6〕Hillary Rodham Clinton, "Security and Opportunity for the Twenty-first Century," Foreign Affairs, November/December 2007.

〔7〕http://www.mofa.go.jp/mofaj/area/usa/visit/clinton_0902/kk.html

〔8〕ゲーツ長官の国防予算の見直しの方針については、Robert M. Gates, "A Balanced Strategy: Reprogramming the Pentagon for a New Age," Foreign Affairs, January/February 2009.

〔9〕二〇一一年一月一一日、ワシントンのForeign Press Centerでの記者会見。

〔10〕"Offering to Aid Talks, U.S. Challenges China on Disputed Islands," The New York Times, web edition, July 23, 2010.

〔11〕http://www.defense.gov/transcripts/transcript.aspx?transcriptid=4751

〔12〕二〇一〇年二月二日、外交問題協議会（ＣＦＲ）での記者会見。
http://www.cfr.org/publication/21363/rebalancing_and_reforming_defense.html

〔13〕http://www.defense.gov/transcripts/transcript.aspx?transcriptid=4747
〔14〕外務省によるブリーフ。
〔15〕見直しの提案内容は、共同提案者の一人、ウェッブ上院議員のホームページ。
http://webb.senate.gov/issuesandlegislation/foreignpolicy/Observations_basing_east_asia.cfm
〔16〕http://www.mofa.go.jp/mofaj/area/usa/hosho/sfa_saihen.html
〔17〕二〇一〇年九月二一日、上院軍事委員会での公聴会。
〔18〕九〇年代の在沖縄海兵隊の任務についての議論はいまだ有用である。例えば、Cossa (1997) の Noboru Yamaguchi, "Why the U.S. Marines Should Remain in Okinawa: A Military Perspective." Green(1999) の Paul S. Giarra, "U.S. Bases in Japan: Historical Background and Innovative Approaches to Maintaining Strategic Presence."
〔19〕ＣＳＢＡ（二〇一〇）のエアシー・バトル構想に関する研究は、ほぼ対中国戦略に特化したものとなっている。国防総省内の検討状況は明らかになっていないが、２０１０ＱＤＲはアクセス拒否能力の説明で、中国の前に北朝鮮とイランにも言及している。

【参考文献】

Armitage, Richard L. and Joseph S. Nye (2007), The U.S.-Japan Alliance: Getting Asia Right through 2020, CSIS Report.
Center for Strategic and Budgetary Assessments (2010), AirSea Battle: A Point-of-Departure Operational Concept.
Cimbala, Stephen J. ed. (2010), The George W. Bush Defense Program: Policy, Strategy & War, Potomac Books.
Cossa Ralph A. ed. (1997), Restructuring the U.S.-Japan Alliance: Toward a More Equal Partnership,

The CSIS Press.
Cronin Patrick M, Daniel M. Kliman and Abraham M. Denmark (2010), Renewal: Revitalizing the U.S.-Japan Alliance, Center for a New American Security.
Department of Defense (2004) Strengthening U.S. Global Defense Posture.
——(2001), Quadrennial Defense Review Report.
——(2006), Quadrennial Defense Review Report.
——(2010), Quadrennial Defense Review Report.
Finnegan, Michael (2009), Managing Unmet Expectations in the U.S.-Japan Alliance, The National Bureau of Asian Research Report.
Green, Michael J. and Patrick M. Cronin, eds. (1999), The U.S.-Japan Alliance: Past, Present, and Future, A Council on Foreign Relations Book（川上高司訳『日米同盟　米国の戦略』勁草書房、一九九九年）.
Institute for National Strategic Studies, National Defense University (2000), The United States and Japan: Advancing Toward a Mature Partnership, INSS Special Report.
Office of the Secretary of Defense (2010), Military and Security Developments Involving the People's Republic of China.
江畑謙介『新版　米軍再編』ビジネス社、二〇〇六年
川上高司『米軍の前方展開と日米同盟』同文館出版、二〇〇四年
高橋杉雄「オバマ政権の防衛政策　ハード・チョイスへの挑戦」『国際安全保障』三七巻第一号、二五-四六頁、国際安全保障学会、二〇〇九年
森本敏『米軍再編と在日米軍』文春新書、二〇〇六年
防衛省編『防衛白書』各年度版

第7章

日豪安全保障パートナーシップの進展

――米中の役割と国際構造変化

寺田　貴

はじめに

二〇二〇年までの米国のアジア政策への提言を示した第二次「アーミテージ・ナイ報告書」は米国の国益にとって最も望ましいアジア情勢を以下のように論じている。

日本、インド、豪州、シンガポール等の国々が……我が国とのパートナーシップおよび共通の民主的価値を基盤に形成する開かれた構造は、自由市場、法の支配に基づく持続的繁栄、政治的自由の拡大を重視するアジアを実現させる上で最も効果的である。……このような方法でアジア諸国との取り組みを進めることは、我が国が中国を含む域内諸国の成長と方向性に前向きな影響力を行使しながら「アジアを導く（getting Asia right）」上で、重要となろう。[1]

日豪両国が近年進める安全保障・防衛パートナーシップ形成への動きは、この文脈において米国にとって歓迎すべき方向であったと言える。日本と豪州は、米国との二カ国間同盟関係を進展させた時と同じ方法で、閣僚レベル・高級事務レベルの協議や会合を短期間で定例化してきたが、特に二〇〇七年は両国が安全保障協力を本格的に進展させる上で分水嶺の年であった。三月の「安全保障協力に関する日豪共同宣言」の発表に続き、六月には「日豪外務・防衛閣僚協議」（2＋2協議）が立ち上げられ、九月には「安全保障協力に関する日豪共同宣言」に基づく「行動計画」が合意された。米国は、イラクやアフガニスタンにおいて戦闘を繰り広げながら、中台関係や北朝鮮の核開発等、アジア地域の安定を維持する上で看過できない問題に対しても関与していかなければならない中、域内の同盟関係強化、そして同盟国同士の新たな連携を望んでいた。日本と豪州は、そうした米国からの要請に応じる形で安全保障・防衛面での関係強化に動いたと言える。本論では、それは日米、豪米に比して安全保障関係が手薄であった日豪間の強化を図り、日米豪の「緩やかな」三角同盟関係構築を目指す米国の戦略によるものであったことを以下で論じる。

実際にこの三角同盟形成の関心は二〇〇二年八月に政府高官による安全保障・防衛協力会合（SDCF）の開催、そして二〇〇六年三月、外相による日米豪戦略対話（Trilateral Strategic Dialogue：TSD）の設立につながっている。さらにこの年の九月にはシドニーで開かれたアジア太平洋経済協力会議（APEC）の際、安倍、ブッシュ、ハワードによる初の三カ国首脳会談も開かれている。軍事面では六月に自衛隊が米豪合同演習である「タリスマン・セーバー」

に初のオブザーバー参加を遂げ、十月には自衛隊護衛艦への攻撃を想定した訓練が、日米豪初のＰ－３Ｃ訓練として九州近海で行われた。安全保障分野での日本と豪州の関係強化は、このように日米豪による安全保障協力と共に進められてきた。

本論は、まず日本と豪州が防衛・安全保障パートナーシップを進化させた手法とその理由、そしてこの新たなパートナーシップが日米同盟体制に対してもつ政策的意義を論じる。その一方で安全保障協力の推進において三カ国が持つ制約を対中関係の文脈において示し、緩やかな同盟関係形成の困難性と可能性を論じる。つまりイラクに派遣された日本の自衛隊を豪州軍が警備するという事例にみられるように、米国の戦略的立場と防衛姿勢が、日豪安全保障・防衛パートナーシップの進化の促進要因となり、さらに強化された日豪安全保障・防衛パートナーシップが日本の防衛・安全保障分野への関与を強める形で日米同盟を支える相乗効果を生んでいることを論証する。最後に中国の軍事的台頭により地域環境が急変、三カ国間安保協力をさらに推し進める要因となっている反面、中国の経済台頭は特に豪州が反中姿勢を取りにくくしている側面があることをも指摘する。

同盟理論を扱ったこれまでの研究を概観すると、国際構造が国家行動に絶対的な影響を与えるとする構造的現実主義が主流を占めるが、ホルスティ等は、同盟の協力関係の強度の程度は紛争の有無など同盟内の構造に拠るとし、リスカはイデオロギーの共有など国内政治上の類似性を強調するなど、脅威を与える敵対国の存在などの国際構造だけではなく、同盟国間の要素といった点に注目している。[2] 結局、これらの文献からは、敵対国の台頭とその能力を含む国際構造変化、そして同盟国間関係という二つの分析レベルの必要性が明らかになるが、本論ではさらに国際構造の影響力は国家の政策の説明要因としては唯一のものではなく、政策決定者の認識や国内の政治体制などのユニット内の動きも媒介変数として重要であると説く新古典派現実主義の考え方（Sterling-Folker 1997）も考慮し、[3] 三つの分析レベルで日豪安保パートナーシップと「緩やかな」三角同盟形成の動きを論じる。

1——漸進的アプローチ

戦後のアジア太平洋地域における安全保障秩序は、米国を中心としたハブ・アンド・スポーク型の同盟体制で維持されている。豪主要紙の外交エディターであるシェリダンはこの同盟体制について「名称はともかく実質的にはあらゆる側面において多国間安全保障体制である」と指摘している。[4] しかしながら、「スポーク国」間で安全保障・防衛政策の取り決めに関する意見交換や協議は長い間ほとんど行われておらず、たとえ本質的に多国間安全保障体制であったとしても、体制そのものは米国を頂点とした階層的構造であり、スポークの国々が抑止力の源として米国に強く依存する状況が長く続いていた。米国をハブとした日豪安全保障・防衛関係が進展することは、多国間地域安全保障の取り決めを将来実現するにあたっての一つの必要条件であったが、日本と豪州は安全保障パートナーシップを一挙に進めたわけではなかった。

冷戦期、日本と豪州はまずアジア太平洋地域における経済協力の分野で重要なパートナーシップを築いてきた。そのことは両国が共同のイニシアチブを通じて一九六八年に太平洋貿易開発会議（ＰＡＦＴＡＤ）と太平洋経済委員会（ＰＢＥＣ）を、一九八〇年に太平洋経済協力会議（Ｐ

第7章 日豪安全保障パートナーシップの進展
――米中の役割と国際構造変化

寺田 貴

ECC）、一九八九年にAPECを設立したことからも明らかになろう。戦後、日豪両国は経済外交をアジア太平洋地域で展開する上で、共にハンディキャップを抱えていた。かつて東アジアを植民地として治めた日本は、その後は「アジア唯一の工業先進国」として域内での経済プレゼンスを拡大するも「エコノミックアニマル」と揶揄され、一九六六年アジア開発銀行を東京に設立しようと試みるも挫折したように、その地域外交イニシアチブは、域内途上国からしばし猜疑心を招いた。一方、豪州は英国との伝統的な繋がりやアジア系移民を制限する「白豪主義」を掲げていたためアジア太平洋地域では異質の国とみなされ、また日本ほど経済規模は大きくないため、その関係進展に積極的に動く域内国もなかった。このように互いに域内で疎外感を感じつつ、両国は次第に自由貿易を信奉する貿易立国として、民主主義や法の支配という価値観を共有する国としての認識を相互に強める一方、一九六〇年代半ばから、地域経済協力の分野でパートナーシップを育み始める。その最大の成果が一九八九年のAPEC設立に際しての共同イニシアチブであった。

そのような経済外交のパートナーシップの基盤を梃子に、冷戦終結直後、日本と豪州は二カ国間関係に安全保障協力要素を組み入れようと試みた。その口火を切ったのが、一九九〇年五月の石川要三防衛庁長官の初の豪州訪問であった。この訪問により、日本との間で戦略対話や防衛交流に着手するにあたり両国に「阻害要因は存在せず」、経済問題に留まることなく安全保障課題にも対応するパートナーシップは可能との認識が広がり、豪州政府内に日本に対する「極めて大きな安心感」が生まれたといわれている。[5] また、ホーク首相（当時）は一九九〇年にすでに日本の国連安全保障理事会常任理事国入りを支持する考えを正式に表明しているが、これは世界のどの国よりも早い支持表明であった。また豪州はペルシャ湾やカンボジアでの国連平和維持活動への自衛隊参加にも正式な支持を表明している。こうした動きを受け、豪州は一九九二年九月に日本の防衛政策の研究に着手し、上院議院の「外交・防衛・通商に関する常任委員会」において日本の防衛政策に関する集中討議を行った。「安全保障分野での近年の動向や豪州に対する安全保障上の影響に関する情報の質を高め、アジア太平洋地域で日本が果たし得る役割に関する課題に対処し、豪州政府に対し建設的行動を勧告すること」を目的とした同委員会は、「日本は地域安保ネットワークに参加することで、（アジア太平洋）地域が抱える問題の解決に貢献できる。我が国はそうした地域的アプローチを可能な限り促進する責務を負っているというのが当委員会の見解である」と結論付けている。[6] 同様の見解は、一九七八年にフレーザー首相（当時）に提出された「豪日関係に関する臨時検討委員会報告書」にも記されており、そこでは「日本の防衛関係者がより広範な戦略的課題をどう捉えているのかを把握する機会を広げ、防衛関連情報の交換をより頻繁にかつ定期的に行うことには価値がある」として、日本との間での防衛・安全保障対話を提言している。[7] 主要国から孤立した豪州にとって、自国安全保障のカギを握る地域情勢に関する情報の入手が、安全保障・防衛政策の要であることはいつの時代でも変わりなく、この点で、同じ米国の同盟国であり、先進民主主義国の日本は豪州が域内においてそのような地域情勢提供に関して依存できる数少ない国であった。ただ、一九七〇年代はまだ両国間に安全保障や防衛協力を遂行するほどの信頼醸成は築けておらず、両国がまず経済協力制度の構築においてパートナーシップを形成したのは、後に安保問題での関係を強化する上で有益な方策であったと言えよう。

一九九〇年代に入り豪州が地域における日本の安全保障上の役割に特に強い関心を寄せるようになった背景として、北東アジアが自国の安全保障にとって重要であるとの認識を高めるなど、戦略的見方に変化が生じたことがある。すなわち「東南アジアの安全保障は東アジアのその他の地域と切り離して考えることはできず」、北東アジアの不安定化は豪州の安定に直接影響するとの見解を示すようになった。[8] すでに一九九〇年代において、豪州の全輸出の50%以上が日中という二大市場を含む北東アジア地域に向けられており、この経済的利益こそが、豪州の北東アジアの安定の維持に大きな利害関係を有するようになった重要な理由であった。豪州は政策レベルで日本と直接安全保障問題に関する対話の機会を設けることに動き、その結果、日豪両国は一九九六年二月に外務・防衛の局長・審議官レベルの協議および防衛当局間協議を開始させている。当時豪州の国防次官補を務めたヒュー・ホワイトは「日本が我が国の戦略的利益の追求の仕方と整合性を保ちながら自国の戦略的利益を追求するため、重要課題を豪州の視点で捉えるよう日本側に働きかけたいと考えている。日本との協議の場はそのための機会でもあり、そのため、我が国は日本の戦略的政策に何らかの影響を行使できればと考えている」[9]と、協議開始の意義を述べている。換言すれば、日本を通して北東アジア安定に向けた動きの中で豪州のプレゼンスを日本を通して維持し、自らの利益が反映される道筋を確保することが日豪安保対話促進の目的であったと言えよう。

安全保障パートナーシップを日豪間で築くために一九九〇年代に整備されたこれらの政策対話の構築は、ちょうど両国が一九七〇～一九八〇年代に地域経済協力の枠組み作りに取り組んだのと同じような漸進主義的なやり方であった。つまり協議議題に対し何ら法的強制力をつけるのではなく、自らの関心ある議題に対して両国が意見を交換、互いの見解を理解し合う中でパートナーシップ構築に不可欠な信頼を構築していくというパターンであった。特に冷戦後しばらくの日本は、憲法の制限を越えた安全保障活動に対し慎重な姿勢が示されたこと、硬直的な縦割り官僚システムの中で関係省庁の足並みが揃わず、国際的な安保政策協調推進の礎が築かれていなかったことなどもあり、このような漸進的なアプローチをとらざるを得なかった事情もあった。加えて、米国には「スポーク諸国」間で築かれる協力関係を「無害だが無意味」なものとして捉える伝統があり、安全保障分野で関係を築こうとする日豪の動きについても、それに対する関心はほぼ皆無に近かったと言えよう。これもまた、日豪が二カ国間関係を真の安全保障パートナーシップへと成長させる上での阻害要因であった〔10〕。それはひとえに、米国が日豪両国の防衛・安保協力を必ずしも必要としていなかったからだが、その意向に変化が生じるのは、二〇〇〇年代に入り中国が脅威対象国として台頭してからである。

2――首脳の意思と制度的発展――ハワードと小泉

先の多くの同盟理論研究者が分析するように、国際構造の変化が国家行動に影響を与えるとしても、その影響力の有無は国内政治分析を行って初めて明確化することができる。ここでは一九九六年に政権についたジョン・ハワード、そして二〇〇一年に首相に就任する小泉純一郎という二人の政治指導者の役割に焦点を当てる。両首相は共に対米同盟を重視、ブッシュ米大統領との間で個人的な強い信頼関係を築くことにも成功していた。両首相は安全保障と防衛の要素を二カ国間関係に取り入れる上で、従来欠けていた政治的意思を注ぎ込むという役割を担うが、その分析を通じて、中国の活発な地域外交と米国の懸念といった国際、地域構造変化が指摘できよう。

東南アジア諸国連合（ASEAN）との関係改善への外交努力、東アジア地域主義に対して強いコミットメントを示す中国のアプローチは、「地域内の加盟国との間で良好な関係を維持することで、域外大国が仕掛ける封じ込めを避け、大国からの圧力を防御する盾として」、ASEAN+3など東アジア地域主義を利用していると、政治的な思惑で認識される傾向にある。[11] 同様に自由貿易協定（FTA）を中心とする中国の東アジア経済外交は、米国を中心とする「ハブ・アンド・スポーク」体制を形成する豪州のようなスポーク国と経済関係を強めたり、ミャンマーのように米国との関係が良好でない諸国との関係を深めたりして、米国と同盟国による対中封じ込めに対抗する目的もあると米国の一部識者には見られている。[12] 従って、中国の積極経済外交は「中国による非アメリカ化（Chine-led-De-Americanization）」が目的であるとも解釈できた。[13] ＡＳＥＡＮ＋３で排除されている米国は、このような中国の政治的・経済的台頭により東アジアが中国の勢力地域になれば、ほとんどのメンバーが途上国である東アジアにおいて、中国がこのグループの代表格となるものの、その中では日本は孤立してしまい、知的財産権保護や人権推進など民主主義国、工業国の視点を協力枠組みに反映させることができないことを憂慮、自国の利益にとって好ましくないと判断していた。[14] それに対応する一つの有力な方策として考えられたのが日本の小泉政権同様、安全保障分野で米国との同盟関係を強めるハワード政権の豪州を東アジア地域の協力枠組みに入れ、日本との協調を通して米国の利益に反しない「拡大東アジア」という地域概念を作るという案であった。そしてこのことをきっかけに日本の外交政策において豪州の存在意義が強まる結果につながり、二〇〇二年一月のシンガポールでの小泉首相による豪州を中核メンバーにと説いた東アジア共同体演説、その後の日豪防衛関係の強化などにつながっていく。

ハワードは政権に就く以前から三カ国間安全保障協力のアプローチに関心を抱いていた。例えば野党党首時代の一九八八年三月、日米豪の三カ国による防衛・安全保障取り決めを提案している。しかし東南アジア諸国や南太平洋諸国からの懸念を配慮した当時のキム・ビーズリー国防大臣により、同提案は却下されている。[15]ハワードは二〇〇二年五月の小泉首相の訪豪の際、首相として改めて「より緊密な日米豪三角防衛の構築」を提案しているが、今度は「中国が引き起こすかもしれない将来の有事」を明確に意識した提案と見られていた。[16]より幅広い三カ国枠組みの中で日本との安全保障パートナーシップを発展させるというハワードの関心は、これまで国際政治分野で日本と共に取り組んできた豪州の経験に対するハワードの評価に基づいていた。例えば、日本は、豪州が東チモールで率いた多国籍軍（ＩＮＴＥＲＦＥＴ）に対し、特に資金面において大きな貢献を果たしているが、加えて豪州兵と自衛隊の技師が道路・橋梁整備事業で緊密に作業を行っていた。ハワードは平和維持活動の一環として東チモールに数百人規模で技師を派遣した日本の貢献を見て「日本が地域安全保障にこのような形で強く関与することを極めて高く評価する」と述べている。[17]豪州はハワード政権下で防衛予算を50％引き上げているが、その背景には豪州が地域安全保障環境に対して抱く先行き不透明感があった。そうした不安感は「豪州を日本との安全保障協定へと動かす牽引力」ともなったが、[18] この事実は、日本が約四〇年にわたり豪州にとって最大の輸出市場であり続けていたことに加え、日本が「地域の平和と繁栄を維持する上での戦略的パートナー」[19]であるとハワードがしばしば言及することにつながっている。

ハワードが日本をアジアで最も重要なパートナーとみなしていたことは、まず豪州首相としては史上最多の七回の訪日を遂げたこと、第二に日本の国連安保理常任理事国入りを、中国の猛烈な反発を受けながらも一貫して支持し続けたこと、[20] そして「日本は我が国にとってアジアで最良の友」と繰り返し述べていることからも明らかであろう。さらに二〇〇五年の「愛・地球博（愛知万博）」の際にも、ハワードは、数百万ドルの費用がかかるため出展を見送るとしていた外務貿易省による当初の決定を個人的に介入することで覆し、豪州パビリオンの出展を実現している。[21] そして何よりも、ハワードは、日本と良好な関係を維持し、安全保障パートナーシップを築くために、後述のようにイラクで自衛隊の警備にあたる豪州軍の規模を拡大させる決定を下している。これは日本にとってだけではなく日米同盟の維持という観点から極めて意義のある決定であり、ハワード自らが下した政治的決定の中で最も重大な決定の一つであった。

中曽根康弘以降の約二〇年の間で自由民主党の総裁任期を満了した初の首相であった小泉

は、首相在任中、ブッシュ米大統領との個人的信頼関係に基づき日米同盟の強化に最大限の力を傾注した。自衛隊の活動範囲は憲法第九条により制限されているため、小泉は米国のイラクにおける対テロ活動を後方支援するために特別措置法を設け、インド洋、イラクへ自衛隊の派遣を実現している。このように小泉は、9・11以降米国のテロに対する戦いにおいて有力な同盟国としての地位を築くため自衛隊の役割を強化したが、重要なのは日米関係を日本の東アジア政策を形成する土台と考えていたことである。この点に関し小泉は「米国は、日本への攻撃や侵略は自国への攻撃や侵略だと明言している世界で唯一の国だ。（中略）中国、韓国、その他のアジア諸国、および世界の諸国との協力関係は、日米関係を基に進めていく」と述べている。[22]その結果、小泉政権下での日米関係はチェイニー副大統領が評したように「戦後で最も良好」だったと見なされている。[23]このような強固な二カ国間関係構築には中国の台頭に対する共通の懸念も後押ししており、それは地域主義の分野で顕著にみられた。実際、ASEAN+3といった東アジアの地域機構の拡大の流れから排除された米国は、前述のように中国が政治・経済力の強まりを背景に東アジアで主導権を握ろうとする状況は自国の国益にとって望ましくないと判断している。一方、当時のハワード政権は小泉政権と同様に米国との同盟関係の強化を求めていた。そこで米国は、豪州を東アジア枠組みに組み入れ、安全保障分野での日本との協力をさらに進めれば、米国の国益を損ねない形での東アジア枠組みが出来上がるであろうと考えた。

こうしたことを背景に、小泉は二〇〇二年一月にシンガポールで行った演説で東アジア共同体構想を打ち出し、豪州とニュージーランドに「中核メンバー」として東アジアにおける共同体作りに参加するよう促している。[24] 豪州とＡＳＥＡＮ諸国、中でもマレーシア、インドネシアとの関係は、これら両国の首脳が豪州との二カ国間関係を改善させる目的で訪豪する決定を下す二〇〇四年後半までの期間、緊張関係にあり、域内の多くの国は東アジア共同体のメンバーとして豪州の名が挙げられるとは考えていなかったため、小泉の演説は驚きとして受け止められた。実際、小泉は、二〇〇二年一月の東南アジア諸国訪問時に東アジア共同体を提案した際、豪州を共同体に含める考えについてマハティールをはじめとするＡＳＥＡＮ各国首脳から反対の意見を突きつけられている。[25] ハワードは、一九九九年の東ティモール独立問題では、高圧的に国際軍の受け入れをインドネシアに迫り、その際米国の「代理保安官」として地域安全保障に積極的に関与する「ハワード・ドクトリン」を発表、二〇〇二年にバリ島でおきたテロ攻撃の後には、テロを未然に防ぐためには東南アジアにおいて先制攻撃を行うことも辞さないと述べるなど、その行動と発言は、しばしば東南アジアの人々の感情を逆撫でしてきた。かつて重きをおいたＡＰＥＣの重要性が相対的に低下する中、自らがメンバーではないＡＳＥＡＮ＋３が新たに有力な地域機構として浮上、豪州が東アジアにより深く関与するための有効な基盤を欠く状態が生じ、同地域における豪州の孤立を深める結果となった。

そのような状況下、日本が東アジア共同体に豪州を含めようとした背景には、次の三点が挙げられる。[26] まず日本にはＡＳＥＡＮ＋３や東アジア全域で中国が優位になることを懸念する向きがあったこと。第二に、米国との二カ国関係において安全保障問題がより大きな政策分野として浮かび上がり、その結果、日米豪による三カ国防衛協議が立ち上げられ、日本の安全保障政策における豪州の存在感が強まったこと。最後に、中国の台頭により東アジアでの自国の国益が損なわれることに米国が懸念を表明したことである。これらの問題を背景に外務審議官として小泉の政策演説の起草をとりまとめた田中均は、東アジア協力への豪州の参加を日本が必要としていたことについて、「豪州には是非とも東アジアサミット（ＥＡＳ）に参加して欲しい。（中略）我々としても、そのためにかなりの努力を重ねてきたが、それは豪州のためではなく、我が国のためである。我が国は豪州を必要としている。（中略）私は日豪協力関係に強い確信を抱いているし、長い時間をかけてその関係を擁護し続けてきた[27]」。端的に言えば、中国の台頭は、日豪関係をより戦略的に再構築する上で重要な触媒的役割を果たしてきたと言えよう。

3 ――イラク問題における日豪米同盟協力

日本と豪州の戦略的関係を決定付けた出来事の一つに、二〇〇五年二月のハワードが日本からの要請に応じて下したイラクへの派兵拡大の決定がある。これは自衛隊の警備を目的としたものであるが、同様の要請は、英国や米国からも豪州になされていたが、ハワードの決定を受け、イラクで復興作業にあたる自衛隊員五五〇人の身の安全を確保するため四五〇人の豪州兵がイラク南部のサマーワに配置された。日本のイラクでの取り組みへの参加は、展開される軍事力そのものに影響を及ぼすような規模ではなかったが、それでも、米国は「『有志連合』に新たな主要メンバーが加わったことに象徴的価値がある」と評価したように[28]、日本が「現場に自衛隊を送り込んだ（boots on the ground）」ことは日米同盟を維持する上で極めて重要なことであった。二〇〇六年に出された「国防戦略見直し（ＱＤＲ）」で示されたように、米国は「イラクやアフガニスタンをはじめ数多くの地で軍事行動（を共にしてきた）英国および豪州との特別な関係に大きな価値」を見いだしていた[29]。その重要性は二〇〇七年九月に調印した豪米防衛協力条約からも読み取れる。この条約により、大半の防衛物品に関する貿易は政府の事前承認を得ることなく行えるようになったが、米国はそれまで、この種の条約を英国との間でしか締結していなかった。[30] こうしたことからも、イラク復興活動への自衛隊の参加や、自衛隊によるインド洋上での「連合」軍への燃料補給は、米国の同盟国間で形成される「特別な関係」のネットワークへの参加に向けた第一歩として捉えることができよう。

そのような中、オランダが一三〇〇人から成るイラク駐留軍を二〇〇五年半ばまでに撤退させる意向を表明した。撤退が完了すれば現地に残るのは豪州兵四〇〇人と英国兵一五〇人となり、自衛隊員の身の危険が大きく増すと考えられるようになった。なぜならば、自衛隊の活動が認められていたのは非戦闘地域のみであり、関与できる活動も人道・復興支援に限定され、自衛権の問題から武力行使は禁止されていたからである。日本がイラクに自衛隊を送り込んだことは、同盟国としての日本の役割が不十分であるとかねてより主張してきた米国国内の批判勢力を鎮める結果となったが、豪州がサマーワでの自衛隊の警備にあたる兵を増員したことで、日本は引き続き自衛隊を送り込み続けることが可能になった。豪州のこの決定により、日豪の二カ国間パートナーシップは実際の行動を通して強化されることになり、さらに、現地の自衛隊と豪州兵の間の「絆」も深まった。対イラク戦争へのコミットメントをこれ以上強めないことを選挙公約に掲げ、米国や英国からの従来の受け入れ要請のすべてを拒否し続けてきたハワードにとって、先述のように対日関係を極めて重視していたため、小泉の派兵要請はその決定において重要な役割を果たしている。その点についてハワードは次のように述べている。

> 今回の増兵は、日本という緊密な（アジア太平洋）地域パートナーと共に手を取り合うことを意味している。（イラクでの）有志連合の仲間としての日本のプレゼンスは極めて重要である。日本は実質的に大きな貢献を果たしているだけではない。象徴的な意味でも、そのプレゼンスは非常に重要なのである。[31]

小泉はその後、豪州との間での二カ国間自由貿易協定（ＦＴＡ）の研究グループ創設に合意している。豪州が日本にとって最大の農産物輸出相手国の一つであることを考えれば、国内政治上混乱を招くことから、一見理解し難い決定であった。そこには、自衛隊警備のためにイラクに兵を送り込んでくれた豪州に対する感謝の現れとして、豪州の貿易利益をより真剣に捉えたい小泉の思いが反映されていた。[32]また、農産品輸出大国とのＦＴＡを検討することにより国内の政治で沸き起こる難しい問題を覚悟の上で、豪州との関係をより包括的に強化したいとの政府の考えもあった。仮に日豪ＦＴＡが実現すれば、それは、経済的要因ではなく政治的・戦略的要因に大きく基づいて締結された日本初の二カ国間FTAと位置付けられるであろう。

4——日米豪戦略対話（TSD）の形成

以上、日豪の安全保障パートナーシップの発展を論じてきたが、最初に示したように、この動きと同時に日米豪による緩やかな三角同盟形成に向けた制度化も進んでいた。当時豪州の国防次官補を務めていたホワイトによると、日米豪による三カ国安保協力の嚆矢は、二〇〇一年にシドニーで開かれた米豪外相・国防相閣僚協議（AUSMIN）の場に見出されると言う。パウエル国務長官は、ダウナー外相との会合で触れた「アジア版北大西洋条約機構（NATO）」について記者会見で質問を受けた際、アジア域内の米国の同盟国の間で作られるフォーラムに類するものだと回答している。しかしダウナーは、その種の政治的に敏感な問題に触れることで中国の反発を招く状況は避けたかったため、別の話題に変えようとした。その転換された話題が、豪州が以前から関心を示していた日米豪の三カ国安保対話であった。ホワイトは、ダウナーはそれすらコメントを控えるつもりでいたようであるとダウナーの親中姿勢を指摘するが、TSDはパウエルがアジア版NATOと回答をしていなければそもそも公になることはなかったとまで述べている[33]。結局はダウナーのアドリブが発端となり、三カ国対話の実現に向けたプロセスが始まり、リチャード・アーミテージ、アシュトン・カルバート、竹内行夫といった三カ国の外務担当の次官級が参加する高級事務レベル会合が二〇〇二年に設立された。

次官級で継続された日米豪対話は、二〇〇五年五月、新たに米国務長官に就任したコンドリーザ・ライスにより閣僚級に格上げすることが発表されている。これは主に、中国の台頭に関し豪州が異なる関心を抱いていることに、米国、そしてさらには日本が懸念を強めたためである。ホワイトは、豪州が中国に対し独自のアプローチをとるようになったと米国が考えた理由として以下の三点を挙げている[34]。第一に、二〇〇三年十月、米中両首脳が日をまたいで相次いで来豪した際、豪州は両国首脳に国会での演説をさせるなど、米国大統領と中国主席を差別的に扱わなかった点。第二に、二〇〇四年八月、台湾を巡り米中間で紛争が起きたとしても、豪州は米国を支援する義務はないとの考えをダウナー外相が表明した点。第三に、二〇〇五年二月、中国への武器輸出制限措置の継続を米国と日本が欧州連合(EU)に求める中、豪州は働きかけに参加しようとしなかった点である。中国は羊毛と鉄鉱の世界最大の輸入国であり、豪州の中国に対する姿勢が軟化したのは、そうした中国との間で強固な経済関係を維持することに強い関心を抱いていたためである。実際、豪州が中国との経済関係に寄せる関心は、中国が日本を抜いて豪州の最大の貿易相手国となった二〇〇七年にさらに強まり、豪中FTA交渉開始（いまだ締結されていないが）へとつながった。この動きは、豪州の地域戦略の大きな転換として捉えられ、現に、豪州のメディアでは中国がより大きな注目を浴びるようになり、日本はその影に隠れる形となった。[35] 豪州外務貿易省で北東アジア地域を担当したある高官は、日中間には軍事安全保障面での関係を難題として互いに受け止める傾向があるように、豪州と隣国のインドネシアの間にもそのような傾向がある。しかし豪州の対中関係は部分的にではあれ「機能的距離（functional distance）」の影響を受けており、そのため中国の貿易面での重要性が増すにつれ、対中姿勢を軟化させてきたことを率直に認めている。より具体的には、豪州の貿易における中国の位置付けが大きくなると、人権状況の改善や民主主義の促進を求める取り組みとの調整をどう図るのかについて、豪州は非常に難しい状況にあったことを指している。[36]

ライスと麻生は「中国に大きく傾きつつある豪州に対し両国が共有する懸念（「まさに両外相にとっての最大の問題」）を伝えるため」二〇〇六年三月シドニーでの第一回TSDを開催するに至っている。[37] それにもかかわらず三カ国外相による共同声明では「我々は、中国によるこの地域への建設的な関与を歓迎すると共に、ＡＳＥＡＮ及び韓国といった他の諸国との協力を拡大することの価値に同意した」と言及するに留まるなど、「中国政府が神経を鋭く尖らせる」ＴＳＤが、中国を封じ込める策として捉えられることは、いかなる状況においても避けなければならないと考える豪州の懸念が色濃く反映される格好となった。[38] このように豪州は、対中政策について日米とは異なる姿勢を維持し、この時期中国との関係をほぼ独自に築いていった。例えば、中国に輸出されたウランが軍事目的に転用される可能性を米国が懸念し続ける中、温家宝とハワード両首脳は二〇〇六年四月に、今後一〇年間で二万トンのウランを豪州から中国に輸出することで合意した。また二〇〇七年九月六日に設立が発表された豪中戦略対話は、日本と米国との間で緊密な安全保障関係を維持しつつ中国との関係を大きく前進させるためにハワード政権が講じた外交均衡策として捉えることもできた。[39]

この豪州の動きを日本が懸念する理由として、東アジアにおいて影響の増大を目指す中国の野心を抑え込む観点から、日本が東アジア共同体作りの動きへの豪州の参画を促す思惑を抱いていたからであった。例えば中国は二〇〇五年十二月にクアラルンプールで開かれた第一回東アジアサミット（ＥＡＳ）で、東アジア共同体の構築はＥＡＳではなくＡＳＥＡＮ＋３の場で議論されるべきであり、共同体参加国もＡＳＥＡＮ＋３参加の一三カ国に限定するべきだと主張した。[40] これは、中国の影響力を抑制するため、豪州、インド、ニュージーランドという民主国家を含む一六カ国を共同体に迎え入れるべきであるとする日本の主張と真っ向から対立することになった。ただし、日本のFTA政策を推進する上で中心的役割を果たした畠山襄など、東アジアで地域共同体を構築することが難しいのは、中国等の域内の一部の国々が自由、民主主義、人権といった普遍的価値を日本と共有していないためであると論じるなど、共同体作りそのものに疑問を投げかける声も日本にはあった。[41] 結局、東アジア共同体の構築手段としてASEAN+3ではなくEASを用いるべきであるとインドが強く主張したこともあり、より幅広い国を共同体に含めようとする日本の主張が第一回EASでは通ることになった。インドは一六カ国のEASではなく一三カ国のASEAN+3を東アジア共同体構築の基盤としたい中国に強く反発し、EAS宣言の草案に対し「『共同体』の文言が二カ所以上入らない宣言案にはサインしない」と圧力をかけている。それに反して豪州はそのような外交手段に打って出ておらず、一部日本外交関係者を落胆させている。[42]

5 四カ国アプローチ——価値感の共有と中国

第二次「アーミテージ・ナイ報告書」では、安全保障協力分野で日米豪を政治的に結束させる要素の中でも、日米豪が共有する民主主義、人権、または信教の自由等の価値観は最も基礎的な部分を構成していると主張する。[43] こうした共有する価値の意義は、特にブッシュ大統領と安倍首相により強調された。安倍はブッシュが小泉との間で築いたような個人レベルでの強力な信頼関係を築くことはできなかったが、その外交アプローチは似通っている。例えばブッシュは「自由国家が民主的価値を支持し、民主的機構を強化し、アジア太平洋地域全域に自由な社会を構築しそれを維持する動きを支援するため、共に取り組む場として」、新たなアジア太平洋民主主義パートナーシップを立ち上げることを二〇〇七年九月に提案している。[44]同様に「主張する外交」を目指した安倍首相も、初の施政方針演説（二〇〇七年一月）で、これらの価値を共有する国とのパートナーシップを強化する必要を訴え、そうした国として豪州とインドの名を挙げている。[45] 安倍が推し進めた価値感外交アプローチでは、インドが地域の勢力として新たに認識され、中国に平和的に関与するための地域機構を日米豪の三カ国がインドと共に築く方向性が示された。これと同じ考えは、安倍政権下で外相を務めた麻生太郎による「自由と繁栄の弧」構想でも示されている。

小泉が靖国神社を毎年参拝し、日中・日韓関係を悪化させたのに対し、安倍は北東アジアのこれら近隣諸国との関係を回復させるため公人としての靖国神社参拝を取りやめている。とはいえ安倍の外交アプローチは、「共通の価値」を有する国との関係強化を図るなど、保守色が強く、安倍は自著『美しい国へ』の中でそうしたアプローチを既に具体的に示していた。小泉以上に法の支配や民主主義、人権擁護等の普遍的価値の重要性を説く立場から、安倍は日本、豪州、米国、インドによる、サミットまたは外相会合を開催すべきと主張し、その目的として「とりわけアジアにおいて、こうした普遍的価値を他の国々と共有するためにいかに貢献し、協力しうるかについて、戦略的観点から協議を行うこと」と考えていた。[46]その動きは、麻生外相の唱える「自由と繁栄の弧」同様、中国包囲網と解釈されても不思議ではなかった。さらに、二〇〇七年八月二十二日のインド議会での演説で、安倍首相は「太平洋とインド洋は今、自由と繁栄の海としてダイナミックに一体化しようとしている。地理的境界を越えた、より広いアジアがはっきりとした形で形成されようとしている」と語り、「より広いアジア」という新しい地域概念を導入している。この提案の背景にある目的の一つは、「これらの海の反対側にある民主主義国家どうしが、国民すべてのレベルで友好関係を深める」ことであった。[47] 豪州とインドが既にEASの正式参加国となっており、従って両国が既に東アジアの国として認められるようになっていたにもかかわらず安倍が「拡大アジア」という新たな概念を持ち出したのは、EASの参加国には含まれていないが、この新たな地域概念では不可欠と安倍が考えた国、すなわち米国の関与を得る必要があったからである。その意味では、安倍政権は、米国を中心とした民主国家のみの排他的集団を望んでいる考えを、小泉政権に比べ、より明確に示したといえる。実際、安倍は四カ国会合の「最も強力な支持者」としてみられていた。[48] 特筆すべき点として、豪州の外務貿易省高官が言うように、安倍は特に、イラク駐留の自衛隊支援のために豪州が現地駐留軍の規模を拡大させる決定を下して以降、豪州を重要な戦略パートナーとみなすようになり、日豪FTAの実現可能性の調査結果を早期に取りまとめるよう促すようになっている。[49] 二〇〇五年のEASや二〇〇七年の東アジア・ASEAN経済研究センター（ERIA）の発足にみられる日本のASEAN+6アプローチへの強い関心は、安倍政権の外交アジェンダとして提案・推進された結果、中国の台頭にどう対応するのかという問題は、政治と経済の両分野における地域主義のスキームに大きく影響するようになった。

四カ国アプローチは安倍が民主主義や人権といった価値を重視することで支えられてきた

が、安倍は、二〇〇七年二月のディック・チェイニー米副大統領との会談後、このアプローチを支持する考えをさらに強めている。会談では、志を同じくする民主国家による四カ国の集まりを形成するため、日本、豪州、米国にインドを加える可能性が議論された[50]。この提案は同年五月ＡＲＦ開催の際に、まず四カ国の代表からなる非公式会談として実現している。ただし米国を中心にした封じ込めの動きに敏感であった中国は、非公式な会合であったにも関わらず公式な外交ルートを通じて日豪印三カ国に対し抗議している[51]。インドの関心はカシミール、シッキム、アルナーチャル・プラデーシュを巡り中国との間で領土紛争問題を抱えており、問題解決に向けた議論を通して中国に圧力を加えたい考えに拠るものと理解できる。

豪州は共有価値を政治的手段とし、それに基づいた排他的枠組みを形成することに必ずしも乗り気ではなかった。そうした枠組みに中国が不快感を覚えているとされていたからである。例えば二〇〇五年七月にワシントンで開かれた米豪首脳会談では、「中国がいくつかの価値を『普遍的価値』として受け入れる必要を強めるため」両国で協力していこうとブッシュが求めたのに対し、ハワードはそれに同調する考えを示さず、ハワードの対中アプローチは「共通点を基盤にすることであり、相違点に取りつかれることではない」というもので、米豪首脳間に対中戦略形成において相違が生じていた[52]。

日本では安倍首相が二〇〇七年九月に退陣し、福田康夫内閣が誕生している。福田は対中関係をより重視する外交アプローチをとったため、価値を基盤とした対中外交を展開することへの豪州の躊躇は、福田政権下の日本との間でより共有されることとなった。例えば福田は四カ国戦略対話の継続にほとんど関心を示さず、同様にラッド政権下で外相を務めたスティーブン・スミスも同戦略対話に中国が懸念を抱いていると指摘、その種の枠組みを支持する考えは豪州にはないことを明らかにしている。(53) 米印間でのウラン取引を認める国際原子力機関（ＩＡＥＡ）の決定を支持しながらもラッド政権が豪州からインドへのウラン輸出を認めなかったのは、「封じ込め」の動きに神経質になりやすい中国を刺激しない豪州の意向による。ＡＳＥＡＮ＋６は中国の台頭がもたらす影響力の増大に手を打つために発足したという経緯があるが、日豪で起きた政権交代に伴いＡＳＥＡＮ＋６枠組みの前提も変化した。枠組みの前提の変容は、各国が重視する価値に相違をもたらすなど、対中外交戦略にも影響を及ぼし、その結果、地域における中国の影響力拡大を監視するための四カ国枠組みを推進しようとする意志が弱まった。それと同時に、日印豪パートナーシップの戦略的価値も一時低下することとなった。

6——中国の軍事的台頭——共有される懸念

中国に対する米国の最大の懸念は、中国の軍備増強に起因している。ラムズフェルド国防長官（当時）はこの懸念をしばしば表明しており、中国の弾道ミサイルシステムの性能が向上すれば「世界の多くの国が（中国のミサイルの）射程範囲に収まることになる」と指摘、「中国にとって脅威となる国がない以上、『この投資増大の背景には何があるのか？』、『中国が大規模な武器輸入を拡大し続ける理由は何なのか？』という疑問が生じる」と述べている。[54]中国の軍備増強に対する米国の懸念は二〇〇六年ＱＤＲでも、中国は「軍事的に米国に匹敵しうる最大の潜在性を持っており、米国が対抗戦略を打ち出さない限り、破壊兵器技術では従来からの米国の軍事的優位性が失われる可能性がある」と記されるなど、[55]その懸念は二〇〇〇年代半ばにすでに政府の公式文書に記されるほど明確になっていた。

ここで重要となるのは、東アジアで慎重に維持されている安全保障上の均衡が中国の軍事支出増大により崩されかねないとする米国の見解が、日本にも浸透していることである。このことは過去五年間の『防衛白書』の記述に明確に見受けられる。二〇〇四年十一月に起きた中国の原子力潜水艦による領海侵犯以降、日本は中国海軍の軍艦の動きを注視し続け、日本が排他的経済水域を主張する海域付近で中国が実施する天然ガス採掘事業にも神経を尖らせている。ハワード首相は中国の軍事支出増大に対する日本の懸念を共有し、「中国は地域に誤解と動揺を招きかねない速度と範囲で軍備の近代化、とりわけ対衛星ミサイル等の新たな破壊的戦闘能力の開発を進めている」と述べた[56]。

　経済面ではなく軍事面での中国の台頭は、以上のように豪州を含むアジア太平洋地域の主要国家が共有する懸念となっている。先に述べたように三カ国間および四カ国間での閣僚対話プロセスは日豪での政権交代もあり共に後退したが、軍事演習等の防衛協力は進展し続けている。二〇〇七年六月、自衛隊が米豪合同軍事演習（「タリスマン・セーバー」）に初のオブザーバー参加を遂げているが、同軍事演習が米豪両軍の「戦闘即応性および相互運用性[57]」の向上を目的に行われていたこともあり、自衛隊の参加を通して日本の防衛・諜報能力がより幅広い三カ国枠組みの中で高まることに期待が寄せられた。合同軍事演習では装置の互換性が不可欠となるが、「米軍や自衛隊が使用するのと同じイージス戦闘システムを装備した駆逐艦三隻[58]」を調達するとの豪州の決定は三カ国防衛協力推進の第一歩となった。二〇〇七年十月には、「捜索救援活動、および自衛隊護衛艦への攻撃」を想定した訓練が、三カ国初のＰ‐３Ｃ訓練として九州近海で米豪海軍と海上自衛隊により行われた[59]。それに先立つ二〇〇七年九月には、豪州、インド、日本、米国の四カ国にシンガポールを交えた海上演習が二万人を超える隊員を対象にベンガル湾周辺海域で行われ、二八隻の船舶、一五〇機の航空機、三隻の空母がこれに参加した[60]。一連の演習にいら立つ中国は、それが「アジア版NATO」へとつながるのではないかと考えた。米国は「演習は特定の国を念頭に置いて行われたものではない」ことを強調したが、それでも、米海軍の中には「(実演は)『参加国の間に相互運用能力があり、参加国は地域の安定確保のために地域のパートナーと協働する』というメッセージを諸外国の軍に対し、また我が国自身の軍に対しても発するものとなった」と述べる軍関係者もいた[61]。

首相としての初の外国訪問(二〇〇八年四月)で日本を歴訪国に含めなかったため「ジャパンパッシング」と前政権関係者から非難されたラッド政権が、これと同様の見解を中国の軍事的台頭に関して示したことは対中脅威を日米と共有するという観点から重要であった。例えば二〇〇九年の豪国防白書では、中国を「アジアで(潜在的に)最強の軍事力を有する国」として位置付けた上で、「十分な説明が行われない限り、中国の軍備近代化の動きは、その速度、範囲および構造ともに、近隣諸国の懸念材料となる可能性がある」と警告した[62]。同白書では、中国が急成長する経済を支えに軍事力を増強させ、中国近隣地域での米国の覇権に挑戦するようになる状況への備えが具体的に示されている。すなわち、ラッドの言う豪州史上「最も強力で、最も一体的で、最も性能の高い軍事力」を確保するために、今後二〇年をかけて軍備強化を図る計画が発表され、[63]その計画には、二〇三〇年までに防空駆逐艦三隻と新造のフリゲートおよび潜水艦それぞれ八隻と一二隻を調達することも含まれている。一方、二〇〇九年四月には中国海軍トップの呉勝利司令員が「地域海域での戦闘能力を高める新世代兵器の研究および開発の取り組みを加速させる」[64]との談話を発表した。これを背景としてみてみると、中国を自国安全保障にとっての主要な脅威として位置付けた豪州の考えは、中国との間で米国が繰り広げるバトルに参戦する可能性を——あるいは少なくとも軍備の精鋭化を継続させる方針を——反映したものとして捉えることができる。この豪州の見解は日本にとって、尖閣諸島や南沙諸島を支配下に置こうとする中国の野心的な行動が続けば、より正式な多国間防衛・安全保障取り決めに米国が関与する可能性を支持する勢力が拡大することを意味していた。日本はその方策として、二〇〇八年十月に両国の防衛大臣が宣言したように、豪州との間でのさまざまな防衛協力を加速させることであった。さらに、インドを米国と豪州に続く三番目の相手国として選択し、安全保障協力に関する共同宣言を採択している。二〇一一年に実現した米国の東アジアサミット参加は、中国の海洋上での一方的な行動に対する懸念に由来しており、再度、四カ国安保協議が復活する可能性も否定できない。

おわりに

本論では日豪安保パートナーシップ形成が、米国という両国にとって国際構造を形成する重要な国の意向を受けて推進されてきたかを、特にハワード、小泉、安倍といった政治指導者の外交的見方や主張などに焦点を当てることで論じてきた。日豪関係はそれぞれの米国との関係とは異なり、当初より信頼を互いに抱いてパートナーシップを形成したわけではなく、信頼醸成プロセスを経て強化されるなど、日豪間に横たわる問題に触れるなど、三つの分析レベルを通して本論は明らかにした。ここで重要なことは、日本と豪州の間での安全保障・防衛パートナーシップに対する関心は、米国との同盟関係が触媒となって近年強まっていることである。ただし、日豪安全保障・防衛パートナーシップは両国の二カ国間関係にとって比較的新しい要素であり、日本と米国の間にあるような同盟体制を基盤とするものではない。それはまだ発展段階にあり、従って、両国間で共有する強固な戦略的関心と共通の地域理解をさらに育む必要がある。その意味で二〇一〇年、災害救助や平和維持活動の際に、燃料や食料などを融通し合う物品役務相互提供協定（ACSA）が締結されたことは、その方策の一つと言えよう。

日本と豪州は安全保障分野での二カ国間関係を強化する一方で、先に論じた通り、両国の間には中国の台頭について若干の認識の差があり、過去の一時期には、二カ国間パートナーシップに、さらには三カ国および四カ国アプローチにも暗い影が投じられた。その背景には「中国を疎外することなくいかに防衛協力を強化できるのか[65]」という問いが示すように、対中観の相違が日豪にとって解決しなければならない大きな課題であった。しかしながら、中国の防衛支出は公表されている部分だけでも過去二〇年間で二桁の伸び率を示し、非公開部分ではそれをさらに上回ると言われている。これに対する懸念は、日米豪を含むアジア太平洋地域のほぼすべての国の間で共有されている。中国が透明性を確保しなければ、三カ国間あるいはインドを含めた四カ国間での防衛協力に向けた機運はますます強まるであろう。実際、二〇一〇年以降、南沙諸島、東シナ海において海洋権益拡大を進める中国の行動は日米だけではなく、多くのASEAN加盟国の疑心を呼んだ。このことは、二〇一一年七月、日本の海上自衛隊と米、豪両海軍による共同訓練が南シナ海のブルネイ沖で実施されたことと無関係ではない。実際、日米豪三カ国の共同訓練が南シナ海で行われたのは初めてであった。

自国の主要貿易相手国（米国にとっては債権国でもある）が脅威の大きな源になるというのは、米国、日本、豪州がこれまで直面したことのない状況である。地域の安定に中国を関与させる上でどのような共通のアプローチが可能なのか、それを特定するためにも、日米豪は、より制度化された枠組みの中で協議を重ねていく必要があり、その形成を、ＥＡＳやＡＲＦなどをも組み込みながら、多層的に行い、そこに中国を関与させていくことが重要である。

〔注〕

〔1〕Richard Armitage and Joseph S. Nye, Jr., *U.S.-Japan Alliance: Getting Asia Right through 2020*, *CSIS Report*, February 2007, p. 19.

〔2〕Hans J. Morgenthau, *Politics among nations: the struggle for power and peace* (New York: Alfred A. Knopf, 1958), George Liska, *Nations in alliance: the limits of interdependence* (Baltimore: Johns Hopkins Press, 1968), Robert E. Osgood, *Alliances and American foreign policy* (Baltimore: John Hopkins Press, 1968), Ole R. Holsti, Ole, Terrence P. Hopmann, and John D. Sullivan, *Unity and disintegration in international alliances: comparative studies* (New York: John Wiley & Sons, 1973), Kenneth Waltz, *Theory of international politics* (Massachusetts: Addison-Wesley, 1979), Stephen M.

Walt, *The origins of alliance* (New York: Cornell University, 1987), Charles W. Kegley and Gregory A. Raymond, *When trust breaks down: alliance norms and world politic*s (South Carolina: University of South Carolina Press, 1990), Glenn H. Snyder, *Alliance politics* (New York: Cornell University, 1997), and Victor D. Cha, *Alignment despite antagonism: the United States-Korea-Japan security triangle* (California: Stanford University Press, 1999).

〔3〕Jennifer Sterling-Folker, 'Realist Environment, Liberal Process, and Domestic-Level Variables,' *International Studies Quarterly*, vol. 41 (March 1997), pp.1-25.

〔4〕Greg Sheridan, The Partnership: *The Inside Story of the U.S.-Australian Alliance under Bush and Howard* (Sydney: University of New South Wales Press, 2006), p. 202.

〔5〕Rawdon Dalrymple, 'Japan and Australia as anchors: Do the chains still bind?', in Peter King and Yoichi Kibata (eds.), *Peace Building in the Asia Pacific Region* (Sydney: Allen & Unwin 1996), p.46

〔6〕Senate Standing Committee on Foreign Affairs, Defense and Trade, *Japan's Defense and Security in the 1990s* (Canberra: Senate Printing Unit, Parliament House, 1993), p.209.

〔7〕Commonwealth of Australia, *Report of the Ad Hoc Working Committee on Australia–Japan Relations* (Canberra: Australian Government Publishing Service,1978) pp.91-2.

〔8〕Department of Foreign Affairs and Trade, Australia, *In the National Interest: Australia's Foreign and Trade Policy White Paper* (Canberra: Commonwealth of Australia, 1997), pp.1-2.

〔9〕Australia-Japan Research Centre 'Developments in Australia-Japan Defense Ties', *APEC Economies Program Report*, No. 23 (Canberra: Australian National University, 1997), p.13.

〔10〕Hugh White, 'Trilateralism and Australia: Australia and the Trilateral Security Dialogue with America and Japan, in William T. Tow et al. (eds.) *Asia Pacific Security: US, Australia and Japan and the New Security Triangle* (New York: Routledge, 2007), p.104.

〔11〕Zhang Yunling and Tang Shiping, "China's Regional Strategy," in *Power Shift: China and Asia's New Dynamics*, ed. David L. Shambaugh (Berkeley: University of California Press, 2005), p.54.

〔12〕Ellen, L. Frost, "China's Commercial Diplomacy in Asia: Promise or Threat?" in William W. Keller and Thomas G. Rawski (eds.) *China's Rise and the Balance of Influence in Asia* (Pittsburgh: University of Pittsburgh Press, 2007), p.98, and Thomas Christensen 'Fostering Stability or Creating a Monster? The Rise of China and U.S. Policy toward East Asia' *International Security*, Vol. 31, No.1, Summer, 2006, p.83.

〔13〕Guoguang Wu and Helen Lansdowne, 'International Multilateralism with Chinese Characteristics: Attitude Changes, Policy Imperatives, and Regional Impacts, in Guoguang Wu and Helen Lansdowne (eds.) *China Turns to Multilateralism: Foreign Policy and Regional Security* (Routledge Contemporary China Series (New York: Routledge 2008), p.7.

〔14〕Takashi Terada, 'The Japan-Australia partnership in the Era of the East Asian Community: Can they advance together?,' *Pacific Economic Papers*, No. 352 (Canberra: Australian National University, 2005), p.13.

〔15〕*The Age*, 26 March 1988.

〔16〕*Straits Times*, 3 May 2002.

〔17〕John Howard, 'Opening Statement' at the Joint Press Conference, Sydney, 2 May 2002.

〔18〕Emma Chanlett-Avery and Bruce Vaughn, 'Emerging Trends in the Security Architecture in Asia: Bilateral and Multilateral Ties Among the United States, Japan, Australia, and India', *CRS Report for Congress*, RL34312, 7 January 2008, p.6.

〔19〕John Howard, 'Australia in the World', speech addressed at Lowy Institute, Sydney, 31 March 2005.

〔20〕Sheridan, p.199.

〔21〕*The Bulletin*, 8 March 2005.
〔22〕二〇〇六年一月の首相官邸における記者会見での発言。http://www.kantei.go.jp/foreign/koizumispeech/2006/01/04press e.html
〔23〕*Nikkei Weekly*, 7 February 2007.
〔24〕Junichiro Koizumi, 'Japan and ASEAN in East Asia: A Sincere and Open Partnership', speech delivered in Singapore, 14 January 2002.
〔25〕*Australian Financial Review*, 10 January 2002.
〔26〕Terada, p.18.
〔27〕*The Australian*, 28 May 2005.
〔28〕Robert Uriu, 'Japan in 2003: Muddling Ahead,' *Asian Survey*, Vol.44, No 1 2004, p.181.
〔29〕Department of Defense, *Quadrennial Defense Review Report*, February 2006, p.19.
〔30〕Chanlett-Avery and Vaughn, p.5.
〔31〕*Radio Australia*, 22 February 2005.
〔32〕『日本経済新聞』二〇〇五年四月二十六日。
〔33〕White, pp.107-8.
〔34〕*Ibid.*
〔35〕David Walton, 'Australia and Japan', in James Cotton and John Ravenhill (eds), *Trading on alliance security: Australia in world affairs, 2001-2005*, (Oxford: Oxford University Press, 2006).
〔36〕筆者インタビュー、二〇〇六年八月二日、キャンベラ。
〔37〕White, p.109.
〔38〕Sheridan, p,201.
〔39〕David Walton, 'Australia and Japan: Towards a New Security Partnership?', Japanese Studies, Vol.

28, No. 1 2008, p.81.

〔40〕『時事通信』二〇〇五年十二月十日。

〔41〕畠山襄「経済教室――東アジア統合どう進めるか（下）」『日本経済新聞』二〇〇五年十二月二十日。

〔42〕外務省アジア太平洋局担当者との筆者インタビュー、二〇〇五年十二月二十五日、東京。これに対し豪州外務貿易省高官（筆者インタビュー、二〇〇六年八月二日、キャンベラ）は、ハワード首相は後にＥＡＳの機能を高く評価するようになるが、豪州は東アジア地域主義への参加を果たしたばかりであり、議題の設定等で前面にでることに躊躇があったと、その消極姿勢の理由を述べている。

〔43〕Armitage and Nye, p.19.

〔44〕White House, Office of the Press Secretary, 'U.S. Commitment to Strengthen Forces of Freedom, Prosperity in Region,' 7 September 2007.

〔45〕http://www.kantei.go.jp/jp/abespeech/2007/01/26sisei.html.

〔46〕安倍晋三『美しい国へ』文藝春秋、二〇〇六、一六〇頁。

〔47〕Shinzo Abe, 'Confluence of the Two Seas,' a speech addressed at the Parliament of the Republic of India, 22 August 2007.

〔48〕Chanlett-Avery and Vaughn, p.14.

〔49〕筆者インタビュー、二〇〇六年八月二日、キャンベラ。

〔50〕http://www.mofa.go.jp/region/n-america/us/vpv0702.html

〔51〕Chanlett-Avery and Vaughn, p.3

〔52〕*Straits Times*, 19 August 2005.

〔53〕『日本経済新聞』二〇〇八年二月十六日。

〔54〕*Straits Times*, 5 June 2005.

〔55〕Department of Defence, p.29.

〔56〕*Reuters News*, 5 July 2007.

〔57〕http://www.defence.gov.au/exercises/ts07/default.htm

〔58〕*Dow Jones International News*. 5 June 2007.

〔59〕Chanlett-Avery and Vaughn, p.12.

〔60〕US Navy, 'Kitty Hawk, Allies Complete Malabar Exercise,' *U.S. Navy Press Release*, 10 September 2007.

〔61〕*Ibid*.

〔62〕Department of Defense, Australia (2009) *Defending Australia in the Asia Pacific Century: Force 2030*, Commonwealth of Australia, Canberra, p.34.

〔63〕*The Economist*, 9 May 2009.

〔64〕*The Australian*, 6 May 2009.

〔65〕Alan Dupont, 'Unsheathing the Samurai sword: Japan's changing security policy', *Lowy Institute Paper*, No3, 2004, p.49.

第8章

ミサイル防衛と宇宙の利用

金田秀昭

1――世界のミサイル防衛と宇宙利用

(1) 米国

米国は、一九五〇年代以降、宇宙の安全保障面での利用において、圧倒的な存在感を示してきた。一九六〇～七〇年代を通じて早期警戒、偵察、通信、気象、測位航行などの各分野で宇宙の利用を進展させ、一九八〇年代は、宇宙の軍事利用でソ連との圧倒的な力の差を見せつけた。冷戦直後の湾岸戦争以降、軍事作戦と宇宙技術が不可分のものであることが証明され、戦略面のみならず、戦術面でも宇宙の軍事利用の重要性が認識されてきた。

冷戦期に米ソ対立の中で構想されてきたミサイル防衛は、冷戦後、米国対第三世界諸国、特に懸念国家の弾道ミサイル攻撃に対する米国本土、海外展開部隊、及び同盟国・友好国の防衛を主眼として研究が進められてきた。

同構想の具体化が急速に進展したのは、二〇〇一年五月、ブッシュ大統領が、拡散する弾道ミサイルの脅威に対応し、グローバルな多層防衛システムの構築を推進するというミサイル防衛（MD：Missile Defense）構想を示して以降となる。二〇〇一年九月の同時多発テロにより、国際テロリストなど非国家主体からの弾道ミサイル攻撃が現実的に懸念されるようになると、ミサイル防衛の配備を推進させる機運が急速に高まり、二〇〇二年一二月、同大統領は、ＭＤシステムの初期能力型の配備、運用を決定した。

また同大統領が、弾道ミサイルの全飛翔段階で迎撃可能なＭＤシステムの構築を目指して各種政策を進めたことにより、米国のＭＤ構想は、日本や欧州を含む同盟国や友好国との弾道ミサイル防衛（ＢＭＤ）に関する協力関係も含め、着実な進展を見せるようになった。

次に登場したオバマ政権は、究極の核廃絶を目標とした政策を進め、そのためにはロシアとの協調が不可欠であると見て、二〇〇九年には、ロシアの言い分を取り込む形で、中東欧へのＧＢＩ（Ground-Based Interceptor）迎撃ミサイルやＭＤレーダーの配備を取りやめ、代わりにＳＭ-３迎撃ミサイル搭載イージス艦の欧州配備増強及び中東欧への陸上型ＳＭ-３の配備へと、政策を変更した。昨年二月に公表された10ＱＤＲ（Quadrennial Defense Review）や10ＢＭＤＲ（Ballistic Missile Defense Review）においても、現実の脅威に対するＭＤの継続的な推進が、明確な政策として示されている。

オバマ政権の宇宙政策に関しては、10ＱＤＲでも、国家安全保障のための宇宙は、自由なアクセスを保障すべきグローバル・コモンズ（国際公共財）の一つとして極めて重要視され、二〇一一年一月発表のＮＳＳＳ（National Security Space Strategy）では、米国自身の宇宙能力や信頼できる国家との協力関係の強化など、宇宙戦略の推進方針が明示された。

（2）欧州・中東

イランの弾道ミサイルを主対象として、欧州ではＮＡＴＯやＥＵを中心として、各国独自又は多国間で衛星、センサーやウェポンシステムの開発に取り組んでおり、また英国やデンマークに、ＭＤ用の米国製レーダーを配備する計画を進めている。イスラエルは、装備、運用の両面で、米国と緊密に協力している。

特にＮＡＴＯは、各個の戦域レベルＢＭＤシステムを、米国のＭＤ網と統合させた、より広域、多層なシステムに統合する方向で、域外展開部隊の防衛や、イランの弾道ミサイル脅威対処のための防衛網を構成し、欧州全域に展開する研究を進めており、このための多国間協力（共同開発、運用）の必要性が増大している。これに伴い、有効なＢＭＤシステム構築のための宇宙の利用についての関心も増大している。

第8章 ミサイル防衛と宇宙の利用

金田秀昭

欧州での安全保障分野における衛星等の積極的な利用は、通信衛星を除けば、一九九〇年代に始まる。冷戦直後の湾岸戦争での軍事偵察能力の欠如に直面し、自律的な宇宙能力の保有の必要性が強く認識されるようになった。二〇〇一年には「欧州宇宙戦略」が策定され、EUと欧州宇宙機関（ESA：European Space Agency）の関係が強化され、欧州諸国は、従来の米国中心のNATOにおける活動を容認、維持しつつ、測位航行衛星（Galileo）の開発など、独自の活動を目指す体制の構築も進めている。

フランスは、欧州諸国では最多の予算を安全保障分野の宇宙利用に支出する一方、予算上の制約を克服するため、他の欧州諸国との衛星機能共有（ISR衛星データ共有、欧州共同偵察ネットワーク（MUSIS：Multinational Space-based Imaging System）計画での独伊などとの共同も志向している。またサルコジ大統領は、欧州共通のミサイル防衛計画への参加を表明しており、このための早期警戒技術実証衛星の開発を進めている。

ドイツは、衛星保有の利益を最大化するため、他の欧州諸国との衛星機能共有（ISR衛星データ共有、MUSIS計画への参入）を進めている。

イタリアは、自律的な衛星機能に欠けており、他の欧州諸国との衛星機能共有に依存する面が大きいが、MUSIS計画の主要なパートナー国の一つとなっている。

イギリスは、米国との緊密な同盟関係に基づき、衛星機能については、大部分を米国に依存しているが、近年、小型で安価な衛星開発計画（TopSat、AstroSAR）を追求する姿勢も見せている。

イスラエルは、厳しい安全保障情勢下、自律的なISR機能向上に向けた努力の一環として、独自の計画による衛星の軍事利用を追求中である。

（3）ロシア

ソ連時代から米国に対抗して宇宙の軍事利用を進めてきているロシアは、現在も、偵察（光学・SAR）、通信（モルニヤ）、測位航行（GLONASSを構築中）などを保有し、運用中であると見られるが、詳細は不明である。ただし早期警戒監視は、地上レーダーを主体とするものであり、衛星機能は保有していないと考えられる。

現在は、宇宙軍四万人態勢を維持するなどして、劣化した宇宙早期警戒態勢の復興を企図しているものと見られ、軍近代化計画を進め、核打撃力とともに、ミサイル防衛や宇宙防衛力の近代化、強化へ進むものと見られる。

二〇一〇年二月、メドベージェフ大統領は、一〇年ぶりに国防政策の新たな指針となる軍事ドクトリンを承認したが、ここでは、NATOの東方拡大や米国のMDを軍事的脅威と位置づけ、核兵器の先制使用方針も堅持した。またロシアを取り巻く脅威として、宇宙空間の軍事利用や領土要求、大量破壊兵器やミサイル技術の拡散、国際テロなどを挙げた。

(4) 中国

中国はかねてより、日米などが進める弾道ミサイル防衛システムに反対を表明してきたにも拘らず、自らは従来から続いている各種の弾道ミサイルの近代化、増強に拍車をかける一方、宇宙の分野への進出も著しく、衛星攻撃(ASAT:Anti-Satellite)兵器などの開発を進めている。また一昨年一月には、陸上配備型のミッドコース弾道ミサイル迎撃ミサイルの発射実験が成功裏に行われたと報じられている。

宇宙の軍事利用では、偵察衛星(画像偵察:FSWシリーズ、SAR:遥感シリーズ)を運用する一方、通信(STT:烽火・天鏈)、測位航行(北斗)など広範な分野での軍民共用や民間利用(天然資源探査、災害監視、農産物品種改良など)を進めているが、詳細は不明である。ただし、早期警戒監視は地上レーダーを主体とするもので、衛星機能は保有していないと考えられる。

中国は挙国体制で、有人宇宙飛行（神舟）、月探査衛星（嫦娥）、実験ステーション（天宮）などの開発を推進しているが、中国における宇宙開発は、人民解放軍が主体となって行われているのは周知の事実であり、陸上・海上・航空・電子・電磁空間における軍事的優勢を目指すとともに、各種の宇宙開発で得られた実績を、対衛星兵器開発（例えば共通軌道衛星型衛星攻撃兵器）に利用するなど、全ての努力が軍事目的に帰結するものと考えられており、弾道ミサイルを所掌する第二砲兵とは別個に、間もなく宇宙軍を創設するであろうと見られている。

一方、欧州の Galileo 計画に参画を表明し、また小型衛星開発で英国大学と提携するなど、一定の範囲での外国との提携も視野に入れている。

2——日本の弾道ミサイル防衛と宇宙の防衛利用

(1) 弾道ミサイル防衛と宇宙の防衛利用の経緯

北朝鮮などの弾道ミサイルの脅威に晒されている日本は、二〇〇三(平成一五)年一二月の閣議決定以降、米国のMDシステムの輸入又は日本独自の開発による弾道ミサイル防衛(BMD:Ballistic Missile Defense)システムの導入を進める一方、イージス艦用の能力向上型迎撃ミサイルの日米共同開発に取り組んでいる。また一九九八(平成一〇)年の北朝鮮のテポドン1の日本上空通過を契機として、独自に情報収集衛星(IGS)を開発、運用するとともに、二〇〇八(平成二〇)年の宇宙基本法の成立により、更なる宇宙の防衛利用を模索している。二〇〇九(平成二一)年四月の北朝鮮による新型ミサイルの日本上空通過に際しては、海自及び空自のBMD部隊を統合したBMD対処部隊が始めて編成され、対処した。

宇宙の防衛利用に関しては、一九六九(昭和四四)年五月に国会で採択された「わが国における宇宙の開発及び利用の基本に関する決議」においては、宇宙の侵略的利用はもちろん、防衛面での利用も原則的に禁止されてきた。一九八五（昭和六〇）年、日本政府は「その利用が一般化している衛星及びそれと同種の機能を有する衛星については、自衛隊による利用が認められる」（以後「一般化原則」）という見解を示し、通信衛星の利用が可能であるとの判断がなされた。

また、前述の北朝鮮のテポドン1発射を機に、政府は同年一二月、二〇〇二（平成一四）年度を目標に四基の情報収集衛星（ＩＧＳ）の導入を閣議決定したが、分解能（解像度）は「一般化原則」に基づいて、民間の商用衛星と同程度（一〜三ｍ）とすることになった。

そして二〇〇八（平成二〇）年五月に成立した宇宙基本法において、宇宙開発利用は、「わが国の安全保障に資するよう」（同法三条）行われるべきものとされ、国会審議を通じ、専守防衛の範囲内であれば、防衛目的での宇宙開発利用を行うことは可能とされた。

（2）総合的な弾道ミサイル防衛（ＢＭＤ）方策と宇宙の利用

わが国に対する弾道ミサイル攻撃への対処を総合的に考えた場合、その方策として、弾道ミサイル攻撃を事前に抑制又は阻止すること、発射された弾道ミサイルを撃破し、これを無力化又は無害化すること、更に弾道ミサイルが着弾した場合でも、被害を局限化することがあげられる。そのためには、予防外交措置としての諫止、国家態勢としての抑止、軍事的手段による弾道ミサイルの発射事前阻止、発射された弾道ミサイルに搭載される大量破壊兵器や通常弾頭の撃破・無力化、そして着弾した際の被害局限、といった機能を欠落なく具備し、それら機能の相乗効果を最大限に図っていくことが必要となる。

具体的には、先ず、①潜在的な脅威となり得る国家に対し、外交活動や信頼醸成措置等といった非軍事的手段を通じて、わが国への攻撃意図が顕在化することを予防するための諫止外交「Dissuasion Diplomacy」が適切に行われる必要がある。また、②敵対的な国家等が、わが国を攻撃可能な弾道ミサイルを保有していても、その攻撃効果に疑念を抱かせ、使用を抑制させるための抑止態勢「Deterrence Posture」を維持する必要がある。

次は、諫止や抑止が崩れた際の対処方法であるが、諫止や抑止崩壊後は、敵の攻撃を予期せざるを得ず、敵の攻撃を無力化または無害化することが緊要な課題となる。これには、軍事力による次の二つの方法がある。一つは、③敵の弾道ミサイルを発射する基地などを直接攻撃し、弾道ミサイルを発射前に無力化するという攻勢防御（Offensive Defense）手段としての拒否能力「Denial Power」の保有である。他の一つは、④飛来してくる敵の弾道ミサイルを迎撃して無害化する積極防御（Active Defense）手段としての防衛機能「Defense Capability」の保有である。後者は一般的な意味での「弾道ミサイル防衛」である。最後に、⑤不幸にして弾道ミサイルが、日本領域の何れかに着弾しても、その被害を最小限に止めるために、警報の発令、緊急的な避難、被害者の救助、被害の復旧等、市民参加による消極防御（Passive Defense）手段としての被害局限「Damage Confinement」が必要となる。

以上まとめれば、わが国の弾道ミサイル防衛（ＢＭＤ）を完全なものとするためには、緊密な日米同盟の下、本項に述べた五方策（五Ｄ）の相乗効果を図ることが肝要となる。

そこで、日本周辺地域の戦略動向や弾道ミサイル攻撃基地周辺の軍事動向の看破、敵ミサイル基地の攻撃や弾道ミサイル攻撃の迎撃に必要となる戦闘諸元の入手、被攻撃地域の被害状況監視など、五Ｄの各要素に関係して考えれば、動静把握（画像・電波情報）、早期警戒、衛星通信、衛星輸送（打上げ）、宇宙環境改善、気象観測、測位航行、飛翔物体認識（探知・追尾、類別・識別・判定）などの機能に関して、宇宙の防衛利用が、直接、間接的に重要な役割を果たすことは自明の理となろう。

(3) 宇宙の防衛利用に関する政府の基本計画・方針

現在の民主党主導政権の宇宙の防衛利用に関する方針や計画は未だ明確にされてはいないが、民主党単独で見てみると、民主党マニフェスト(INDEX2009)では、「外務・防衛」の項目において、防衛上の宇宙利用については、情報の収集・分析が不可欠であるとの認識が示されていることから、今後、積極的な政策が進められる可能性はある。

一方、自公政権時代の二〇〇八(平成二〇)年五月、両党が主導した宇宙基本法が民主党との協議を経て成立し、これを受けて内閣に宇宙開発戦略本部が設置され、二〇〇九(平成二一)年六月には、今後一〇年程度を目標とする「宇宙基本計画」(基本計画)が策定された。一方、防衛省は、二〇〇八(平成二〇)年八月、宇宙開発利用推進委員会を設置し、二〇〇九(平成二一)年一月には、「宇宙開発利用に関する基本方針について(基本方針)」を決定している。

これらの基本計画や基本方針は、自公政権時代のものではあるとは言え、民主党主導政権によって完全に否定され、破棄されたという事実はない。現に、昨年には、民主党主導政権となって初めての防衛白書が北澤防衛大臣の名前で発刊されたが、宇宙の防衛利用に関しては、この「基本方針」が民主党政権によっても支持されることを明確にしている。

基本計画及び基本方針には、弾道ミサイル防衛に関係するものとして、以下述べるとおり、動静把握（画像、電波情報収集）、早期警戒、通信衛星、衛星輸送技術及び宇宙状況認識技術についての方向性が示されている。

画像情報収集衛星について、基本計画では、解像度や観測頻度の向上、処理時間の短縮を目指すとしており、基本方針では、政府全体としての取り組みの観点から、情報収集衛星（ＩＧＳ）の能力強化（分解能等の向上）、商用衛星との有機的な相互補完関係の強化、即応型小型衛星に加え、ＩＧＳの基数増（観測頻度の向上）の技術可能性や費用対効果について、検討するとしている。

また、電波情報収集衛星について、基本計画では、宇宙空間における電波情報収集機能の有効性の確認のための電波特性研究を目指すとしており、基本方針では、有効性確認のため、他の代替手段との比較・役割分担、費用対効果等の検討を行った上で、技術的な可能性、収集可能な電波情報等について調査を行うことが必要であり、その際、宇宙空間における電波特性について、政府全体としての有機的な連携の下、科学的な解明を追求するとしている。

早期警戒衛星について、基本計画では、新たな観測対象、必要な技術、必要な支援設備等に関し、早期警戒機能のためのセンサーやデータベース等の研究を行うとしており、基本方針では、活用方法について幅広い検討を行うとともに、研究開発について政府全体としての有機的な連携の下、推進する必要があるとしながら、これまで蓄積した防衛技術を活用し、早期警戒機能の要となる高感度赤外線センサーに関する先行的な研究開発の推進について、検討するとしている。

通信衛星について、基本計画には記述が無いが、基本方針では、今後の衛星通信機能向上の方法（汎用商用衛星及び防衛専用衛星の利用、他省庁または民間との相乗り、民間事業者の能力活用）について、通信所要（覆域、容量、ネットワーク統合性、抗堪性等）を明らかにした上で、利用の安定性、運用形態（統合運用、国際平和協力活動）、ライフサイクルコストを含めた費用対効果等をも踏まえ、最適な方法を検討するとした。また、今後の通信所要を検討し、通信の大容量化への対応について、検討を推進するとしている。

衛星輸送技術について、基本計画には記述が無いが、基本方針では、打上げシステムは、必ずしも防衛専用である必要は無く、安価で信頼性の高いものが確保される必要があることを踏まえ、関係府省が研究開発している事業を注視するとしつつ、将来の衛星の小型化の動向を踏まえ、航空機を利用した打上げシステムを、検討するとしている。

宇宙状況認識技術について、基本計画では、デブリの分布状況把握としては、ＪＡＸＡ等が保有している宇宙観測機能によりデブリの監視を実施しているが、たとえば周回軌道上のデブリについては、メートル級の大きさを識別できる程度であり、衝突により人工衛星の破壊を招く恐れのあるサブメートル級のデブリを詳細かつ高精度に把握する能力を保有していないとして、今後防衛省等の機能を含めて有効に活用するとともに、諸外国の観測データとの連携を図り、特に周回軌道上では、サブメートル級のデブリの詳細な軌道位置等を把握することを指向するとしている。基本方針では、将来動向への対応として、衛星の防護策、宇宙状況監視（SSA）等、新たな宇宙開発利用の分野について、各国の宇宙開発利用動向も踏まえ検討するとともに、国連等における宇宙空間における軍備競争の禁止に関する議論の動向に十分留意して対応するとしている。

(4) 宇宙の防衛利用の必要性、課題と今後の方策

本項では、日本の弾道ミサイル防衛に資するための宇宙の防衛利用について、基本計画や基本方針の方向性に留意しつつ、弾道ミサイル脅威の進捗及び宇宙利用技術の進展を踏まえ、第二章二項に示した弾道ミサイル防衛の総合的方策に必要となる宇宙の防衛利用の機能別に、そ

の必要性や効用、各種の課題を考察した上で、今後採るべき方策などについて検討する。

①動静把握（画像・電波情報）

相手国の政治的意図や全般的な動静の把握、弾道ミサイル攻撃に関する準備・発射・欺瞞・逃回など軍事兆候の看破などの能力を向上させる必要がある。このため衛星を利用した光学情報、レーダー情報及び電波情報収集についての自律的機能の保有や体制の構築が緊要となる。そのための開発・出資・運用などを通じて、日米間における緊密な協力体制を構築することにより、日米同盟の強化に寄与することも期待できるほか、地球環境、資源探査、海上保安、災害救援など、民生・治安などにも大きく寄与することが期待できる。

②早期警戒

弾道ミサイル発射の早期警戒探知のため必須機能であるが、現在本機能は、米国のＤＳＰ（Defense Support Program）衛星に全面的に依存している。また、近年の弾道ミサイル自体や運用能力の向上に伴い、打上げ後の弾道の早期看破は、日本のＢＭＤ運用にとって重要である。更に、有効な反撃のため、弾道ミサイル発射地点の発射直後の特定も重要である。本来であれば、衛星を利用した発射熱源探知、上昇物体探知及び発射地点特定についての自律的機能の保有や体制の構築が緊要である。

一方、発射熱源探知、上昇物体探知、及び発射地点特定での緊密な協力体制構築（開発・出資・運用・維持）により、日米同盟強化にも寄与できる。このため、ＳＢＩＲＳ（Space-Based Infrared System）での日米協力は、当面の目標となる。また、Ｘバンドレーダーやｓｔｓｓ（Space Tracking and Surveillance System）での日米協力は、将来的な目標となる。更に、地球環境、資源探査、海上保安、災害救援など民生・治安の分野でも寄与することが可能となる。

③ 衛星通信

海外や日本周辺で行動中の艦隊等の戦術データの中継や移動体への通信中継、自衛隊部隊の行動範囲の拡大に伴う情報収集衛星等のデータの地上局への中継といった機能の保有が必要となるなど、ネットワーク化が顕著で、増大、発展する防衛通信所要に応え、十分な防衛秘匿性を有する衛星通信手段を確保する必要がある上に、専用防衛通信衛星及び商用通信衛星の利用による自律的な衛星通信機能の保有や体制の構築が特に重要となる。

また、日米同盟の戦略的共同態勢を確立するためには、最低限、米国の軍事専用通信衛星とリンクした国家最高レベルの共同防衛専用通信衛星機能の確保も重要である。

一方、防衛通信での緊密な協力体制構築（開発・出資・運用・維持）により、日米同盟強化にも寄与できる。更に、民生部門での国際通信におけるイニシアティブ発揮に大きく貢献することも期待できる。

④衛星輸送（打上げ）

衛星輸送については、安価で信頼性の高いものが自律的に確保されることを前提に、打上げシステムは必ずしも防衛専用である必要は無いが、将来の衛星の小型化の動向を踏まえ、また緊急時における即応防衛小型衛星の必要性が高まると考えられることから、これに適合した打上げシステムや、新たな抗堪性のある発射場の確保、航空機を利用した小型衛星打上げシステムなどについて、検討を進めることが特に重要となる。

⑤宇宙環境改善

日本にとって衛星の利用は、安全保障のみならず経済活動にも必須であり、衛星システムの維持は国家活動にとって重要である。特に日本の場合、防衛用の宇宙利用は後発であるにも関わらず、弾道ミサイル防衛の効果的な遂行は現実的な必要性が増大しており、デブリを始めとする宇宙空間の状況を正確に把握することは緊要となっている。このため、地上施設や衛星などを利用した宇宙状況認識についての自律的機能の保有や体制の構築が緊要となる。

また、日本の弾道ミサイル防衛を含む民生・防衛活動にとって甚大な支障を及ぼすデブリの処理は、日本が民生の実績を踏まえて、防衛での進出を目指す上で重要な課題の一つである。このため、衛星などを利用したデブリ処理についての自律的機能の保有や体制の構築も重要となる。

そのための開発・出資・運用などを通じて、日米間における緊密な協力体制を構築することにより、日米同盟の強化に寄与することも期待できる。また当然のことながら、日本が保有または運用する民生用衛星の保全にも大きく寄与し、更に諸外国にも恩恵を与えるものである。

⑥ 気象観測

軍事作戦における気象予察の重要性は明白であり、防衛面で活用することが得策である。このため、防衛用として抗堪性のある衛星を利用した気象観測についての自律的機能の保有や体制の構築が必要となる。

一方、防衛気象での緊密な協力体制構築（開発・出資・運用・維持）により、日米同盟強化にも寄与できる。更に、地球環境、資源探査、海上保安、災害救援など、民生・治安の分野でも大きく寄与することが期待できる。

⑦ 測位航行

各種の防衛作戦を遂行する上で、測位航行衛星の意義は明白であるが、基本的な脆弱性も内在している。このため、地域限定ではあっても、抗堪性が高く、自律的な機能を保有する衛星を利用した測位航行体制の構築が必要となる。このため、米国のGPSシステムを活用しつつ、豪州など安全保障観を共有し得る地域の先進友好国と提携しながら、緊急時等にGPSを補完し得る測位航行用の準天頂衛星システム（QZSS）の展開が完了すれば、日米を中心とした多国間の安全保障分野での具体的な関係強化にも寄与できる。なお、二〇一〇（平成二二）年九月には、準天頂衛星初号機となる「みちびき」が打上げられ、現在、順調にミッションを果たしている。

⑧ 飛翔物体認識（探知・追尾、類別・識別・判定）

弾道ミサイルの被迎撃回避技術の進展のため、飛翔中の弾道ミサイルを正確かつ迅速に探知・追尾、類別、識別し、迎撃結果を判定することは必須の機能となっている。このため、衛星を利用した飛翔物体認識（探知・追尾、類別・識別・判定）についての自律的機能の保有や体制の構築が重要となる。

一方、飛翔物体認識（探知・追尾・類別・識別・判定）での緊密な協力体制構築（開発・出資・運用・維持）により、日米同盟強化にも寄与できる。このためには、Xバンドレーダー、SBIRS、STSSなどでの日米協力は、将来的な目標となる。

(5) 整備の優先順位

本項では、ここまでの検討を踏まえ、日本の弾道ミサイル防衛に資するための宇宙の防衛利用に関する整備の優先順位について検討する。

整備の優先順位を決定するに当たり、わが国の弾道ミサイル防衛に資するという視点から、先ずは整備の必要性についての重要度や緊急度を検討し、更に実現性（外交、内政、技術、経費、運用）を加味するという手法を採った結果、優先順位は下記のとおりとなった。この結果は、宇宙開発戦略本部の「基本計画」や防衛省の「基本方針」に表された考え方と、整備のテンポについての相違点が一部にあるものの、基本的に一致するものである。なお、優先順位の検討に際しては、そもそも基本計画や基本方針に記述されていない概念も含めて、全ての事項を網羅した。

日本の弾道ミサイル防衛に資するため、今後の整備において、優勢順位を高く置くべき宇宙の防衛利用は、動静把握（光学情報収集、レーダー情報収集、電波情報収集）、早期警戒（発射熱源探知）、衛星通信、衛星輸送（打上げ）、宇宙環境改善（宇宙状況認識）である。このうち、動静把握（光学・レーダー・電波情報収集）、早期警戒（発射熱源探知）および宇宙環境改善（宇宙状況認識）については、日本の弾道ミサイル防衛の自律性向上と日米の共同防衛体制強化に直接関連する機能であることから、各種の課題を克服して、特に優先順位を高くして整備を推進すべきである。

上記に次いで整備の優先性があると認められるのは、宇宙環境改善（デブリ処理）、飛翔物体認識（探知・追尾、類別・識別・判定）である。早期警戒（上昇物体探知、発射地点特定）、気象観測および測位航行（ＱＺＳＳ）については、政府が行う他の施策などとの関係を考慮しつつ、整備の優先性について検討されるべきである。

これらを推進していくためには、先進技術実証衛星などによる積極的な挑戦が必要となる。また日本の宇宙利用の立ち位置からして、上記の宇宙利用政策を展開していくためには、即応防衛小型衛星や衛星コンステレーション技術などの研究、開発も必要となろう。更には、日米共同による自己防御機能（迎撃体発射型、レーザー発射型）の研究も躊躇するべきではあるまい。そして、これらの施策を力強く推進していくため、政府・防衛中枢での衛星管理・運用・利用態勢を確実に構築することが求められる。

（６）宇宙の防衛利用三原則

日本周辺の安全保障環境を見れば、日本の弾道ミサイル防衛の体制を確実なものとするために、弾道ミサイル防衛のための宇宙の防衛利用の推進は喫緊の課題となっている。

しかし、国家財政の状況や宇宙の防衛利用技術の現状を考えれば、このための施策を打ち立てることは容易ではない。そこで、日本の弾道ミサイル防衛のための宇宙の防衛利用においては、今後、「防民共生」、「自盟協立」及び「財運分離」という三方針に則り、施策を進めていくことが肝要となる。

「防民共成」とは、広範な防民共用衛星の整備を推進しつつ、特定分野の防衛専用衛星も追求することである。「防民共成」の防衛省・自衛隊の提携先としては、他府省庁、公的機関、民間などが考えられる。

「自盟協立」とは、自律型衛星機能の向上を図りつつ、同盟型衛星機能も強化することであり、「自律型」では、米国衛星の補完、代替、予備（バックアップ）などにも充当可能な形態を追求する。「同盟型」の態様には、共同運用以外にも、日米共同による開発、出資、維持などが考えられる。一方、日米同盟への過度の依存リスクを緩和するため、特定分野では豪州や欧州などとの連携も考慮することが得策である。

「財運分離」とは、政府全体での財政負担と、防衛省・自衛隊による運用責務の分離を政策の大原則におくことである。防衛利用の衛星であるからには、防衛省・自衛隊（または民間委託監督）を運用責務の基本とするのは当然であるが、開発・出資・維持整備には、単一省庁の負担を超える莫大な費用と蓄積された先進的な技術力が必要となるため、政府全体での財政負担や技術の総合活用、更には入手した諸データの官民における最大活用が必須となる。

今後日本政府は、これらの施策推進上の三方針を踏まえつつ、弾道ミサイル防衛はもとより、わが国の防衛全般、外交、保安、経済、産業、民生、更には日米同盟や多国間協力などを含む総合的な視点から、内閣府の中枢機能の強化などにより、政府全体として宇宙の防衛（安全保障）利用を力強く進めていかねばならない。

防衛省では、昨年一二月の新防衛計画の大綱及び新中期防衛力整備計画の決定を踏まえ、防衛副大臣を委員長とする「防衛力の実効性向上のための構造改革推進委員会」などを設置し、本年三月を目処として論点を整理し、夏前には方向性を打ち出すことを決定した。ついては、早急に防衛省内の議論を固め、新大綱の描く「動的防衛力」の実効性確保のため、わが国弾道ミサイル防衛に資する「宇宙の防衛利用」の施策を適正に推進していくことを期待する。

【参考文献】
新たな時代の安全保障と防衛力に関する懇談会（二〇一〇）「新たな時代における日本の安全保障と防衛力の将来構想――「平和創造国家」を目指して――」
宇宙開発戦略本部（二〇〇九）「宇宙基本計画」
閣議決定（二〇一〇）「平成二三年度以降に係る防衛計画の大綱について」
閣議決定（二〇一〇）「中期防衛力整備計画（平成二三年～平成二七年度）について」

第8章 ミサイル防衛と宇宙の利用

金田秀昭

米国防省（二〇一〇）２０１０ＱＤＲ（Quadrennial Defense Review Report）

米国防省（二〇一〇）２０１０ＢＭＤＲ（Ballistic Missile Defense Review Report）

米国防省・国家情報局（二〇一一）ＮＳＳＳ（National Security Space Strategy）

防衛省（二〇〇九）「宇宙開発利用に関する基本方針について（基本方針）」

防衛省（二〇一〇）「平成二二年版　日本の防衛」（防衛白書）

防衛省（二〇一一）「平成二三年版　日本の防衛」（防衛白書）

防衛省防衛研究所（二〇一一）「東アジア戦略概観２０１１」

Jane's Space System 2008-09, 2009-10

NASA, US Department of Defense and US Missile Defense Agency, European Space Agency, Centre National d'Etudes Spatiales, Deutsches Zentrum für Luft- und Raumfahrt, Agenzia Spaziale Italiana and British National Space Centre, Home Page

第9章

日中関係の基本構造

——安全保障の観点から——

村井友秀

1——はじめに

国際関係の歴史を見ると、現状に満足せず現状変更を志向する国家の力が現状維持国家の力を追い抜いた時に、現状変更国家が自国の優位を確かなものにするために現状維持国家を攻撃する可能性が高くなる。すなわち、戦争のコストが低い場合、パワーの上昇過程にある国家は、自国の優位を早期に確立しようとして戦争に訴える傾向があった〔1〕。

現在、中国の力は急速に拡大している。中国の国内総生産（ＧＤＰ）は二〇年前に日本の八分の一であったが、一〇年前には四分の一になり、今（二〇一〇年）日本を抜いて世界第二位になった。外貨準備高も日本を抜いて世界第一位である。また、中国の国防費も二一年間にわたって二桁の伸び率で拡大し、日本の防衛費を上回った。尖閣諸島をめぐる争いでは、日本が現状維持国家であり中国が現状変更国家である。南シナ海の南沙諸島をめぐる争いではベトナムやフィリピンが現状維持国家であり、中国が現状変更国家である。台湾海峡を挟んだ争いでは台湾が現状維持国家であり、中国が現状変更国家である。

2——歴史的日中関係

中国のGDPが日本を上回った現在においても、日本では、「進んだ日本、遅れた中国」というイメージが広くいきわたっている。しかし、明治以前の日本においては、中国は経済力においても軍事力においても、日本よりはるかに優れた「東洋覇王」であるという認識を持つ知識人は多かった。明治を代表する知識人である福沢諭吉は、「世界第一の富国たるべき、また疑いをいれず。強兵の資本、豊かなりと云うべし」と述べている。[2]

一九世紀中ごろに至るまで東アジアの国際秩序を支配してきたのは中華帝国と周辺諸国との朝貢・冊封関係であった。中国はアジアの歴史を通じて世界的な超大国であり、軍事的・経済的・文化的にアジアの周辺諸国を圧倒してきた。軍事的に急成長した周辺諸国が一時的に中国を征服することがあったとしても、結局は中国文化の大海に呑み込まれ、アジアにおける中華帝国の地位が大きく揺らぐことはなかった。日本も歴史的に中華帝国の周辺諸国の一つであり中国文化の影響下にあった。

したがって、日本は文化の遅れた小国であるという後進国意識は、一九世紀後半になっても多くの日本の知識人を支配していた。明治初期における代表的新聞の一つである『自由新聞』は中国について次のように書いていた。[3]「清国の土地の広くして人民の衆く、物産の富みて貨財の優なるは、欧米雄国といへどもなおかつ望んでこれを畏れる所なり、……清国と開戦するは吾人は実に我が海陸軍の備えのついに相及ばさるを危ぶむのみならず、ほとんどその不可なる事を断言せざるを得ざるなり」。また、福沢諭吉は次のように述べていた。[4]「西洋人が局外より日本支那を対照し、果たして日本は支那に優るとの思想を懐くべきや如何。我輩は遺憾ながら、西洋人の眼中に支那国の映ずるは、日本国のこれに映ずるよりも分明ならんと言わざるを得ざるなり。まず第一に地図を開いて日支の位地を見れば、甲は区々たる蜻蜓形の一島嶼、乙は堂々たる亜陸の一大国、日本はあたかも支那の属島の如くに思い込み」。

これに対して中国の日本観は次のようなものであった。[5]「日本区々の兵を以って中国に抗衡せんと欲す、多くはその量を知らざるを現すのみ」(『日本軍志』)、「この区々にして、しかも上国に抗衡せんと欲す、蟷螂當車、何ぞその君臣の自ら量るを知らざる」(『日本気候風俗考』)、「東西両京座ながらにして苦しましむべし、蝦夷一島直ちに靴先を以て蹴倒さんのみ」(『東洋瑣記』)。一九世紀末の時期においても中国人の日本のイメージは「東夷」「夷狄」以上のものではなかった。当時の中国の新聞論説によると、日本人の素質は知能低劣で一朝一夕に改善することは難しく、国土は中国の一省にも及ばず、人口は中国の十分の一にも達しない。また、日本軍の素質は劣等であるというものであった。

幕末から明治初期にかけての日本は欧米列強による植民地化の危機という厳しい国際環境の中で、国家の統一と近代化を進めていかなければならなかった。幕末の攘夷運動によって覚醒した日本のナショナリズムは、明治国家の国家建設の過程で高揚し、近代日本の基本的イデオロギーになった。明治政府は新興国家としての新鮮なナショナリズムを原動力として国家建設を進め、積極的な外交政策を展開していった。日本は歴史的に日清両国に服属していた琉球王国を日本の領土として宣言し、さらに朝鮮半島への進出を積極化したために、琉球や朝鮮に対する宗主権を主張していた清国と衝突することになった。もし、当時の中国が一九世紀以前のように周辺諸国に対する強力な影響力を維持していたとすれば、日本が国外に向かって膨張発展する余地はほとんどなかった。

このような日中関係を大逆転させたのが日清戦争であった。中国に恐怖心を抱いていた多くの日本人にとって、日清戦争は「乾坤一擲の大事業」であった。日清戦争の勝利が日本人に与えた影響は大きく、恐怖心が大きい程その反動も大きかった。日清戦争開戦当初は巨大な中国の影に怯えていた日本人は、戦闘の結果が伝えられ日本軍の勝利が明らかになると、一転して過剰な自信と優越感に囚われていった。日清戦争、日中戦争という侵略戦争の過程を通じて、日本国内では中国を国家意識が欠如し愛国心に欠ける個人主義者が集合し、血縁、地縁関係の繋がりに頼って作られた社会であると理解し、中国を蔑視する傾向が増大していった。

ただし、当時においても中国に対する警戒心を解かない知識人は存在した。徳富蘇峰は『国民新聞』（一八九五年二月一八日）に「清国侮る可らず」という論説を発表し、「愛国心」「忠勇の精神」というようなものは人間の本性であり中国人に欠けているはずがない、適当な教育を実施すれば清国は侮れない存在であると主張した。日露戦争以後においても、日本がアジアに勢力圏を拡大しようとすれば中国と衝突せざるを得ないと考える日本人は多かった。日露戦争直後、ドイツ駐在武官であった宇垣一成は日記に次のように書いた[6]。「天に二個の太陽なき例のごとく続て来るものは日清の極東における争覇の軋轢なるべし」。また、日本が中国に対して優位を占め得るのは、中国が混乱しているからであるとの認識を持つ日本人も多かった。大正四年、宇垣一成は、「支那四億の民が覚醒して発展してくれば中々日本の手に終えることはない。今日においてすら我に服せざる彼の事なれば、独立独歩の出来る暁には我に対する強敵である」と日記に記した[7]。また、日中戦争の中で湧き上がってきた中国のナショナリズムを見た陸軍中佐重藤千秋は次のように述べている[8]。「物資貧弱、労賃高き日本が対支経済を今日の状態にあらしめ得る者は、支那の内争より来る支那産業の不振に職因するものなきにあらず。ここにおいて吾人は支那の統一は日本の対支発展上絶対無条件たるを得ずと称する所以なり」。

一九世紀以前の世界において、最大の人口を持ち最古の文明を誇っていた中国は超大国であった。一方、日本は極東の小さな島国に過ぎなかった。七世紀（白村江の戦、六六三年）と一六世紀（文禄・慶長の役、一五九二年、一五九七年）を除いて日本が中国に挑戦したことはなかった。二〇〇〇年に及ぶ日中関係の歴史を通じて、日本は中国に対して圧倒的に弱者であった。弱者は強者に挑戦せず、強者は戦争をしなくても弱者を強制することができた。したがって、日中間に戦争はなかった。

明治維新以来、国家を統一し国力の充実に邁進していた日本の軍事力は、列強の侵略と政権の腐敗によって国内が混乱していた中国の軍事力に急速に接近していった。一九世紀末には海軍力で中国に対抗できるレベルに達したと日本は認識した。日中の軍事力の接近を背景にして、一八九四年に日清戦争が勃発した。混乱しているとはいえ大国意識の強い中国も、軍事力に自信を持つようになった日本もお互いに相手に勝てると考えたからである。戦争は勝てると思った方が戦争を始める。一九世紀以前の日中関係のように中国が圧倒的に強者であれば、日本にとって戦争という選択肢は存在しなかった。その後、半世紀にわたって日中は戦争の時代に入ることになる。日中戦争の時代は日中の国力が接近した時代であった。

日中戦争は日本が米国との戦争に敗北することによって終結した。日中戦争が終わった時、日本は敗戦によって国力がゼロになり、中国も戦争と革命によって国力は疲弊した。その後、日本は経済発展に資源を集中し、一九六八年にはＧＤＰが米国に次いで世界第二位に上昇した。一方、中国は戦後も共産主義革命を徹底し経済は混乱した。一九七〇年代に日中が国交を回復した当時は経済的に日本が圧倒的に優位であった。

しかし、一九八〇年代から中国において資本主義的経済改革が進行し、中国は急速に経済的・政治的に大国化していった。台頭している中国が日本に追いつき追い越しつつある現在は、台頭する日本が衰退しつつあった大国中国に追いついた百年前と同じである。現在、百年前の戦争の時代の条件が復活しつつある。

3 ――日本を取り巻く安全保障問題

東アジアでは、核兵器を開発し、韓国の哨戒艦を撃沈し、韓国の島を砲撃する極端な軍国主義国家である北朝鮮が存在し、また急速に経済力、軍事力、政治的影響力を拡大している中国が存在する。中国は民主主義国家ではなく、政策決定に際して大多数の国民の支持を得る必要がない。したがって、容易に、迅速に、秘密裏に軍事行動を始めることができる。一方、基本的に現状維持国家である日本の経済力と政治的影響力は縮小しつつあり、中東と中央アジアで二つの戦争を戦っている米国も東アジアに積極的に関与する姿勢を見せていない。東アジアにおいては米国も基本的に現状維持国家である。

現在、東アジアにおいて現状維持国家と現状変更国家の軍事バランスは、現状変更国家に有利に変化しつつある。これまで中国はその対外政策の基本を「平和的発展論」であると説明することが多かった。かつて鄧小平は、中国の対外政策は「韜光養晦」（能力を隠してひけらかさない）、「四不」（対抗せず、敵を作らず、旗を振らず、先頭に立たない）であるべきだと述べたことがある。しかし、中国国内では「このような考え方が中国人の思考を委縮させ、外交を弱気にさせている」（中国空軍大佐）、「三〇年前に比べて中国は発展し、中国の要求は変化した。対外的な交流の方法もこれまでとは異なる」「積極的な行動に出るべきだ」（中国政府関係者）という意見が多くなっている。[9] 最近、外交交渉の場において中国側が、「韜光養晦」に言及する機会は少なくなり、「如何なる妥協もせず軍事力による解決も辞さない」（中国軍関係者）とされる「核心的利益」に関する発言が増えている。[10]

中国国家海洋局は南シナ海について「十分な軍事力を見せつけて、領土問題を有利に進めなければならない」と主張している。[11] 中国国家海洋局によると、二〇一一年六月までに一〇〇〇トン以上の二六隻を含む四七隻の監視船が完成し、さらに一五〇〇トン級七隻、一〇〇〇トン級一五隻、六〇〇トン級一四隻の建造が計画されている。[12] 耐用年数二五年を過ぎた船を除くと、日本の海上保安庁が配備している一〇〇〇トン以上の巡視船は三三隻である。二〇一〇年一二月二三日、中国農業省は北京において全国漁業業務会議を開き、周辺国と国境紛争がある海域での監視活動を強化することを決定した。[13] 南シナ海では漁業監視船による中国漁船の護衛と他国漁船の取り締まりを強化し、東シナ海でも尖閣諸島付近での中国漁船の護衛と巡視活動の常態化を徹底させることを決定した。「中国による南シナ海の実効支配が完成すれば、次は尖閣諸島を含めた東シナ海に重点が移る」（日本外交筋）可能性が高くなっている。[14]

中国政府の政策は、「何時でも島を奪還できる能力があることを各国に見せつけることで圧力をかけ、領有権交渉を有利に進める」というものである。南シナ海においては武装した中国の大型漁業監視船がインドネシア海軍の小型艦艇を威嚇し、インドネシア当局に拿捕された中国漁船を解放させ、他方ではインドネシア漁民を拿捕する事件が発生している[15]。中国は拿捕したベトナム漁民に対して漁民の2年分の年収にあたる八〇〇〇ドルの罰金を科している。

4――軍国主義

軍国主義的傾向の強い国家は軍事力を用いて問題を解決しようとする。軍事力を用いて問題を解決するためには、相手よりも強力な軍事力を持っていなければならない。したがって、軍国主義的傾向のある国家は軍事力を増強する。東アジア各国の軍国主義的傾向を見るために、各国が軍事力を増強しているか、近代化しているか、軍事力を使用する意志が強いか弱いかという視点から、各国の状況を見ると次の表のようになる。

図表９－１

軍事力	北朝鮮	韓国	中国	台湾	日本
拡大	○	○	○	×	×
近代化	○	○	○	×	○
意志	○	×	○	×	×

すなわち、東アジアで軍国主義的傾向の強い国は北朝鮮と中国である。

（1）北朝鮮の通常兵力は過去一〇年間ほとんど変化せず、旧式化が進んでいる。但し、核兵器とミサイルの開発と増強は進行している。北朝鮮の基本理念は全てに軍隊を優先させる「先軍思想」である。二〇〇九年には憲法が改正されて「国防委員会」が国家の最高決定機関になった。また、二〇一〇年三月の韓国哨戒艦沈没事件に際しては、「無慈悲な軍事攻撃で逆賊一味の牙城ソウルを火の海にする」（朝鮮人民軍総参謀部）と発言するなど軍事力行使に積極的な姿勢を見せている。二〇一〇年一一月には南北境界線付近にある韓国の島を砲撃し民間人に死傷者が発生した。

（2）中華人民共和国成立以来、朝鮮戦争（一九五〇年─一九五三年）、台湾危機（一九五四年、一九五八年）、中印戦争（一九六二年）、西沙諸島占領（一九七四年）、中越戦争（一九七九年）、南沙諸島沖海戦（一

九八八年）など中国は多くの戦争に関わってきた。中国共産党は日本のように軍事行動に消極的な政権ではない。

現代の中国は共産主義国家ではない[16]。現代中国のスローガンは「振興中華」、「富国強軍」である。一九九二年二月には、南シナ海を中国の内海とし、尖閣諸島を中国領とする「中華人民共和国領海および接続水域法」を施行して支配地域を拡大する意志を示した。また、二〇〇五年三月には、台湾に対する武力行使を合法化する「反国家分裂法」を制定した。なお、中国の見解では尖閣諸島は台湾の一部である。二〇〇八年から二〇一〇年にかけて西太平洋において活発に艦隊を展開している中国海軍の行動について、米海軍太平洋艦隊司令官は「中国軍が自国の領海を越えて存在を示そうとしている」と警戒感を表している[17]。一方、中国軍関係者は「東シナ海でのアクセス拒否能力の向上を日米に示威する」と述べている[18]。

（3）日本では憲法によって海外での戦争が禁止されている。自衛隊を海外に派遣した場合でも犠牲者を出さないことが求められている。現在の日本はゼロリスク・ハイリターンを求める社会であり、軍事力行使に伴う犠牲を受け入れる覚悟に欠けている。太平洋戦争に敗北した日本は戦争を深く反省し、戦争に関わるもの全てを否定した。否定したものの中には平和な時代においても必要なものも含まれていた。例えば、勇気、大胆、自己犠牲といった「軍事的徳」

は戦争に必要なものではあるが、同時に平和な時代においても責任ある行動をとるためには不可欠なものである。勇気、大胆、自己犠牲といった「軍事的徳」を否定する日本の戦後文化は世界の常識と大きく掛け離れたものになった。

5——大きな戦争と小さな戦争

中国軍の増強が進めば、中国の指導者は、領土問題や海洋資源問題を解決するために、より効果的な外交手段として軍事力を選択する可能性が大きくなる。「鉄砲から生まれた中国共産党政権」の指導者にとって戦争は外交の一手段であり、万策尽きた後の最後の手段ではない。

軍事行動のレベルは次の四段階に分けることができる。①口頭による威嚇（声明等）、②軍事力のデモンストレーション（演習等）、③小規模な戦争（動員兵力一〇〇〇人以下、戦死者一〇〇人以下）、④大規模な戦争。

大量破壊兵器が存在し、経済のグローバル化が進み、国連の平和維持活動が機能する現代の

第9章

日中関係の基本構造

―安全保障の観点から―

村井友秀

世界では、大規模な戦争が発生する可能性は低い。しかし、小規模な戦争は世界各地で発生している。

大規模な戦争は大きなコストを伴うが、小規模な戦争はコストも小さい。戦争のコストが小さければ、戦争による利益がコストを上回るケースも多くなる。すなわち、大規模な戦争を躊躇する国も、戦争の規模が小さければ戦争を躊躇しない場合がある。ただし、小規模な戦争に勝利しても、相手が大規模な戦争において優位に立っていれば、相手は即座に戦争を大規模に拡大して小規模な戦争の敗北を相殺してしまうであろう。すなわち、戦争を小規模に限定するためには、大規模な戦争のレベルにおいても優位に立っていなければならない。

現在、東アジアにおいて米国の軍事力は圧倒的に強力であり、大規模・小規模の各レベルの戦争において米国に勝てる国は存在しない。しかし、日米関係が悪化していれば、東シナ海の資源争いや尖閣諸島の領有権をめぐって日中間に小規模な戦争が発生しても、中国が経済的相互依存関係や核兵器を背景にして米国を説得すれば、米国は介入せず、日中間の軍事バランスが戦争の勝敗を決定すると中国が考えている可能性がある。

最近まで、東シナ海における海・空軍力バランスは日本に有利であった。したがって、中国が戦争を選択する可能性は少なかった。しかし、急速に中国の海・空軍力は増強されている。

もし、東シナ海における小規模な戦争において日本の自衛隊よりも中国軍の方が有利になったと中国が判断し、同時に米国が介入しないと判断すれば、中国はコストが小さい小規模な戦争を始める可能性がある。尖閣諸島に対する小規模な軍事行動ならば、経済的・政治的コストを耐えられる限度内に収めることが可能であり、戦争に勝利すれば「振興中華」「富国強軍」の英雄として巨大な政治的利益を得ることができると中国政府が考える可能性がある。

中国共産党は一九二〇年代から一九三〇年代にかけて、国民党の包囲討伐作戦によって都市の根拠地を失い弱体化していた。しかし日中戦争が始まると、日本軍の侵略によって覚醒した中国人の民族主義が、共産主義ではなく民族主義（抗日民族統一戦線）を唱え、最も反日的であった中国共産党を政権の座に押し上げたのである。したがって、中国共産党政権の正統性の基礎は反日民族主義である。現代においても共産党政権は全国各地に「愛国主義教育基地」を建設し、また学校教育を通じて民族主義の原点である日本軍の侵略の記憶を忘れないように努力している。現在のところ、対日強硬政策は中国共産党にとって国民の政権支持率を上昇させるために最も効果が期待できる手段である。

東シナ海における戦争を抑止するためには、日米同盟の信頼性を高めることによって米軍が介入する可能性を高め、同時に小規模なレベルの戦争において不利にならない軍事力を日本が保有することが、東アジアの平和にとって不可欠の条件になっている。

最近、中国軍関係者が、「日本の米軍基地と空母艦隊をミサイルの照準に入れておけば、米艦隊が自由に西太平洋に入れなくなり、日米安全保障条約を事実上、無力化できる」、「海軍力はすでに日本を超えた」と発言している。[19] 現時点で中国軍が日米同盟軍よりも強力であるとは言えない。しかし、戦争は「誤解」から始まると言われている。中国が日米の軍事力を誤解しないように、日米は軍事演習などを通じて中国に対し明確な軍事的メッセージを送る必要がある。

現在の中国共産党が重視する「核心的利益」は、第一に国家の基本制度（共産党支配）、第二に国家主権と領土、第三に経済社会の安定的発展である。したがって、第一の「核心的利益」が危機に陥った時、中国共産党は大きなコストとリスクを覚悟して行動することが予想される。

6——中国の軍拡

中国共産党の軍隊は革命を先導する前衛として生まれ、革命が成功した後は革命を守るSuper Policeとして機能してきた。しかし、現在その任務は大きく変わりつつある。特に海軍の変化が顕著である。革命軍の時代には、陸軍の補助的役割以上の存在ではなかった海軍は、近年急速にその姿を変えている。「振興中華」のスローガンの下、中国海軍は積極的に西太平洋やインド洋に進出しつつある。海軍の近代化は巨額な予算を必要とするが、中国の急速な経済発展が海軍の近代化を可能にした。二〇〇九年一〇月一日の中華人民共和国建国六〇周年軍事パレードでは、旧式兵器は登場せずKJ2000早期警戒機やHY6空中給油機など新兵器が登場した。第四世代戦闘機の数は三四〇機を超えて日本が保有する二六〇機を大きく上回り、近代化された潜水艦の数も日本の約二倍になった。兵力投射、緊急展開、電子技術などの能力が急速且つ確実に進歩している。

台湾国防部の『国防報告書』(二〇〇九年一〇月)によれば、中国の軍事力拡大の目的は、東シナ海、南シナ海、西太平洋をコントロールし、インド洋への戦力投射を可能にし、台湾の迅速な占領を可能にする軍事力を獲得し、アジア・太平洋地域の軍事大国になることである。

現在、中国海軍は水上艦艇の近代化と潜水艦戦力の近代化を推進している。外洋作戦能力を向上させるために、駆逐艦やフリゲートを増強し、洋上補給艦の整備を進めている。また、台湾攻略作戦に備えて揚陸艦艇の増強も進行している。中国海軍最大の水上艦艇でヘリコプターを最大四基搭載できる揚陸艦（一万八〇〇〇トン）も建造した。二〇一〇年にはロシアから輸入した八〇〇〇トン級の駆逐艦や国産の七〇〇〇トン級の駆逐艦を含む新型駆逐艦やフリゲートの隻数が三五隻に達した。なお、中国が保有する駆逐艦とフリゲートの総数は八〇隻である。これに対して日本が保有する駆逐艦とフリゲートの総数は五二隻である。また、潜水艦戦力の近代化も着実に進行しており、ロシアから新型の通常動力型潜水艦を輸入し、同時に雑音レベルの低い国産の新型潜水艦の開発・生産を進めている。さらに新型の攻撃型原子力潜水艦や射程八〇〇〇キロ以上の弾道ミサイルを搭載する新型の弾道ミサイル搭載原子力潜水艦の開発も進行中である。新型弾道ミサイルと新型原子力潜水艦の開発によって米国を直接攻撃できる能力が強化され、戦略核戦力の残存性も高まっている。二〇一〇年には新型潜水艦の隻数が三一隻に達した。日本の潜水艦は一六隻である。

現在、中国海軍は米海軍が台湾に接近することを拒否する能力を強化している。さらに、中国経済の生命線である海外貿易のルート（SLOC）を防衛する任務も視野に入れている。そのために遠洋で行動できる近代的な駆逐艦やフリゲートを増強し、原子力潜水艦を近代化し、さらに航空母艦の建造も計画されている。空母機動部隊を編成することによって、東シナ海や南シナ海の「戦略的辺境」とインド洋の「戦略的通路」をコントロールしようとしている。但し、中国が空母機動部隊を編成したとしても、強力な米軍の攻撃から空母を守ることは困難である。米軍にとって中国の空母は海面上に浮かぶ大きな攻撃目標以外の何物でもない。一方、中国の空母機動部隊を攻撃する十分な軍事力を持たない東アジアや南アジアの中小国にとって中国の空母機動部隊は大きな脅威となる。空母は強い相手には無力であるが、弱い相手には強力な力を発揮する。したがって、中国の空母は米海軍に対抗するものではなく、東アジアや南アジアの中小国に対して「軍事的威嚇」や「警告的軍事作戦」を実施する場合に大きな力を発揮する。

中国は核・弾道ミサイル戦力の近代化も進めている。現在、中国の弾道ミサイルは液体燃料から固体燃料化が進行中で、車載化が進み、即時発射が可能なミサイルも増えている。ミサイル防衛に対抗するため弾頭の小型化、複数化、個別誘導多弾頭化も進めようとしている。弾道ミサイルの即応能力、防御突破能力、破壊力、精密打撃能力は着実に向上している。

現在、液体燃料の大陸間弾道ミサイル（射程八〇〇〇キロから一万四〇〇〇キロ）が約二〇基、新型の固体燃料の大陸間弾道ミサイルが約二〇基配備されている。液体燃料の中距離弾道ミサイル（射程二〇〇〇キロから四〇〇〇キロ）が約四〇基、新型の固体燃料の中距離弾道ミサイルが約八〇基、固体燃料で射程六〇〇キロの短距離弾道ミサイルが約四〇〇基、固体燃料で射程三〇〇キロから五〇〇キロの短距離弾道ミサイルが約七〇〇基配備されている。中国の弾道ミサイル誘導制御技術は向上しており、米海軍の空母を直接弾道ミサイルで攻撃する可能性にも米国は注目している。潜水艦戦力とミサイル戦力の増強によって、中国に接近しようとする米海軍を阻止するＡ２ＡＤ（Anti Access/ Area Denial）能力は強化されつつある。

中国軍は最近南シナ海で大規模な軍事演習を繰り返している。[20] 二〇〇九年五月に空軍と海軍航空部隊による爆撃訓練を実施し、二〇一〇年七月には、南海、東海、北海の三艦隊が主力艦隊の半分を参加させる過去最大規模の合同演習を行った。この演習は「米軍の空母艦隊を撃破する」（広州軍区関係者）演習であった。二〇一〇年一一月には海南島において揚陸艦、水陸両用戦車、海軍陸戦部隊を動員した上陸訓練が実施された。

日本近海においても中国軍の活動は活発化している。二〇〇九年六月に駆逐艦等五隻の海軍艦艇が沖ノ鳥島北東の海域に進出し、二〇一〇年三月に駆逐艦等六隻の海軍艦艇が沖縄本島と宮古島の間を通過して太平洋に進出し、二〇一〇年四月には駆逐艦、潜水艦等一〇隻の海軍艦艇が、沖ノ鳥島西方の海域に進出した。中国海軍は「近海防御の戦略的縦深を徐々に拡大し」（『二〇〇六年中国の国防』）、「外洋訓練を常態化」（呉勝利海軍司令員）し、東シナ海や南シナ海から外国勢力を排除して「中国版モンロードクトリン」を実現しようとしているという見方もある[21]。

最近まで東アジア・西太平洋における米軍の作戦基地や港湾に対する大きな脅威は存在せず、米軍の海上戦力や航空戦力は敵対的勢力の長距離偵察や目標補足能力の無い環境で行動してきた。中国のＡ２ＡＤ能力の向上は米軍の行動に大きな影響を与えている。Ａ２は米軍が日本の基地から作戦行動に出ることを阻止しようとするものであり、ＡＤは米海軍が東シナ海や南シナ海の作戦海域へ侵入することを拒否しようとするものである。中国のＡ２ＡＤは日本のシーレーンを脅かし日本の安全保障に大きな影響を与えることになる。

7 ——東アジアの軍事バランスと平和

東アジアでは現状変更国家の中国が軍拡し、現状維持国家の日本が軍縮し、現状維持国家の米国が地域に展開している軍事力を再編制している。現在の東アジアにおいて中国の軍拡に対抗できる力は日米同盟のみである。東アジアの平和を維持するためには、現状変更国家と現状維持国家の軍事バランスを維持する必要がある。米国が突出した軍事超大国であり、同時に現状維持国家である限り、日米同盟は現状変更国家の冒険主義的行動を抑止する最高の保険である。したがって、米軍が兵力を東アジアから移動させる場合は、平和が維持されている現在の軍事バランスを崩さないように、また、現状を変更しようとしている国が、米軍が地域から撤退していると誤解し、現状変更国家が軍事的に優位になったと誤解しないように慎重に行動することが必要になる。

現在の米中関係がさまざまな対立や問題を抱えながら破綻しない理由の一つは、米中関係が「経済的相互依存」(Win-Win) 関係であるよりもむしろ「経済的相互確証破壊」(Lose-Lose) 関係にあるからであろう。経済が破壊されるという恐怖が政治的対立を抑えている。

一方、日中間の経済関係をみると、日本には存在するが中国には存在せず、日本以外の国からは入手不可能で、しかも中国にとって死活的に重要な経済資源は存在しない。したがって、日中間に「経済的相互確証破壊」関係は成立しない。現在のところ、日中を結び付ける日中共通の敵は存在せず、日中間には領土問題や海洋資源をめぐる対立があり、日中両国民のお互いに対する感情が劇的に改善されることが当面は期待できない。したがって、ロングピースと言われた冷戦の教訓を考えると、信頼関係が成熟していない二国間において、未来の日中関係が対等であり、なおかつ平和であることを望むならば、日中関係の構造の中に軍事的「相互確証破壊」のシステムをビルトインしておくことが効果的である。

現在、中国は二〇〇発以上の核兵器を保有している。また、吉林省に配備されている二〇基以上の中距離弾道ミサイルは日本を攻撃目標にしている。[22] 中国は日本の生存に致命的打撃を与える軍事的能力を持っている。

一方、日本は核兵器を保有せず、憲法の規定により外国を攻撃する軍事的能力がない。日本には中国に大打撃を与える軍事力がない。すなわち、日中間には軍事的「相互確証破壊」関係は成立していない。但し、日本の防衛戦力は日本の自衛隊と米軍によって成り立っている。米軍は多数の核兵器と長距離ミサイルを保有している。米軍は中国の生存に致命的打撃を与える軍事的能力を持っている。

すなわち、日中両国の間で軍事的「相互確証破壊」が成立するためには、日本対中国の構図の中に米国を組み込んでおくことが必要である。予見しうる未来において、日中関係が対等で平和であるためには、日米同盟対中国の構図が維持されていかなければならない。

同時に日本独自の抑止力を強化すべきである。その際、重要な点は、抑止力は軍事的能力と軍事力を実際に使用する決意の掛け算から成り立っているということである。兵器を強化しても兵器を使用する決意が疑われれば掛け算の結果はゼロである。したがって、抑止力を効果的に機能させる為には、軍事力を行使するという強い政治的決意の表明が伴っていなければならない。「戦争を恐れていては戦争を防げない」(李明博韓国大統領)のである。軍事力の行使は国民にも犠牲を強要する。正義を守る強い決意と覚悟を持つ国民に支えられた政府だけが効果的に抑止力を発揮できるのである。

また、外交の基本は古今東西不変である。すなわち、「永遠の国益を守る」ために「大きな棍棒を持って静かに話す」ことである。[23] 戦後の日本は棍棒を持たずに静かに話すことに徹してきた。しかし、このような姿勢は日本が絶対に棍棒を使わないと相手に確信させることになり、相手が安心して日本に対して棍棒を振り回す事態をもたらした。日本の「静かに話す」姿勢は、相手に棍棒を使うように「消極的に挑発する」結果になったのである。

隣国が棍棒を振り回すことを防ぐためには、相手に見える大きな棍棒が必要な時代になったのである。スマートパワーはハードパワーとソフトパワーによって成り立っている。[24]また、ハードパワー不足をソフトパワーで補うことは出来ない。これまで静かに話してきた日本が米中の狭間に埋没せずにスマートパワーになるためには、棍棒の使い方を学びハードパワーに習熟しなければならない。

〔注〕

〔1〕A.F.K.Organski, World Politics, N.Y. 1968, pp.338-376

〔2〕慶応義塾編『福沢諭吉全集』第五巻（岩波書店、昭和三四年）、三〇五頁。

〔3〕『復刻自由新聞』（三一書房、昭和四七年）第一巻、一三七頁。

〔4〕『福沢諭吉全集』第九巻、四一四―四一五頁。

〔5〕佐藤三郎「日清戦争以前における日中両国の相互国情偵察について」（『軍事史学』1、創刊号、昭和四〇年五月）、一〇頁、

佐藤三郎「日清戦争と中国」（『軍事史学』第四巻第四号、昭和四四年二月）、六―七頁。

〔6〕宇垣一成『宇垣一成日記』一、（みすず書房、昭和四三年）五二頁。

〔7〕同書、一一四頁。
〔8〕上原勇作関係文書研究会編『上原勇作関係文書』（東京大学出版会、昭和五一年）、二〇九—二一〇頁。
〔9〕『朝日新聞』、二〇一〇年一二月三〇日。
〔10〕同上。
〔11〕同上。
〔12〕『朝日新聞』、二〇一一年一月七日。
〔13〕『朝日新聞』、二〇一〇年一二月三〇日。
〔14〕同上。
〔15〕『毎日新聞』、二〇一〇年七月二六日）
〔16〕中国共産党の外交は革命外交ではない、現実主義外交である（下図参照）。
〔17〕『朝日新聞』、二〇一〇年六月一二日。
〔18〕『朝日新聞』、二〇一〇年六月一九日。
〔19〕同上。
〔20〕『旬刊中国内外動向』二〇一〇年第三四巻　第三三号　No,1108　一六—一八頁。
〔21〕Patrick Cronin, "China's Dangerous Arrogance," The Diplomat, July 23, 2010.
〔22〕The Military Balance 2010, p.399.
〔23〕「大きな棍棒を持って静かに話す」"Speak softly and carry a big stick." (Theodore Roosevelt, 1900/ 01/26, In a letter to Henry L. Sprague)「英国には永遠の友も永遠の敵もいない。永遠の国益があるだけである。国益を守ることが我々の使命である」"Therefore I say that it is a narrow policy to suppose that this country or that is to be marked out as the eternal ally or

	革命外交	現実主義外交
目的	世界革命	生存・覇権（覇者）
国際政治	階級闘争	権力闘争
国際政治の主体	階級	主権国家
友	社会主義・共産主義	敵の敵（共通の敵）
敵	資本主義・帝国主義	生存・覇権を脅かす国

the perpetual enemy of England. We have no eternal allies, and we have no perpetual enemies. Our interests are eternal and perpetual, and those interests it is our duty to follow." (Henry John Temple, 3rd Viscount Palmerston, 1848/03/01, Speech in the House of Commons)

〔24〕二〇〇九年一月一三日、米上院外交委員会で行われたクリントン国務長官の指名同意を求める公聴会においてクリントン長官は、日本に「スマートな同盟国」になることを求めた。ナイ・ハーバード大学教授は「スマートな同盟国とは、自らのハードパワーとソフトパワーをうまく統合できる国のことである。日本はアジアの近隣諸国を引きつけるソフトパワーだけではなく、自衛隊を活用して国際秩序を維持する活動に参加する能力を持つことである」と述べている。

第10章

シーレーン防衛と「海洋協盟」の構築

金田秀昭

1――「海洋の自由」の今日的意義

ここで「海洋の自由」とは、国連海洋法条約など関連国際海洋法に定められた他の沿岸国の主権や管轄権を阻害しない範囲で、一定の国際的ルールに則って沿岸国が最大限に海洋を自由に利用する権利を意味し、大別すれば、物流のために「シーレーン」を自由に利用する「海上航行の自由」と海洋の諸資源を活用する「海上諸活動の自由」とに分けることが出来る。

(1)海上航行の自由

冷戦後の国際社会は、イデオロギー対立の問題から解放され、国家間の交流に関しての敷居が一挙に低くなると同時に、輸送インフラストラクチュアや情報分野での科学・技術が急速に発達、普及したことにより、国際経済における物資や情報の流通が円滑となった。

また、旧社会主義諸国の市場経済化と発展途上国の急激な経済成長により、多様な国家間の経済協力の実が上がり、グローバルな経済的相互依存関係が一層深化するようになってきた。

この関係を順調に維持し発展させるための海上交通は、必須不可欠の存在となり、「海上航行の自由」は以前にも増して重要な意義を持つようになってきた。

一方、湾岸戦争やイラク戦争、中国の弾道ミサイル発射による台湾海峡危機、マラッカ海峡やソマリア沖の海賊の跳梁などによって実証された通り、何らかの理由により「シーレーン」に危険な状況が生起し、「海上航行の自由」が阻害されるようになれば、経済面のみならず、地域や特定国家の安全保障にとって大きな悪影響を与えることとなる。このため、「シーレーン」一帯の沿岸国間で、「海上航行の自由」を確保するための、何らかの連帯、協調活動の必要性が増加している。

(2) 海上諸活動の自由

国連海洋法条約は、内水、領海、接続水域、国際海峡、群島水域、排他的経済水域（EEZ）、大陸棚、公海などを規定し、沿岸国に、内水、領海、接続水域での主権とEEZや大陸棚での天然資源などに対する主権的権利と環境保護などに対する管轄権を与えている。沿岸国によるEEZ等の設定により、現在地球上のほぼ半分の海域には、何れかの国の管轄権が及ぶこととなった。

　しかし国連海洋法条約の基本精神に立脚したＥＥＺの本来的意義からすれば、沿岸国の主権的権利は、海洋資源を管理するための権利、つまり資源管理義務を履行する上での権限であって、資源の独占的利用を許されるといった意味での権利ではないのであるが、現実には、海洋権益や歴史的領土問題などが絡み、ＥＥＺを巡る隣接国家間の境界確定作業が全て円満に解決しているわけではない。南シナ海での中国とＡＳＡＮ諸国との対立、東シナ海における日中中間線問題は、その代表例である。

　特に、将来的な陸上資源の枯渇傾向等を見越しての、漁業や海底資源をはじめとする豊富な海洋資源への関心の高まりは、「資源爆食国家」たる中国や多くの発展途上国のナショナリズム高揚につながり、先進国の既得権益を侵食するエネルギーとなって、各国間の海洋資源獲得を巡る対立を激化させる要因となっている。

2――アジア太平洋地域にとって死活的に重要な「海洋の自由」

(1)重要性を増す地域のシーレーンにおける「海洋の自由」

言うまでも無く、日本を含むアジア太平洋地域経済が海洋に依存する度合いは、世界の他の地域に比較して遥かに高く、地域における海洋の戦略的価値は極めて大きい。近年のアジア太平洋地域のダイナミックな経済成長は、地域の経済的コミュニケーションの媒体であると同時に、地域沿岸国の経済発展を保障し得る有望な海洋資源を提供する海洋の存在無しには語れず、その意味で、地域全体の発展にとっての「海洋の自由」は、死活的に重要であると認識されている。

わが国の経済と国民生活は、海上輸送に大きく依存して発展してきた。特に日本経済を支える石油資源を中東に大きく依存してきており、中東からインド洋を経てマラッカ・シンガポール海峡を通り、南シナ海や東シナ海を結ぶ「シーレーン」は、「日本の生命線」であると言って良い。と同時に、この「シーレーン」は、中国、韓国を含む「東アジア諸国」の生命線ともなっており、また、ある意味では「世界経済のアキレス腱」ともなっている。

一方、アジア太平洋地域の中でもインド洋地域については、従来、東アジア地域の諸国から経済、安全保障の両側面で、比較的関心低く見られ勝ちであった。しかし近年、広大なインド洋地域の中でも、特に欧州方面や中東地域と東アジア地域を「シーレーン」で連接する北インド洋地域については、経済、安全保障の両側面で、東アジア地域との関係の重要性が認識されるようになった。特に、インドの経済成長率は、ここ数年の間に堅調に発展し、将来の更なる発展が期待できるなど、東アジア地域と北インド洋地域の相互依存関係が、「シーレーン」を紐帯として、急速に増加していることは注目しなければならない。

(2) 地域の「海洋の自由」を脅かす不安定要因への対応

アジア太平洋地域における安全保障上の不安定要因として特筆すべき点が、八点ほどあると考えられる。これを大別すると、伝統的な要因と非伝統的な要因に区分できる。

先ずは伝統的な要因であるが、第一点は、冷戦時代の残滓とも言える対立構造が、朝鮮半島や台湾問題に残っており、韓国哨戒艦撃沈など依然として不安定、不確実、不透明な情勢を醸し出しているということである。第二点は、地域の軍事バランスを崩しかねない急速なテンポでの海空軍力を中心とした中国の軍事力強化である。第三点は歴史に根ざす領土、宗教、民族問題である。特に「海洋の自由」を阻害し、地域全体の安定に重大な影響を及ぼす可能性が高いのが、中国を一方の当事者とする島嶼の領有を巡る問題である。第四点は島嶼の領有とも深い関連を有し、やはり中国を一方の当事者とする海洋権益を巡る対立構造である。

一方、冷戦後顕著になった新たな非伝統的要因として、第五点目は、大量破壊兵器や弾道ミサイルが、主として海洋を経由して北東アジアからパキスタンなど他地域に拡散していることである。第六点は、9・11テロ後顕著となった国際テロリストが、同じく海洋を経由して地域の内部や外部との連携を強め、政府のガバナンス機能が弱体な国家を中心として爆弾テロなどを拡大している点である。第七点は、地域における海洋を媒介とする海賊や麻薬、人身売買等の不法行為の国際化、組織化の動きである。第八点は、中国が、長期的な観点から海洋覇権の獲得を目指し、日本やインドを含む既存の「海洋パワー」に対抗する形で、中東から北東アジアを貫流する主要な「シーレーン」に沿って戦略的拠点を作りつつあるという点である。

これらの不安定要因を通観する時、共通するキー・ワードは、地域における「シーレーン」における「海洋の自由」の確保である。

ではこれらの不安定要因が現存する状況下において、日本はどういった方策をとるべきであろうか。一つは「対中国海洋戦略」を構築し、わが国の「海洋の自由」の確保のため、自律的かつ能動的に行動することであり、また他の一つは、信頼できる他の地域海洋国家との協盟（コアリション）関係を構築し、地域全体の「海洋の自由」の確保のため、奉仕の精神をもって貢献することに尽きる。これを実現するためには、日本の外交・防衛力、とりわけ海空自衛隊の能力の強化と、日米の強固な同盟関係の深化が前提となってくることはいうまでもない。

3——対中国海洋戦略の構築と遂行

中、長期的観点から、わが国にとっての安全保障上の懸案事項として最大のものは、言うまでもなく中国である。「海洋の自由」に関連して言えば、日中間には、尖閣諸島の領有、東シナ海での日中間の排他的経済水域（ＥＥＺ）に係る境界線（日中中間線）、沖ノ鳥島の国連海洋法条約上の位置付け（島か岩か）など、領土やＥＥＺに絡む係争点が現実問題として存在する。

これに加え、近年の、中国海軍の急速かつ不透明な近代化や増勢、日中係争海域での中国艦隊の示威的な行動、尖閣諸島付近での漁船や漁業監視船などによる不法活動など、看過できない問題の生起を目の当たりにして、最近になって、日本の世論が漸く沸き立ってきたことは喜ばしいことである。しかしこういう問題のみを微視的に見ているだけでは大局を見失うことになる。

(1) 中国の独善的な海洋進出の背景

中国の海洋権益に関する姿勢には時間概念を超越した基本戦略があると承知しなければならない。中国は事の是非はともかく、理論を尊重する国柄である。現代中国の海洋進出の熱情は、単に目先の権益確保という視点から生じているというだけに留まることはない。むしろ現代中国の海洋戦略構築の視点には、皮肉にも現代中国海軍の最大の脅威である米海軍発展の祖、アルフレッド・マハン海軍少将の「シーパワー」理論の実践があると見るのが妥当である。

マハンは、その歴史的著書（一八九〇年発表）「海上権力史論（歴史に及ぼしたシーパワーの影響）」において、シーパワーとは、「武力によって海洋ないしはその一部を支配する海上の軍事力のみならず、平和的な通商や海運を含む」とし、生産によって生産物の通商が必要となり、海運によって交易品が運搬され、植民地の存在が海運の活動を拡大助長し、安全な拠点を増やすことによって海運の保護に役立つという、シーパワーの連鎖する国力発展のための三循環要素の中に、海洋国家の政策及び歴史の多くに対する鍵が見つけ出される、とする一方、この三循環要素を保護又は推進するものとして強大な海軍力を併置し、全体を総称してシーパワーと呼称した。この考えは以後米国の国力伸張の理論的根拠としての地位を占め、海外進出と海軍の発展に大きな影響を及ぼした。

同書でマハンが言うシーパワーに影響を及ぼす六条件、即ち、①国土が海上交通の要所にあるか否かの地理的位置、②国土が海洋に接して適当な港湾が所在するか否かの地形的環境、③領土の大きさ、特に海岸線の長さ、④人口数、⑤国民の海洋力に対する認識と熱意、⑥海洋を利用し支配しようとする国家政策を打ち出す政府の性格こそ、当時の米国、そして現在の中国に、驚くほど良く当てはまるのが分かる。

近年、中国は改革開放路線の中で目覚しく国力を伸張してきた。マハンの三循環要素で言えば、先ず第一の「生産・通商」では、貿易額で見ると二〇〇九年度ついにドイツを抜いて、世界第一位となり、コンテナー取扱設備などの港湾能力は急速に成長を続けている。第二の「海

第10章

シーレーン防衛と「海洋協盟」の構築

金田秀昭

運」でも、船舶量は便宜置籍国を除けば世界第四位で、国家を挙げて商戦隊の急速拡充を図っており、二〇一〇年には造船能力についても日本、韓国と肩を並べるほどに成長した。最後の「植民地」を現代流に解釈すれば、現在中国が推進している政治、経済、軍事上の海外活動拠点、いわゆる「真珠の首飾り（string of pearls）」の確保ということが言えよう。

他方の「海軍力」についても前述したとおり、中国は大方の日本人の認識を遥かに上回るペースで、急速に沿岸海軍から外洋海軍へと脱皮しつつある。英国国際戦略研究所（ＩＩＳＳ）によれば、中国は二〇〇八年に米国を抜いて、世界第一位の軍艦保有国となった。中国の将来については、その驚異的な経済発展と裏腹に、急速な経済改革がもたらす国内的な弊害により、今後の政治、経済上の安定を危ぶむ声も出始めてはいるが、仮に、このまま順調に発展が続けば、それは正にマハニズムの達成ということになる。日本と同じく海洋に大きく依存する民主主義国家、米国、豪州はもとより、インドやＡＳＥＡＮ諸国などは、そういった事態が現実化することを心底から恐れている。

(2) 対中国海洋戦略の構築と遂行

要は、中国は海洋覇権獲得のため遠大な構想を打ち立てられる国だということを理解することが出発点である。その上で、一九七〇年代から始まった南シナ海での中国の強引な島嶼支配が如実に物語るように、相手の虚を衝いて実力を行使しつつ、自己の主張を無理やり押通し、海洋権益を着々と拡大しようとする中国独特の「強腰・難癖・付け上がり」戦略に対しては、日本の総力を結集して、「二枚腰・正論・突き崩し」戦略で望む必要があると自覚すべきであろう。そして、今後わが国は、正当な領有権や海洋権益確保のため、高遠な国家安全保障観に裏付けられた包括的な対中国海洋戦略・政策を構築、遂行し、毅然とした国家姿勢を国内外に明示していく必要がある。

① 対中国海洋戦略の構築

先ず着手すべきは、包括的な「対中国海洋戦略」の構築である。

政治レベルでは、海洋問題に関し、超党派での積極的な議員活動に結びつけていくことが望まれる。この理由は、立法的視点からの行政への指導、多角的な視野の期待という側面もあるが、後述するように、今後、この種の問題に取り組むに際しては、政府のみならず、国会議員による外国の議会や行政府に対する国際的な活動やアピールが、大いに必要となってきているからである。この点に関しては従来十分でなかったと反省すべきである。

行政レベルで言えば、各省庁の上位に立つ「国家安全保障機構」を速やかに設置し、長期的視点に立って総合的な国家安全保障戦略を練り上げていくことが求められる。その中で、短・中・長期的な「対中国海洋戦略」を構築し、「対話と圧力」、「国際社会の支持獲得」を基本とした対中国政策を遂行していく必要がある。

このためには先ず、海洋問題を含む国家安全保障政策を包括的に所掌し、対中国戦略を含む総合的な国家戦略を構築し、遂行する機関として、省庁の上位に立つ首相直属の「国家安全保障機構」の創設が必要となる。

民主党主導政権として初めての決定となった昨年末の新防衛計画の大綱においては、安全保障の基本方針として、統合的、戦略的取り組みを行うため、各種事態の発生に対し、関係省庁が連携し、内閣が迅速な意思決定を行い得る態勢とするため、首相官邸に国家安全保障に関して関係閣僚間の政策調整と総理大臣への助言等を行う組織を設置することが明言された。安倍元首相が主導したJNSC構想と軌を一にするものと考えるが、早急な検討を進め、出来るだけ速やかに適切な組織（「国家安全保障機構」）を創設し、日本の安全保障に関わるあらゆる問題について、政府内での指導監督力を持った知恵袋として、円滑に機能させていかねばならない。

また、何よりも肝要なことは、日本が国家全体として中国の無法かつ強引な所業を許さないとの姿勢を明示することであり、国民全体の意識を昂揚させるため、北方四島問題の際に一時盛り上がったような政府広報を、計画的かつ継続的に盛んに行い、歴史、道徳教育を普及して愛国心を涵養し、歴史認識、教科書・靖国問題に関する論点整理を国として統一的に行うなどの措置を執るべきである。

② 中国への圧力

一方、中国の「強腰」の圧力に対しては、わが国も「二枚腰」で圧力を撥ね返すという毅然とした態度を取る必要がある。周知のとおり、中国は弱い所には嵩にかかって圧力を掛け続ける国である。このまま手をこまねいていたら、かつて南シナ海がそうであったように、わが国の固有の領土やＥＥＺなどを含む東シナ海、沖縄周辺海域は、全て中国が実効支配する海域となってしまう。

そうならないために、わが国が今後なすべきことは、わが国の毅然たる姿勢を国内外に示し続けることである。具体的には、国家の総力を挙げての領有権の確保、ＥＥＺでの海洋権益確保の国家意思を明示することである。

領有権問題については、わが国は先ず、中国の領海法に尖閣諸島が含まれることの不当性を、あらゆる機会、手段により訴え、かつ国際社会へアピールし続けなければならない。その上で、領域防衛・警備強化のための法律改定、海保・海自の権限強化、南西諸島や東シナ海、尖閣諸島の実効支配の明示など、対中国対策として必要不可欠な措置をとるべきである。更に海洋権益を確保するために、ＥＥＺでの権益警備や国家資源管理を充実させることも必要である。

また中国のアグレッシブな海洋進出圧力に対抗する意思を示すため、東シナ海や南西諸島方面に常設の統合機動運用部隊を常時展開させ、更に国際法上許される範囲で、中国周辺海域において自衛艦や自衛隊機を含む活動を活発に実施するなど、適当な方法により防衛・警備力の常続的なプレゼンスを明示することが必要である。その点、新防衛計画の大綱で、新たな「動的防衛力」構想の下、「南西方面の防衛力の強化」が謳われたことは、正に正鵠を得ている。この際、メディアや評論の分野でのキャンペーンを展開することが効果を増進させることは言うまでもない。

③ 中国との対話

他方、中国との「対話」を増進させることも長期的観点から重要である。九〇年代後半から、防衛庁（省）・自衛隊は、中国側との信頼醸成措置として、相互の了解の下、段階的な信頼醸成プログラムを作り、高官の相互訪問から始めて粛々と進めてきたが、この中でも比較的実行し易い初期のプログラムとして位置付けられていた艦艇相互訪問は、二〇〇七（平成一九）年に漸く実現したものの、そのまま発展する形とはならず、実質上は停滞し、手詰まり状態にある。

こういった状況を打破するためには、むしろ二〇一〇（平成二二）年九月の尖閣諸島を巡る一連の事案を契機として、「災い転じて福となす」との姿勢で、外交、防衛を含む政府レベルでの常続的な日中間の協議実行機関を設立し、日中対話・信頼醸成を持ちかけ、民間能力も活用しながら、協議を着実に推進していくことが適当である。この場では、先ず懸案となっている艦艇相互訪問など停滞している防衛関係の信頼醸成措置の実行などから手始めに行った上で、安全保障、防衛関係の信頼醸成措置としては、従来の信頼醸成プログラムから一歩踏み出し、ためらうことなく艦艇・軍用機の行動に関する相互通報制度、海上偶発事故防止協定、人道的共同訓練の実施などについて働きかけ、更に地域や日中共通の課題となっている対国際テロ協調や海賊への共同の取組みについても持ち出すなど、日本がイニシアチブを執り続けていくことが適当である。

④ 国際社会の支持獲得

最後に、領有権や海洋権益問題で日本が勝ち目を得るためには、「国際的共感」を醸成し、支持を取り付けなければ覚束ない。そのためには、海洋問題を中心とする国際法の理解、活用についての学術面、政治面、行政面での日本全体の底上げ、海洋問題関連の国連機関への日本人スタッフ強化、米国、台湾、東南アジア諸国、オーストラリア、インドなど友好諸国の支持取付け、ロシアや韓国との対中戦略協調など、包括的な海洋戦略の構築が必要となる。

また間接的には、わが国の国際的発言力強化のため、国連安全保障理事会の常任理事国となるよう、出来るだけ多くの諸国に働き掛け、あるいは協調路線を取ることが必要となる。更に、東シナ海中間線問題、沖ノ鳥島、尖閣諸島などの領有権や海洋権益の論争を決着させるため、十分な国際法上の理論武装の下、国連海洋法条約に基づく国際司法裁判所での調停をも視野に入れる必要がある。

従来この種の問題の国際調整は、外務省など各省庁に任せてきたが、今後は、前述の「国家安全保障機構」が政府の司令塔となって包括的な戦略・政策を描き、直接又は関係省庁を指導監督して推進する一方、有志国会議員も超党派により関係国との議員間交流を積極的かつ体系的に行い、これを側面から支援していく体制をとる必要がある。

4――地域の「海洋の自由」確保のための海洋協盟

(1) 地域の「海洋の自由」確保のための海洋協調の動き

前章では、わが国の「海洋の自由」確保のための方策として、日本の対中国への対応に対する国際社会の支持を得る必要性があることを述べたが、一方、日本が本質的に、海洋に大きくその生存と繁栄を依存する以上、主体的かつ主導的に地域全体の「海洋の自由」確保のための方策を進めていく必要がある。

「海洋の自由」確保に関しては、既にその必要性が地域諸国の認識として共有され、現実にも多国間や海洋関連多機関の連携が行われている。また、より多国間で、かつより多くの海洋関連機関が連携して非伝統的脅威に対する「海洋の自由」確保に当る必要性も認識されているが、「今一歩」が踏み出せない状況にある。それには、地域の最大の特徴である「多様な安全保障観」、主として海洋権益や領土問題といった「歴史的国家対立」などに起因する国家間の疑念やわだかまり、国家内の政治的対立や海洋関連機関間の行政上の主導権争いなど、幾つかの理由が上げられる。

しかし、域内の「海洋の自由」確保といった共通の目標に対し、多くの関係国を巻き込みながら地域での共同歩調を進めていくことについては、最近のASEANが中心となり、あるいはASEANを巻き込んだ国際協議での南シナ海問題などでの議論の多国化、活発化が示すように、地域には基本的なコンセンサスが成立しつつあると見て良く、その中で、「海洋の自由」確保を巡る多国籍で多機関による協力関係構築が具体的に求められるようになってきた。

(2) 地域海洋協盟の構築

言うまでも無く、テロリストや海賊などの非伝統的脅威に適確に対処するためには、各国の外交当局、情報機関、軍、警察などの安全保障や治安維持機関などから、テロリストや海賊の実態の把握や現在の動静などに関する静的情報を入手、分析評価し、航行船舶や当該船舶の船主、地域の関連海上機関などにタイムリーに配布するとともに、海域全般の動的情報収集のための監視・哨戒、事案発生時の対処・追跡といった面で、関係するあらゆる国家機関を統合した形での、シームレスな連携が必要となる。

海上テロや海賊などの非伝統的脅威への対策として何よりも重要なことは、その行動を未然に防止することであり、そのためには、多国籍で多機関の緊密な情報交換、共同連携が重要となるが、とりわけ、沿岸警備隊や海上警察の能力に比較しても、相当な行動力や攻撃力を持つであろうと分析されている国際テロリストによる海上テロに対しては、海軍力を含まなければ有効な抑止効果は期待できない。

このような観点から、アジア太平洋地域の諸国には、主要海上航路での安全航行確保の方策として、海上テロや海賊の行動を抑止し適確に対処するため、海軍、沿岸警備当局、海上警察など関連海上機関を糾合した多国籍で多機関の海洋有志連合（コアリション：協盟）の創設を求める声が高まっている。

より具体的には、マラッカ・シンガポール海峡などにおける海上安全保障、中でも非伝統的脅威対処のため、日本や米国、豪州など、「地域公共財」として貢献する意思と能力のある国が、沿岸諸国の意向を最大限尊重しつつイニシアチブを執り、地域の非伝統的な海洋脅威に対応するための、ＡＳＥＡＮ諸国を中心として、北東アジア諸国、インドなどを含む、多国籍で多機関を糾合した「海洋協盟」を創設することについて、その機が熟してきていると言える。

当然のことながら、この「海洋協盟」の創設や活動に際しては、活動地域の沿岸国の主権に対する配慮が十分に行われなければならない。当地域の多様性からして、いきなりＮＡＴＯやＥＵのような一種の強制力を持った形で、地域の安全保障や秩序維持を求めていくことには多くの抵抗があり、実現の可能性は殆どない。したがって当面は、地域諸国の期待と理解を得るための最も適当なアプローチ、即ち、意志と能力のある国による「奉仕の精神」に基づく協力活動を、「自主的」に始めていくということが重要であろう。そのためには、「海洋協盟」といった形が地域諸国から受け入れられ易いであろう。

（3）地域海洋協盟の更なる発展

そして「協盟」という形式を取りながら幾つかの実績を積み、「協盟」としての協力活動への参加国間の信頼や非参加国からの支持を得られるようになれば、ごく自然に、一定の強制力をもった地域合議体の創設に向かうといった機運も生じてこよう。具体的なプロセスとしては、NATOやEUのような地域的な国家安全保障共同体や国家連合の創設を最終的な目標に置きつつ、地域海洋秩序維持協力活動のための「海洋協盟」の次には、より広範な領域での秩序維持協力活動を行う「広域海洋協盟」や地域における海洋問題を中心とした安全保障・秩序維持のための「地域海洋安全保障合議体」の設立・運営といった展開もあり得よう。

これらを勘案しつつ、日本が今直ちに出来ることを考えてみれば、例えば、アジア太平洋地域での海自や海保による能力構築協力、海自護衛艦や海保巡視船による共同パトロール協力、海自哨戒機(P-3C)による広域の監視哨戒協力、情報ネットワーク構築などの技術・資金協力、武装を撤去した海自ミサイル艇や海保巡視船又は非武装の海自水陸両用機(US-2)の有償・無償の供貸与などの形での装備協力といった点で、貢献することが期待されることとなろう。

「海洋協盟」実現のためには、日本のみの貢献だけではなく、有志連合諸国との協調を取ることが重要であり、そのためには、これら諸国との「共通項」を広げていく努力が必要となる。例えば、首脳対話、戦略対話、幕僚協議(定例、随時)、幕僚交換、共同・協同訓練(机上、実動)、共通ドクトリンや標準運用手続き（ＳＯＰ：Standard Operating Procedure）の作成といった形での「意識の共通化」が必要となる。この面において、恐らく最も進んでいると思われるのは米国を中心とした同盟関係であり、日、米、豪等の国を基軸として、ＡＳＥＡＮ沿岸国の理解を得つつ、参加国の全体的なレベルを向上させていく努力が必要である。

最初は少数でも、日米豪などによる有志連合の基盤をしっかり作り、ＡＳＥＡＮ沿岸国の理解を得て徐々に成果を上げて行けば、韓国、あるいは「不安定の弧」の中では最も信頼の置ける海洋強国、インドなどの参加を慫慂することができる。将来的には中国（台湾）、ロシア、ニュージーランド、他のＡＳＥＡＮ諸国なども参加が期待できよう。

こういった申し出について本来ならば中国も断ることは出来ない筈である。別の意味で言えば、日本にとって手詰まり感が大きい中国、韓国、ロシアとの領有問題などに端を発する諸問題解決のための、有力な外交カードの一つとして、「海洋協盟カード」を使うことも出来よう。

5――おわりに

わが国は、「海洋国家」として、これからも生き続けることが出来るのであろうか。「海洋国家」を自認する日本は、先に述べたマハンの「シーパワー」理論における三循環要素の内、「生産・通商」や「海運」はまだまだ健在とは言え、相対的に見れば、新興中国や韓国に比べ斜陽化の傾向は否めない。一方、「(現代版) 植民地」に至っては、戦後の長期間にわたる戦略的視点を欠如した対外政策の故か、政治、経済上はともかく、安全保障上は、自らの手による措置を何らとって来なかった。

戦後のわが国は、国家として海洋権益の確保に特段の配慮をすることなく、一貫した国家海洋戦略を示すことなく、ただ漫然と過ごしてきた結果、今やナショナリズムに燃え、更なる国力の伸張のため、海洋への進出に奮い立っている中国などの強引な言い掛かりに対し、防戦一方といった有様となっているのである。

のみならず、近年、国家の防衛意思と能力の具体的な表明となる軍事費を軒並み増加させている東アジア諸国の中にあって、唯一日本は減額を続けてきた。昨年末に政府が決定した新防衛計画の大綱においては、従来の「基盤的防衛力」から「動的防衛力」への転換を図り、南西方面を主として海空防衛力の充実を図るなど、適切に新たな防衛力の役割が論じられながら、これを実行する上での裏づけとなる防衛力整備の具体論では、新防衛計画の大綱を見る限り明確ではなく、また新大綱を敷衍した向こう五年間の新中期防衛力整備計画に至っては、そこに割り当てられた防衛費は、従前に比し横這い（微減）となっているのである。

ＡＳＥＡＮ諸国は言うに及ばず、中国や韓国などの近隣諸国は、皮肉なことに、わが国の「シーパワー」が、マハン流に言えば不完全であることに気付いているかどうかは別にして、少なくとも海上防衛力には、ある意味での畏敬の念を持っている。しかし他者への畏敬は自らの野望に通ずる。中でも、中国という国家や国民の性向を見れば、決して畏敬のままでは終わるはずがない。このままで行けば、五年後、一〇年後、更に二〇年後には、逆に日本が中国の海軍力を含むマハン流の「シーパワー」に畏敬の念を抱くようになる、という事態を招くことにもなりかねない。

日本と同じく海洋に大きく依存する地域の民主主義国家、米国、豪州はもとより、インドやＡＳＥＡＮ諸国などは、日本の「穏健なシーパワー」としての地位を事実上容認し、歓迎している。これらの国々は、日本が、その地位を基盤として地域諸国と協調をベースに営々として築き上げてきた信頼醸成の成果を無視する形で、日本に取って代わり、中国が新たな「非穏健なシーパワー」として台頭し、強引に既得権益を簒奪する行動に出る事態が現実化することを心底恐れている。

今こそ海洋国家日本が、これらの価値観を共有できる国々と連携しつつ、長期的視点、大局的見地に立った海洋戦略を構築し、必要な措置を推進すべき時だと自覚すべきである。そのためにも、先ずは、地域の海洋協盟構築に関して、日本が奉仕の精神をもって、意思と能力の両面で、より能動的にイニシアチブを発揮することが必要ではないかと、痛切に思う。

【参考文献】
閣議決定（二〇一〇）「平成二三年度以降に係る防衛計画の大綱について」
閣議決定（二〇一〇）「中期防衛力整備計画（平成二三年～平成二七年度）について」
防衛省（二〇一〇）「平成二二年版　日本の防衛」（防衛白書）
防衛省（二〇一一）「平成二三年版　日本の防衛」（防衛白書）
防衛省防衛研究所（二〇一一）「東アジア戦略概観２０１１」

第11章

憲法九条と国際法

村瀬信也

1──問題の所在

本稿では、日本の安全保障にとって最も重要な二つの問題について、これらを憲法と国際法の関係の中で検討したいと思う。一つは、集団的自衛権に関する問題、とりわけ、わが国政府がこの権利を「国際法上『保有』するが憲法上『行使』し得ない」としていることについて、もう一つは、国際平和活動の文脈で、日本の参加が憲法が禁止している「『国際紛争』を解決するための『武力の行使』に該当する恐れ」があるとされる点について、である。

これらの問題を検討するに当って、とくに強調したい点は、国際法と日本法との乖離を縮める努力の重要性である。わが国における安全保障論議で最も深刻な問題と思われるのは、それが国際法の常識と余りにも大きく乖離していることである。「集団的自衛権」、「集団的安全保障」をはじめ、「武力の行使」、「武力攻撃」「平和維持活動」「国際紛争」など、すべては国際法上の概念・制度であり、これらについては、国際法学上、一定の共通理解が確立している。しかるにわが国では、それらを正確に踏まえた上での議論が殆ど行なわれてこなかったと言わなければならない。

第11章

憲法九条と国際法

村瀬信也

その結果、国会の審議においても、「個別的自衛権の反射的効果」「武力行使における組織性・計画性」「マイナー自衛権」「武力行使一体化」「後方地域支援」「非戦闘地域」「国に準ずる者」「国連の指図《さしず》」など、日本でしか通用しない珍奇不可解な論理が「法理」として罷り通っている。しかしこれはもはや「病理」としか言いようがない。国際法から乖離し、そして現実からも大きく乖離して、まさに法的な乖離性障害の様相である。こうした状態を治癒すること、そして安全保障の堅固な法的基盤を再構築することこそ、わが国にとって喫緊の課題である。

わが国憲法の前文や九八条二項は国際主義・国際法遵守を宣明しており、わが国は常に（国内における「法律による行政」の原則にならって言えば）「国際法による外交」を志向しなければならない。その意味で、安全保障に関する議論においても、国際法と国内法との距離を、可能な限り縮めていく努力が何よりも望まれる。憲法はじめ自衛隊法・国際平和協力法等、安全保障関連の国内法の解釈に当たっては、「国際法協調的解釈」[1]が要請されるものと思われる。

日本の国家安全保障および国際平和活動については、もとより憲法九条との関係を抜きにしては考察し得ない。しかるに、憲法九条については、かつてのような神学論争を避け、あくまでも実証的に問題の所在を検証することこそ肝要である。情緒的な空論ではなく、現実の国際社会における安全保障・軍事の実態を踏まえた議論が望まれる。国際社会の現実を見据えて、その緊張に耐えうる解釈論を確立していくことが、何より重要なのではないかと考えられるのである。

2——憲法九条と集団的自衛権

周知のように、国連憲章では五一条で、各国が個別的および集団的自衛の固有の権利を有すると規定しているが、これまでわが国では、憲法九条の下で、個別的自衛権のみが認められるとされてきた。集団的自衛権に関する政府の答弁は、日本国憲法制定期から、日米安保条約改定期を経て、現在に至るまで、一定の変遷が確認される。[2] しかるに一九七〇年代以降、政府の見解は、わが国が国際法上、集団的自衛の権利を「保有」していることは主権国家である以上当然に認められるが、この権利を「行使」することは、憲法九条で許されないという形で統一されてきている。ここに言う、「保有」するが「行使」できない、とはどのような意味であろうか。

問題の核心は、集団的自衛権行使の制限が、法的判断のレベルか（憲法解釈説）、それとも、単なる政策的判断のレベルの問題（政策説）かという点である。集団的自衛権について、「保有」するも「行使」しえないとの政府の解釈が固まるのは、一九七二年五月から一〇月にかけてである。この問題については従前から政府部内で見解の相違があった。すなわち、集団的自衛権の不行使を、「憲法解釈説」で固めようとする内閣法制局と、「政策説」の立場をとる外務省との間の見解の相違である。佐藤栄作内閣末期、一九七二年五月の国会審議で、水口宏三委員はこの点を鋭く突いた。[3] 審議の末、同委員の要求で政府が提出した一九七二年一〇月一四日付政府見解「資料」は、政府部内の見解の相違を調整し統一したものといわれるが、実は基本的なアプローチの対立は止揚されてはいない。この「資料」は、次のように述べる。

「国際法上、国家は、いわゆる集団的自衛権、すなわち、自国と密接な関係にある外国に対する武力攻撃を、自国が直接攻撃されていないにもかかわらず、実力をもって阻止することが正当化されているという地位を有しているものとされており、……わが国が、国際法上、右の集団的自衛権を有していることは、主権国家である以上、当然といわなければならない。ところで、政府は、従来から一貫して、わが国は国際法上いわゆる集団的自衛権を有しているとしても、国権の発動としてこれを行使することは、憲法の容認する自衛の措置の限界をこえるものであって許されないとの立場にたっている……」[4]。

この文書でも、結局、わが国は集団的自衛権を「保有」しており、したがってこれを行使しないのは「政策的に」抑制しているに過ぎないとする見解と、その行使は「憲法上」認められないことを強調する立場とを、曖昧なまま混交させているのである。集団的自衛権について、政府として最終的に「不行使」を確認した一九八一年「答弁書」[5]においても、同様に、この憲法解釈説と政策説が並存している。

この「保有」と「行使」の関係を、われわれは如何に考えたらよいか。筆者は、「憲法解釈説」で集団的自衛権の制限を捉える根拠には乏しく、やはり「政策説」が妥当と考える。すなわち、憲法九条は自衛権については何ら規定しておらず、個別的自衛権についてはこれを容認し、集団的自衛権についてはその保有を認めつつ行使を認めないということは、少なくとも規定上からは何らその根拠を見出すことは出来ないからである。内閣法制局もその根拠を全く示していない[6]。したがって、集団的自衛権の行使を認めないのは、やはり「政策的に」これを抑制しているものと考えざるを得ない。国家が自国の有する国際法上の権利（あるいはその一部）について、政策的に「権利行使の一方的停止」(suspend) ないし「権利放棄」(waive) をすることは自由であり、そのこと自体は、とくに珍しいことではない。

集団的自衛に関する日本の立場も、この後者に類似していると考えられる。憲法九条には、個別的自衛権はもとより、集団的自衛権についても、これを禁止するという規定はない。また、日本は条約で、そうした制約を受容しているわけでもない。すなわち、日本は集団的自衛権について条約上・憲法上でその放棄を規定されているわけではなく、したがって未成年者などのように予め法的に行為能力を制限されているのではない。集団的自衛権を保有するか否かが争われているのであれば、それはもとより「憲法解釈」の問題となるが、この権利を「保有する」ということが前提として受け容れられているのであれば、それを「行使」するか否かは、あくまでも「政策」レベルの問題として存在しているものと考えるべきであろう。

政府・内閣法制局がこれまで(とくに冷戦期において)集団的自衛権の「不行使」という政策を堅持してきたことは、それなりに理由があったものと思われる。しかし、いつまでもそうした政策を維持することが妥当かどうかは別問題である。したがって、国際情勢の大きな変化に伴い、わが国がミニマムの集団的自衛権の行使を必要とする場合がありうるか否かについて、従来の政策を見直すことに(もとよりそれは、国の基本政策に関わる重大な問題であるから、国民的なコンセンサスがなければならないことは言うまでもないが）、憲法上の問題はないというべきである〔7〕。

以上のように、わが国政府は集団的自衛権の行使を認めないという立場を堅持したのであるが、他方、わが国をとりまく安全保障環境は大きく変容して、わが国はそれに対応しなければならなくなっているが、それにより、大きな矛盾を抱えることになった。一つには、日本周辺における米国との海上共同防衛の問題、もう一つは、ミサイル防衛問題が、集団的自衛権行使について再考を迫るきっかけとなったのである。この矛盾を回避するために、わが国政府がとってきた方法は、一言で言えば、「個別的自衛権の拡張」であった。しかし、こうした論法が、国際的に支持されるものでないことは、これまでの国際判例に照らしても明らかである。

わが国政府の自衛権論議で、もう一つ注意すべき点は、いわゆる「マイナー自衛権」である。これも、わが国特有の概念で、国際的には通用しない用語法である。この「マイナー自衛権」の対象には、①後述のように「低水準紛争」の集積を「武力攻撃」に同化する場合のほか、②「武力攻撃に至らない武力行使」、③法執行活動（域外的な警察権の行使）等が混在しているが、こうした概念の使用は諸外国の誤解を招くおそれがあり、避けるべきであろう〔8〕。自衛隊法上、「治安出動」（七八条）（したがって、「武力の行使」ではなく「武器の使用」）の対象として捉えられる事態は、自衛権行使の対象とは明らかに異質なものであり、〔9〕あえて「マイナー自衛権」といった曖昧な概念に依存すべきではない。

いずれにせよ、個別的自衛権の行使は、あくまでも、国際法で認められた適正な範囲内での行使に限定すべきであり、これを不当に拡張することは、避けなければならない。個別的自衛権は個別的自衛権として適切に行使することが求められる。他国が攻撃された場合については、集団的自衛権を援用する以外に対応すべき手段はない。わが国が行使できるのは個別的自衛権だけ、という政策を維持するのであれば、結局のところ、「一国平和主義」の殻に引き篭もり、息をひそめているしかない。しかし、それでは日本の平和さえ確保できない時代である。とすれば、個別的自衛権を「膨らませる」のではなく、端的に、必要最小限度での集団的自衛権の行使を容認することが必要であると考えられる。具体的な手続としては、海上共同防衛やミサイル防衛などに対応できるよう、これを政府声明などで宣明するとともに、必要な国内法整備を行うことが求められよう。この「ミニマムの集団的自衛権」は、上記のような場合に日本近辺でのみ行使されるものであり、日本の自衛隊が遠く外国に出向いて行って軍事活動を行なうといったことまでをも想定したものでないことは、予め、宣言しておくべきものと考えられる。

3――憲法九条と国際平和活動

わが国の安全保障論議における国際法と国内法との乖離は、国際平和活動に関しても、自衛権の場合と同様、救いがたいほどに大きく、憲法九条に対する過大評価と国際貢献についての過小評価が、日本の安全保障の法的基盤を極めて脆弱なものにしている。ここでも、本来は政策的な選択の問題であるはずのことが、憲法上の判断を要する問題であるかのように「格上げ」され、その結果、国際的に見ると到底通用しない硬直した議論が繰り返されてきたのである。

日本がより積極的な国際任務を果たしていくためには、まず、国際平和活動と憲法九条との関係を、どのように捉えるべきかが問われなければならない。問題の焦点は、国際平和活動の場合であっても、そこで武器が使用されればそれは憲法九条が禁止する「武力の行使」に当るということになるのか、それとも国際平和活動は憲法九条の規律の範囲外であって国際任務における「武器の使用」は「武力の行使」には該当しないと考えるか、という点である。

まず確認しておかなければならないことは、日本が行なう国際平和活動は、国連その他の国際組織の要請に基づいて行なうものであり、集団安全保障（collective security）の系譜に属する

第11章

憲法九条と国際法

村瀬信也

活動であるということである。この集団安全保障が、個別国家の判断で行使される集団的自衛権(collective self-defense)とは全く異なるものであることは言うまでもない。前者は国際組織が主体となって行なう警察的性質の活動であり、これに対して後者は個別国家が主体となって行なう活動である。

しかるに憲法九条は、個別国家としての日本が、国際紛争(自国が当事者となっている国際紛争)を解決する手段として、「武力の行使」に訴えることを禁止しているのである。国連憲章二条四項が禁止している「武力の行使」(use of force)も同様である。これに対して、上記のように国際平和活動のために軍事力を用いることは、そもそも個別国家が行なう「武力の行使」ではなく、国際の平和と安全の維持という国際公益を実現する目的で、国連安保理その他の権限ある機関の決議・要請によってとられる「強制行動」(enforcement actions)であり、そこでの軍事活動は「武器の使用」(use of weapons, arms)として、「武力行使」とははっきり区別しなければならない。それが国連憲章二条四項の例外であること、そして憲法九条の範囲外(国連憲章二条四項の例外)であることは明らかである。

こうした区分はいわば「国際法の常識」に属する事柄であるが、それにも関らず、わが国政府においては、これが正しく受け容れられてこなかった。[10] もとより、国連憲章が第七章で想定していた強制措置のための手続（安保理と加盟国との特別協定に基づく国連軍の創設など）は実現していないから、問題は必ずしも単純ではない。第七章が本来予定した形で機能し、かつ、安保理の「決定」による軍事的措置がすべての加盟国に対して拘束的に実施されるのであれば、上記の通りであろう。これに対して現実の安保理による措置は、憲章第七章の規定とは乖離して執られることから、議論の余地があることは確かである。

周知のように、安保理は本来の四三条の国連軍に代わる措置として、「第七章の下に安保理によって authorize（授権、許可、容認）された」強制措置の仕組み（多国籍軍など）を、その実践過程において整備してきたことが正しく評価されなければならない。[11] この安保理授権型多国籍軍は、憲章第七章の手続に従い、平和の破壊の認定（三九条）→経済制裁（四一条）という段階を経て授権・容認される軍隊であるから、各国軍隊を集団的自衛権の基礎の下で束ねた連合軍とは異なり、あくまでも「国連の」軍隊としての性格をもつものである。[12] また憲章第六章（紛争の平和的処理）と第七章との中間段階に位置付けられる国連平和維持活動（ＰＫＯ peace-keeping operations）の役割が、半世紀以上の歴史の中で、高く評価されていることは周知の通りである。[13] このほかにも地域的な機関や枠組みを通して、平和維持の機能が実現されている。これらはいずれも集団安全保障の系譜に属する国際平和活動である。

第11章 憲法九条と国際法

村瀬信也

集団安全保障系列の国際任務は憲法九条の範囲外の問題であるとの認識が共有できるならば、わが国はそうした活動に積極的に参加することが可能となる。もとより、その限度や歯止めをどのように設定するかは、政策的に慎重な考慮が必要であるが、少なくとも、これまでのように、憲法の禁止する武力の行使に当たるおそれがあるという理由でわが国の参加形態を後方支援や人道支援等に限定する必要はなくなり、政策的観点からみて、もし日本がそれに参加すべきと考えるならば、国際平和活動の中核的部分を担うことも可能となろう。もとより、日本には未だそのような実力が備わっていない、あるいは政策的に適当ではないと判断されるのであれば、参加を辞退すればよい。ともかく、国際平和活動が憲法で禁止・制限されるものではないということであれば、武器使用の範囲も隊員の自己防護に限定することなく「任務」との関係で決めることが可能となり、その任務が各国部隊のチームワークで成り立っている以上、他国部隊への「駆け付け警護」などは当然の任務と考えられよう。「国または国に準ずる者」や「武力行使一体化論」など、後述するような不可解な議論に無駄な時間とエネルギーを浪費する必要もなくなるのである。

しかるに、わが国政府は、集団安全保障やＰＫＯ活動についても、そこで軍事力が用いられるならば、それは憲法九条が禁止する「武力の行使」となり、認められないという立場をとってきた。その理由として挙げられるのが次の点である。すなわち、（1）国連の活動と言っても、わが国の意思により受け容れたものである以上、「わが国の行為」であることには変わりないこと、また、（2）それが「国際紛争を解決する手段」であることには変わりないことから、憲法九条によって禁止されている「武力の行使」にあたる行為については、わが国としてこれを行なうことは許されない、との立場を表明してきた。[14]

しかし、このような捉え方は、理論的にも実際的にも妥当性を欠くものと言わなければならない。なぜなら、まず（1）については、わが国が受け容れるのは、国連等の「決議」ないし「要請」によるものであり、そのことを無視して、これを「わが国の行為には変わりない」と短絡するのは誤りである。同様に、作戦上の指揮権が、国連側にあるか部隊派遣国側にあるかについても、その組織ないし任務の国際的性格を変えるものではない。また、（2）については、憲法九条で規定しているのは、「日本が当事者となっている」国際紛争を解決する手段という意味であり、日本が当事者となっていない国際紛争、すなわち「第三国間の国際紛争」の解決努力に日本が参加することを禁じる趣旨では毛頭なく、[15]かつ、憲法前文等の趣旨からは、むしろわが国として積極的にコミットすることが求められている分野である。

集団安全保障の下でとられる軍事的措置は、「強制行動」（enforcement actions）と呼ばれるように、国際公益を実現するための措置であって、その性格は本質的に国際的な法執行・警察活動としての「武器の使用」である。[16] 個別国家が自国利益の追求のために、かつ自国が当事者となっている国際紛争解決のために行なう「武力の行使」とは全く異質な行動である。

しかし、わが国政府は「憲法九条抵触回避型アプローチ」ともいうべき方法で、日本の国際平和活動の基盤を整備しようとしてきた。すなわち、上記のような国際平和活動の場合と個別国家の武力行使の場合とを混同し、国際任務の場合にも憲法九条との抵触がありうるとの考え方から離脱できないでいるのである。そのため、自衛隊の海外任務が憲法九条の禁止する「武力の行使」に該当するおそれがある場合には、そうした国際平和活動には参加できないとの立場をとってきた。こうして、いわゆる「国連軍」(安保理により第七章の下でauthorizeされた多国籍軍等を含む)への「参加」は「自衛のための必要最小限度の範囲を超えるものであって、憲法上許されないと考えている」とされるのである。[17]

もっとも、政府は「国連軍」等司令官の「指揮下」に入らずに「協力」することは、「国連軍」等の武力行使と一体化しない限りで、憲法上許容されるという立場をとってきた。[18] こうしてわが国は、「参加」に至らない「協力」という形で、国際平和活動の中心的部分にはコミットすることなく、その周辺的任務のみを漸進的・対処療法的に(incremental)に、担うようになってきたのである。

国連の集団安全保障の下で執られる措置は、本来、憲法九条の枠外であるにもかかわらず、政府はこれを認めてこなかった。そのため、国際平和協力法（ＰＫＯ法、平成四年）でも、自衛隊がＰＫＯに参加する場合の「五原則」を規定して、その条件に合致する場合にのみ、国際平和活動に協力することとした。すなわち、（１）紛争当事者間での停戦の合意、（２）ＰＫＯ受入れについての紛争当事者の同意、（３）何れの紛争当事者に対しても不偏的な立場を堅持、（４）これらの原則の何れかが満たされなくなった場合は中断・撤収、（５）武器の使用は自己または他の隊員（その後、平成一三年に「自己の管理の下にある者」が追加されて、基地に逃げ込んできた人々も含めることが出来るようになった）の防護のために必要最小限で容認、の五原則である。

その結果、現行国際平和協力法（ＰＫＯ法）では、わが国は、実施要領の作成にあたり国連（事務総長）のコマンド すなわち「指図《さしず》」に適合するよう行なうとし（八条②）、一般的「指揮」権はあくまでも日本政府が保持することとした。[19] とくに、派遣自衛隊員による武器使用については、あくまでも二四条の自己防護の枠内でしか実施できないこととし（下記「武器使用」の項参照）、これを国連の「指図」の範囲外とするとともに、[20] 任務の中断・撤収に関する判断についても日本の指揮権の下で行なうこととしたのである。

第11章 憲法九条と国際法

村瀬信也

指揮権の配分の問題は、ＰＫＯ国連軍の具体的実施に関して最も適当と考えられる方式に基づき国連側と派遣国側で協議して決めればよいことであり、実際にも、両者の関係には様々なヴァリエーションがある。しかし、それがいかなる形をとろうと、この軍隊が国際的任務を果たすために国連の決議や要請を根拠に設置・派遣されているものであること、つまりその国際的性格は変わらないということこそ、重要なポイントである。

上記のように、国連等の要請に基づいて行なわれる国際平和活動等は、集団的安全保障の系譜に属する活動であり、そこでの「武器の使用」は、憲法九条が禁止している個別国家による「武力の行使」とは全く異なるものである。憲法九条は、日本が個別国家として自国が当事国となっている国際紛争を解決するために武力を行使することを禁じているのであり、第三国間における国際紛争の解決のために日本が協力支援することは禁止されているどころか、憲法前文の趣旨からも、むしろ積極的に行なうべき活動と言わなければならない。

それにもかかわらず、政府はこれまで、国際任務であっても、その武器の使用が憲法に触れるおそれがあるとして、武器使用の範囲を自然権的な自己防護に限定してきた。そのため、たとえば、近接して駐屯している他国部隊が攻撃されているような状況でも、わが国自衛隊の部隊が「駆け付けて」警護することも出来ないとされてきたのである。しかし、本来、国際平和活動等は統一的な指揮の下に各国部隊がチームとして活動することが期待されているのであるから、上記のような制限は、わが国による貢献の可能性を大きく損なうものとなっている。

いわゆる「駆け付け警護」の問題は、わが国による国際平和活動の限界を示す象徴的な事例である。国際平和活動における警護等の問題について、政府は従来、概ね下記のように説明してきた。すなわち、①PKO法二四条の下での武器使用は自衛隊員の自己保存のための自然権的権利に基づく。②わが国自衛隊員に危険がない場合の他国部隊の駆け付け警護は、攻撃主体が「国又は国に準ずる者」であるときは、憲法九条の禁じる「武力の行使」に当たるおそれがあるので、出来ない（「国に準ずる者」の概念については国会審議でも不明確なままである。交戦団体・叛乱団体・民族解放団体など、国際法上一定の地位が確定している団体の場合と国際テロリスト集団など国際法的性格が未だ確定していない団体の場合の区別など、必要な基準が全く示されていない）。③攻撃者が単なる犯罪集団などの場合は、憲法上、駆け付け警護のための武器使用が許容される余地がある、というものである。[21] その後の二四条一項の改正で、武器使用の範囲は「自己又は自己とともに現場に所在する他の隊員若しくはその職務を行なうに伴い自己の管理下に入った者」の防護に若干拡大されたが、「自己保存のための自然的権利」という考え方そのものには基本的に変更がない。

本来、ＰＫＯ部隊の武器使用権限は、それが担う「国際任務」そのものに基礎付けられなければならない。自衛隊員個人の「自己保存・自然権的権利」（個人の正当防衛権、自衛隊員に限らず、誰でも持っている権利に過ぎない）だけで位置付ける積極的意味は見出し難い。国連も、ＰＫＯ部隊の「標準行動規範」（Standard Operating Procedure）において、武器使用の範囲を、要員の自己防護（わが国国会審議における俗称「Ａタイプ」）のほか、ＰＫＯ任務遂行に対する妨害の排除（公務執行妨害排除、いわゆる「Ｂタイプ」）のための武器使用を、位置付けてきたことは周知の通りである。[22] その後の実践過程で、国連ではこの両者を広義の「自衛」として捉え、ほぼ同一のものとして扱ってきていることを指摘しておきたい。

以上見てきたように、わが国は国際平和活動の実施に当って、憲法九条との抵触を生じないという説明をしなければならなかったため、極めて不自然な形でしかこれを進められなかったのである。しかし、先にも述べたとおり、本来、自衛隊が行なう国際任務は、憲法九条の枠外の活動として捉えられるべきであり、そのことを公に確認することこそ、何よりも重要と考えられる。その上で、派遣される自衛隊員が現場で迷うことのないように、明確な権限・行動基準を設定しておく必要がある。[23]

いずれにせよ、冷戦終結後、国連の集団安全保障はその機能を回復し、安保理による多国籍軍の容認やＰＫＯ活動の多機能化・大規模化という大変容を遂げてきており、そうした方向性は定着してきているものと認められる。国際関係における根本的変化を踏まえて、今や、従来の政府の立場についても修正・変更が必要になってきているものと考えられるのである。さらにまた、国際テロリズムや大量破壊兵器の拡散など、新たな脅威に対して、国際社会全体として立ち向かうべき分野が飛躍的に拡大していることも、念頭に置かなければならない。

4——結びに代えて

第二次大戦後、世界各地で武力紛争が絶えなかったが、われわれ日本国民の多くは、長い間、自国さえ平和であればよいと考え、他国の紛争に「巻き込まれないように」と、そればかり心配してきた。しかしそうした「一国平和主義」では、実は自国の安全すら維持できなくなっていることを、９・11の同時多発テロ事件（二〇〇一年）は如実に示したと言えよう。[24] そればかりか、日本は国際社会においてすでに相当の国力を備えた国となっており、国際的な平和維持のための活動を積極的に推進していく責務から逃れることは許されないのである。日本国憲法前文が「われらは、いずれの国家も、自国のことのみに専念して他国を無視してはならない」としていることを、私たちは今一度銘記しておくべきである。

そこで、憲法九条一項による禁止の範囲について、ここではポイントだけを指摘しておきたい。[25] 九条一項が禁止しているのは、第一にまず「戦争」である。「戦争」とは戦意（animus belligerendi）の表明（＝宣戦）により開始される国家間の武力衝突である。九条一項が「戦争」を「武力行使」と区別して規定しているところから、ここでの「戦争」が、こうした古典的・テクニカルな意味の（法上の）「戦争」であることは明白である。しかるに、現代では、こうした「戦争」は、もはや行なわれないし、[26] 国連憲章も「戦争」概念を止揚・抹殺している。九条は、いわば確認的に、こうした「戦争」に訴えることを禁止しているのである。同条が禁止するのは「国権の発動たる戦争」であるが、これは一九二八年不戦条約における「国家ノ政策ノ手段トシテノ戦争」とほぼ同趣旨と考えられる。

第二の禁止のカテゴリーは、「武力の行使」（および「武力による威嚇」）である。これには「国際紛争を解決する手段としては」という限定が加えられている。これも、「国際紛争解決ノ為」の戦争を禁止した不戦条約の規定を引きずっていると考えられる。ただし、九条一項における

「武力の行使」については、国連憲章二条四項を下敷きとしている（同二条四項が武力行使を「一般的に」禁止しているわけではなく、様々な例外や適用除外を内包することについては、別稿[27]で論じたとおりである）。また先にも指摘した通り、憲法九条一項における「国際紛争」が「日本が当事国となっている国際紛争」を意味していることは、文脈から明白である。[28]

さて、九条二項は「前項の目的を達するため」に、戦力の不保持と交戦権の不承認を定めているものである。すなわち、九条一項で禁止された「戦争」と日本が当事国となっている国際紛争を解決する手段としての「武力の行使」を行なうために、日本は「陸海空軍その他の戦力」はこれを保持しないということである。したがって、それ以外の目的のため、すなわち自衛権行使のため、および、国際平和活動等のために、軍事力を保持することは認められているものと考えられる。

第二項後段の「交戦権」とは、「戦争」を遂行する過程で交戦国に認められる戦争法上（交戦法規上）の権利であるが、第一項で日本は「戦争」を放棄したのであるから、交戦国の権利を主張する可能性はなく、これも確認的に「これを認めない」と規定したに過ぎないと解されよう。（「交戦権」を「国家が戦争に訴える権利」と解釈する見解もあるが、第二項は第一項の目的を実現するための「手段」に関する条項であること、戦争権の禁止はすでに第一項で規定されていることでそれと重複することになるなどから、解釈としては採用しがたい)。

もとより、日本が自衛権を行使する場合には、武力紛争法の諸規則を尊重しなければならない。日本はすでに、一九四九年ジュネーヴ諸条約および一九七七年追加議定書の締約国であるから、当事国としての権利を行使し義務を遵守する立場に立つことはいうまでもない。また、日本の自衛隊が国際平和活動に派遣されて武器使用を行なう場合も、国際人道法を尊重すべきことは明らかである。もとよりそうしたことは、日本が戦争法上の「交戦権」を放棄したことと矛盾するものでは毛頭ない[29]。

しかし言うまでもなく、日本の安全保障をめぐる状況には、従来の議論の前提とは大きな隔たりが生じてきている。冷戦終結後の現代においては、少なくとも次の三点において、国際情勢に根本的な変化が見られる。第一には、弾道ミサイルや国際テロリズムのような新たな脅威が出現してきたこと、第二には、国連の集団安全保障がその機能を回復し、安保理による多国籍軍の容認やPKO活動の多機能化・大規模化という大変容を遂げてきていること、そして第三には、日本の国際的地位と役割が飛躍的に増大していること、などである。こうした外在的要因の変化を理由として、政府が従来の立場を修正・変更することは、充分に許容されるはずである。

〔注〕

〔1〕国内法の「国際法協調的解釈」ないし「国際法との一致の推定に基づく解釈」に関する諸外国の趨勢については、村瀬信也『国際立法――国際法の法源論』(東信堂、二〇〇二年) 一二九‐一四〇頁参照。

〔2〕自衛権と憲法九条の関係に関し、憲法制定期における吉田総理の答弁は、一般的に自衛権否認を示唆するような内容であった【昭和二一年六月二七日衆議院本会議、昭和二一年六月二九日衆議院本会議・吉田総理答弁】。もっとも、この答弁はその後、事実上修正される。すなわち、「苟くも国家である以上は、独立を回復した以上は、自衛権はこれに伴って存するものである」【昭和二五年一月三一日参議院本会議・吉田総理答弁】。日本が占領下にあった時期と、主権国家として独立を回復した時期とでは、事情が根本的に変化したと考えられ、政府答弁の変更は妥当なものであったと思われる。

安保条約改定期において、岸総理は、集団的自衛権につき、「本体」部分とその他の部分に区分した上で、次のように述べている。「いわゆる集団的自衛権というものの本体として考えられておる締約国や、特別に密接な関係にある国が武力攻撃をされた場合に、その国まで出かけて行ってその国を防衛するという意味における……集団的自衛権は、日本の憲法上は、日本は持っていない」【昭和三五年三月三一日参議院予算委員会・岸総理答弁】。「要するに外国の領土において外国を援助する、……武力行動を外国においてやる、そういう意味のいわゆる集団的自衛権の行使、これは日本の憲法にいう自衛権の範囲に入らないということ(である)」【昭和三四年三月一六日参議院予算委員会・林法制局長官】。

このように、集団的自衛権の下で、自衛隊の「海外派兵」を行なわないということは、この時期において明確化されている。しかし、若干の曖昧さを残しつつも、それ以外の集団的自衛権の行使は憲法に違反しない限り許容されるというのが、政府の立場であったと思われる。阪口規純「集団的自衛権に関する政府解釈の形成と展開」〔(上)『外交時報』一九九六年七・八月号、七〇 - 九八頁、(下) 九月号、七九 - 九九頁〕参照。

〔3〕水口委員の議論は次のように要約される。第一に、高島（外務省条約局）局長は集団的自衛権が権利として保有しているが行使できないだけだと言い、真田（内閣法制局）第一部長は憲法解釈上から行使できないという。前者は政策論で後者は憲法論であり、曖昧である。第二に、個別的自衛権と集団的自衛権との間に自衛権としての差異はないはずなのに、個別的自衛権で武力行使できるなら集団的自衛権でも武力行使ができるはずであり、固有の権利を憲法解釈論で行使しないのならそれは政策論との混同である。第三に、集団的自衛権が憲法で禁じられているのなら、なぜサンフランシスコ平和条約や日米安保条約、日ソ共同宣言でこの権利を確認したのか、むしろこの権利は持たないと明記すべきではなかったか、等である。これに対する政府側の答弁は、高島・真田両政府委員の間で歩み寄りが見られるが、依然として強調点の差は残されている。【昭和四七年五月一二日参議院内閣委員会・江崎真澄防衛庁長官、高島益郎外務省条約局長、真田秀夫内閣法制局第一部長】水口委員は、その後、五月一八日および九月一四日（参議院決算委員会）でも同様の質問を行なっている。（本間剛「集団的自衛権に関する現行政府解釈の成立経緯とその影響」東京大学大学院公共政策専修コース研究年報〔二〇〇二年三月修了〕参照 http://www.ju-tokyo.ac.jp/~jjweb/research/MAR2002/homma_tsuyoshi.htm）。本間氏は、高島条約局長が一九七二年五月の国会審議において、それまでの政策説の立場を放棄したとしているが、必ずしもその根拠は議事録に見出せないし、その後政府が一〇月に発表した「資料」は、政策説の見解を依然として部分的に受容している。

〔4〕参議院決算委員会提出資料（昭和四七年一〇月一四日）。阪口規純「集団的自衛権に関する政府解釈の形成と展開」〔(上)『外交時報』一九九六年七・八月号、八九 - 九一頁〕等参照。

〔5〕「国際法、国家は、集団的自衛権、すなわち、自国と密接な関係にある外国に対する武力攻撃を、自国が直接攻撃されていないにもかかわらず、実力をもって阻止する権利を有しているものとされて

いる。わが国が、国際法上、このような集団的自衛権を有していることは、主権国家である以上、当然であるが、憲法九条の下において許容されている自衛権の行使は、わが国を防衛するため必要最小限度の範囲にとどまるべきものであると解しており、集団的自衛権を行使することは、その範囲を超えるものであって、憲法上許されないと考えている」【昭和五六年五月二九日稲葉誠一議員の質問主意書に対する答弁書】。なお、この答弁書で政府が集団的自衛権の行使が許容されない理由を「必要最小限度の範囲を超える」という「数量的概念」で説明しようとしたことは、行使の「態様」と「限度」の問題を混同しており、わが国の防衛にとって「必要最小限度」であれば集団的自衛権の行使も許容されることになるなど、矛盾が露呈している。佐瀬昌盛『集団的自衛権――論争のために』（PHP新書、二〇〇一年）一二四‐一二一〇頁参照。

〔6〕大石眞「日本国憲法と集団的自衛権」［『ジュリスト』1343号（有斐閣、二〇〇七年）四二頁］。

〔7〕筆者は、「憲法九条については、過去五十年間余にわたる国会での議論の積み重ねがあるので、その解釈の変更については十分に慎重でなければならないと考える」【伊藤英昌衆議院議員の「内閣法制局の権限と自衛権についての解釈に関する質問主意書」に対する平成一五年七月一五日付け政府答弁書】という内閣法制局の立場に原則として反対するものではないし、歴代の内閣法制局が、自衛権の範囲を、それぞれの時代の要請に合わせて、慎重にミリメトリックな単位で少しずつ拡張しようとそれなりに努力してきたことを認めるのに吝かではない。しかし、本稿で述べたように、本来集団的自衛権でカバーすべき事態を個別的自衛権の拡張により対応しようとしてきたことは誤りであったし、そもそも内閣法制局があたかも戦前・明治憲法下の「枢密院」（制度的には単なる天皇の諮詢機関であったが、実際政治上は、政府に対して第三院的な制約を意味したといわれる）の如き役割を果たしていることにはやはり疑問を感じざるを得ない。安全保障等に関する内閣法制局の権限は、個別の法案に付される付帯意見を別にすれば、法律問題に関し内閣並びに内閣総理大臣及び各省大臣に対し「意見を述べること」（内閣法制局設置法三条三項）であり、それ以上でもそれ以下

でもない。もとより「第一次違憲審査所」などと見るのは過大評価も甚だしい。安全保障に関する法的問題については、内閣自身の責任において、より主体的・積極的なリーダーシップを発揮することが求められる。

(8) 村瀬信也「国連憲章と一般国際法上の自衛権」および浅田正彦「憲法上の自衛権と国際法上の自衛権」（村瀬信也編『自衛権の現代的展開』東信堂、二〇〇七年、四‐七頁、二五九‐二六五頁）。

(9) 「マイナー自衛権」概念が援用される（国内的な）理由は、自衛隊法上、「防衛出動」（七六条）の「重い」手続を避けて、「治安出動」（七八条）の対象とするためと考えられる。すなわち、「武力攻撃」↓「自衛権」↓「武力の行使」↓「防衛出動」に対し、「武力攻撃に至らない一定の事態」↓「マイナー自衛権」↓「武器の使用」↓「治安出動」という図式である。防衛出動の場合には、安全保障会議↓閣議決定↓国会の事前承認が必要であるのに対し、治安出動の場合は手続が異なり、国会への報告・承認は事後でもよいとされているからである。

(10) 外務省条約局長として、この区別を前提に、第一次湾岸戦争の際、国際平和協力法案（廃案）を纏めようと努力したのは、柳井俊二氏であった。五百旗頭真・他編『外交激震・元外務省事務次官柳井俊二』（朝日新聞社、二〇〇七年）四八‐五〇頁参照。

(11) 村瀬信也「国際組織の一方的措置と対抗力――国連憲章第七章の下における軍事的措置の容認をめぐって」『国際立法――国際法の法源論』（東信堂、二〇〇二年）四九〇‐五一八頁参照。

(12) 後述のように「国連軍」の作戦指揮系統が国連側にあるか派遣国側にあるかが問題となるが、集団安全保障系列の強制措置か個別国家レベルの武力行使かの区別は、作戦指揮系統の所在によって分かれるのではなく、それが国連の（あるいはその他の地域的な団体の）「許可・委任・容認・要請」等によるものであるか否かで判断されるべき問題である。ちなみに、一九九一年の湾岸戦争時に組織された多国籍軍は、安保理決議678号（一九九〇年）により第七章の下で「授権・容認」(authorize)された軍隊であり、同決議は、安保理が「憲章第七章の下で行動して」採択した660号決議（「平和の破壊」の認定、即時撤退要求）→661号決議（経済制裁）→665号決議（経済制裁の厳格な履行を確保するための執行措置）など第七章の手続を経過した後の到達点であって、その意味で多国籍軍は、「国連の」軍隊として捉えられるべきであり、単に各国軍隊を集団的自衛権を基礎に束ねた連合軍ではない。たしかに統一司令部も設置されず、国連旗の使用にさえ言及されなかったとはいえ、この多国籍軍はやはり国連の集団安全保障の系列で捉えるべきものである。他方でしかし、この国連軍は、憲章四二条（軍事的措置に関する一般的条項）と四三条（兵力提供に関する加盟国と安保理との特別協定）以下とを「切断」して、実施方法、兵力の分担・使用計画、戦略的指導、指揮命令系統、履行権限・責任体制等につき充分な法的保障もないまま実行に移されており、そのため、未だ法的不安定性を免れず、完全に「合法性」を獲得しているわけではない（実際にも、ソマリアや旧ユーゴのケースでは失敗に終わっている）。もとより、安保理の決議によって「容認」されたものである以上、「違法な」措置ではない。筆者はこれを「国際組織による一方的措置」として捉え、「対抗性」（合法性と違法性との間のグレーエリア）による性格規定をしている（前掲書、五〇八‐五一一頁参照）。

⒀香西茂『国連の平和維持活動』（有斐閣、一九九一年）参照。酒井啓亘「国連平和維持活動における同意原則の機能」［安藤仁介・他編『21世紀の国際機構――課題と展望』（東信堂、二〇〇四年）二三七‐二七八頁］。

⒁平成一〇年五月一四日衆議院安保委員会・秋山法制局第一部長。

⒂「『国際紛争を解決する手段』としての戦争ないし武力行使は、国際紛争の当事国として行使する手段と解されている」ことについて、高野雄一「憲法第九条――国際法的にみた戦争放棄条項」［『集団安保と自衛権』（東信堂、一九九九年）二八八‐二八九頁（原載『日本国憲法体系』（宮沢俊義先生還暦記念）第二巻 総論Ⅱ、有斐閣、一九六五年、一三四‐一三五頁）］。なお、「『国際紛争を解決する手段』としての戦争もしくは武力行使とは、国際紛争の当事国として行使する手段と解される

ので、紛争当事国間の違法な侵略行為に際し、非当事国や国連などが、公の立場から、その防止鎮圧、紛争処理のために行なう制裁戦争や制裁措置はそれにあたらないとされる。これが通説である」（引用は省略。もとより、有力な反対説もある）という。高見勝利「憲法九条【戦争の放棄、戦力及び交戦権の否認】」（芦部信喜監修『注釈憲法』（一）有斐閣、二〇〇〇年、四〇〇頁）。

〔16〕こうした捉え方は、ケルゼンの一九四八年の論文以来、世界の国際法学者の常識である。See H. Kelsen, "Collective Security and Collective Self-Defense under the Charter of the United Nations", American Journal of International Law, vol.42, 1948, pp.783-796; J.A. Frowein & N.Krisch, "Introduction to Chapter VII", Bruno Simma, ed., The Charter of the United Nations: A Commentary, 2nd ed., Oxford, 2002, vol. I, (The Police Function of the Security Council), p.705, (Law Enforcement), p.707; see also, B. Conforti, The Law and Practice of the United Nations, 2nd.ed., 2000; V. Gowlland-Debbas, "Security Council Enforcement Action and Issues of State Responsibility", International and Comparative Law Quarterly, vol. 43, 1994, pp. 55-98.

高野雄一教授は、集団的安全保障の下に国連安保理が行なう軍事的措置の法的性格は、個別的安全保障（＝自衛権）のそれとは全く性質を異にするものであり、「(国際の平和と安全の維持のための)警察的な強制措置」ないし「国際警察行為」であると指摘する（高野雄一『国際法概論・全訂新版・下』弘文堂、一九八六年、三二八－三三三頁）。これは同教授が『国際安全保障』（日本評論新社、一九五三年、法学理論篇一二三）以来、とくに強調してきた点である。

オランダのソーンズ教授も、憲章第七章の下でとられる強制措置は、憲章二条四項の意味での「武力の行使」ではなく、仮にそれが軍艦による措置であったとしても、「警察力」(police force) の行使に類似するものと捉えるべきものと述べる。A.H.A. Soons, "Enforcing the Economic Embargo at Sea", in Vera Gowlland-Debbas, ed., United Nations Sanctions and International Law, Kluwer Law International, 2001, pp. 321.

〔17〕平成二年一〇月二六日衆議院国連平和協力特別委員会・中山外務大臣。
〔18〕平成一六年六月二二日衆議院議員長妻昭君提出自衛隊の多国籍軍参加に関する質問に対する答弁書、平成一九年二月一四日衆議院予算委員会・宮崎法制局長官、など。
〔19〕政府見解、平成三年一一月二七日衆議院国連平和協力特別委員会。
〔20〕平成三年一一月二七日衆議院国連平和協力特別委員会・野村一成内閣審議官、平成三年一一月二七日衆議院国連平和協力特別委員会・丹波實外務省国連局長、など。
〔21〕平成一五年五月一五日参議院外交防衛委員会・宮崎法制局第一部長
〔22〕このAタイプ・Bタイプという類型もわが国特有の用語法であり、国際的には通用しないが、その出自は、一九六四年の国連キプロス平和維持隊の任務に関する事務総長覚書（Doc. S/5653, 11 April 1964）のようである。そこでは「任務遂行を阻止しようとする企てに対して」の武器使用が、部隊司令官の指揮命令の下に、認められている（18/b項）。政府答弁では、このBタイプの武器使用は憲法上問題がありうるとされてきた【平成三年九月三〇日衆議院国連平和協力特別委員会・工藤敦法制局長官、丹波實外務省国連局長】が、本文でも述べたとおり、このBタイプについても憲法上許容されているということを確認する必要がある。
〔23〕この点につき、山田洋一郎「自衛隊による国際平和活動に関する一般法の課題」〔『ジュリスト』1410号（二〇一〇年）〕参照。
〔24〕従来、国家間で機能しえた武力紛争の抑止システムが、国際テロ組織などの非国家主体に対しては有効性を失ってきていることについては、すでに広く認識されているところである。経済金融のグローバル化、通信や移動手段の急速な発展は、国際テロリズムの脅威が国境を越えて容易に世界中に広がる可能性を示している。
〔25〕一般的論点について、高野雄一「憲法第九条――国際法的にみた戦争放棄条項」〔『集団安保と自衛権』（東信堂、一九九九年）二六五‐三二九頁（原載『日本国憲法体系』（宮沢俊義先生還暦記念）第二巻、

有斐閣、一九六五年）」参照。

(26) 今日、国家間の紛争が武力衝突に至ることがあっても、宣戦を行なってこれを開始するということは考えられない。そのような形で「戦争」を開始すれば、国連憲章違反とみなされるのは必定だからである。したがって日本が外国から「宣戦布告」を受けた場合にどう対応すべきかなどという問題を、憲法九条の解釈に関する問題として考慮する実益はないであろう。

(27) 村瀬信也「武力不行使に関する国連憲章と一般国際法との適用関係――NATOのユーゴ空爆をめぐる議論を手掛かりとして」〔『国際立法――国際法の法源論』（東信堂、二〇〇二年）五一九‐五五二頁〕。

(28) 前掲論文参照。

(29) 現代における交戦権の意義とその規範的性格については、石本泰雄「交戦権と戦時国際法―政府答弁の検討」〔『国際法の構造転換』（有信堂、一九九八年）八七‐一二〇頁〕参照。

第12章

安全保障の政治経済学

吉崎達彦

1——はじめに

かつて評論家の山本七平は、「日本人は安全と水は無料で手に入ると思い込んでいる」と喝破した。[1] また、国際政治学者であるジョセフ・ナイは、「安全保障は酸素のようなものである。失ってみたときに、はじめてその意味が分かる」と述べた。[2] どちらの言葉も、多くの日本人にとって盲点となりがちなポイントをついた至言といえるだろう。

とはいえ、今もなお「安全と水はタダ」と思っている人は、そう多くはないはずである。お金を出してミネラル・ウォーターを買う人が増えたということはさておいて、安全保障に対する国民の認識も時代とともに変化しているからだ。冷戦終了後の日本においては、北朝鮮の核開発（一九九四年）、阪神・淡路大震災（一九九五年）、テポドン発射（一九九八年）、中国での反日デモ（二〇〇五年）、そして近いところでは尖閣諸島問題（二〇一〇年）など、国民の安全やリスク管理の重要性を認識させられる事件が多発した。国民の意識も「安全保障にはそれなりのコストがかかるもの」という認識が広がっていると考えられる。

ただし、「どの程度のコストが妥当であるか」については、社会的コンセンサスができているわけではない。わが国では長らく、「GDP比1％」[3]が防衛費の目安として使われてきたものの、この方式にどの程度の妥当性があるのかはあらためて議論されたことがない。むしろ防衛をめぐるイデオロギー的な対立が続く中で、この枠を守ることが自己目的化してきた感が否めない。

そこで本稿は、「安全保障にかけるべきコストはいかにあるべきか」についての検討を試みる。経済と安全保障という二つの分野にまたがる先行研究は多くないので、以下の論考はたぶんに思考実験としての性質を帯びることになる。[4]

以下、この問題に対し、三つの観点から検討を試みたい。

第1は安全保障政策における基礎的な条件を検討する。国の安全を担保するのは、防衛力、経済力、同盟関係の三要素であろう。この三者の関係はどうなっているのかが最初の論点となる。

第二は経済政策としての観点であり、国民経済にとっての防衛産業の在り方という問題を取り上げる。一定規模の防衛産業を有することは、その国の経済にとってプラスなのかマイナスなのかという議論を検証する。

そして第三は財政政策としての観点から、防衛予算をどうやって決定するのが望ましいかという問題について触れる。

筆者は企業エコノミストの一人であるが、同業者のなかで外交や安全保障問題に造詣の深い仲間はさほど多くない。おそらく安全保障の専門家の中で、経済を熱心に研究しているという人はさらに少数であろう。「経済と安全保障のベストミックス」は、時代を超えて問われるべきテーマであるにもかかわらず、二つの専門家グループの中間に位置する問題であるために、今まであまり省みられてこなかった。

「安全保障のコスト」は、政治、経済、外交、軍事、産業、技術など多くの分野にまたがる問題であり、今後も業際的な研究が必要なのではないかと思う。以下はやや「独創的」(独走的?)な試論となるが、関係者や研究者などから幅広い批判を待ちたいと願う次第である。

2――安全保障政策――トリレンマからの選択とは?

(1)防衛力と経済力の関係

防衛力とは防衛を行なう国家の能力である。防衛のための組織といえば、第一義的には軍隊のことを指すけれども、指揮管理機能や情報機能などの組織も含めて考えるべきだろう。これらは基本的に政府の傘下にある公的部門である。そこで働いているのは公務員であり、使われているのは税金である。なお、民間防衛（国民保護）については、ここでは視野に入れないことにする。

防衛力は、その国の経済力によって支えられている。ここでいう経済力とは、企業部門に代表される経済界（財界）だけではなく、家計部門も含めた民間の経済活動、ひいては国民生活全体と考えることにする。

経済力が防衛力を支える経路としては、以下のように分類することができる。

○財政負担（企業や家計が支払う税金が政府の歳入となり、そこから防衛費などの必要な費目が支出される）
○人的負担（本来、経済活動に従事する人材が防衛関係で働くことになると、その分の人的資源が失われることになる。通常の統計では、軍人は労働人口に含まれない）[5]
○物的負担（基地などのインフラや武器などの装備、ロジスティクスなど、防衛に必要な要素はその国の経済力が提供することになる）

経済力としては、防衛の負担は小さければ小さいほどいい。仮に国家が軍隊を必要としなければ、その分、税金は安く済むであろうし、軍事部門に使われる人的および物的資源を他の分野に振り向ければ、国民の生活水準はそれだけ上昇するだろうし、あるいはより高い経済成長が見込めるはずである。

（なお、ここで判断が難しい要素として、「防衛産業」や「軍事技術」の存在がある。防衛力が必要とするこれらの要素は、むしろ経済力の成長にとってプラスになるというケースも考えられる。この問題については次の節で改めて取り上げることとし、ここでは単純に「防衛力は経済力にとって負担である」と考えることにする）。

一国の経済力は、防衛力があるお陰で外敵から守られているわけであり、そうでない場合はさまざまな形でリスクを負うことになる。「万が一」の事態への備えがない経済は、それだけ低く評価されることになる。いわば経済力は、保険料を払うような形で、防衛力というコストを支払っていることになる。

そうだとすれば、「どの程度の防衛力が望ましいか」という問いは、「個人はどの程度の保険料を支払うべきか」という問題に似てくる。安心のために掛け捨ての医療保険や火災保険に入るのは望ましいことだが、保険料が日常生活を圧迫しているようであれば、バランスを欠いていると言わざるを得ない。しかしながら、「今までは特に問題はなかったのだから」とばかりに、かけるべきコストを惜しんでいるようでは、近い将来に痛い（もしくは哀しい、悔しい）思いをするかもしれない。

(2) 同盟関係も含めた三者の立場

一国の安全保障は、防衛力と経済力の二つだけでは決まらない。安全保障政策は、通常は外交政策とセットになっている。自国の防衛を独力で行っている国はさほど多くはなく、ほとん

図表１２－１

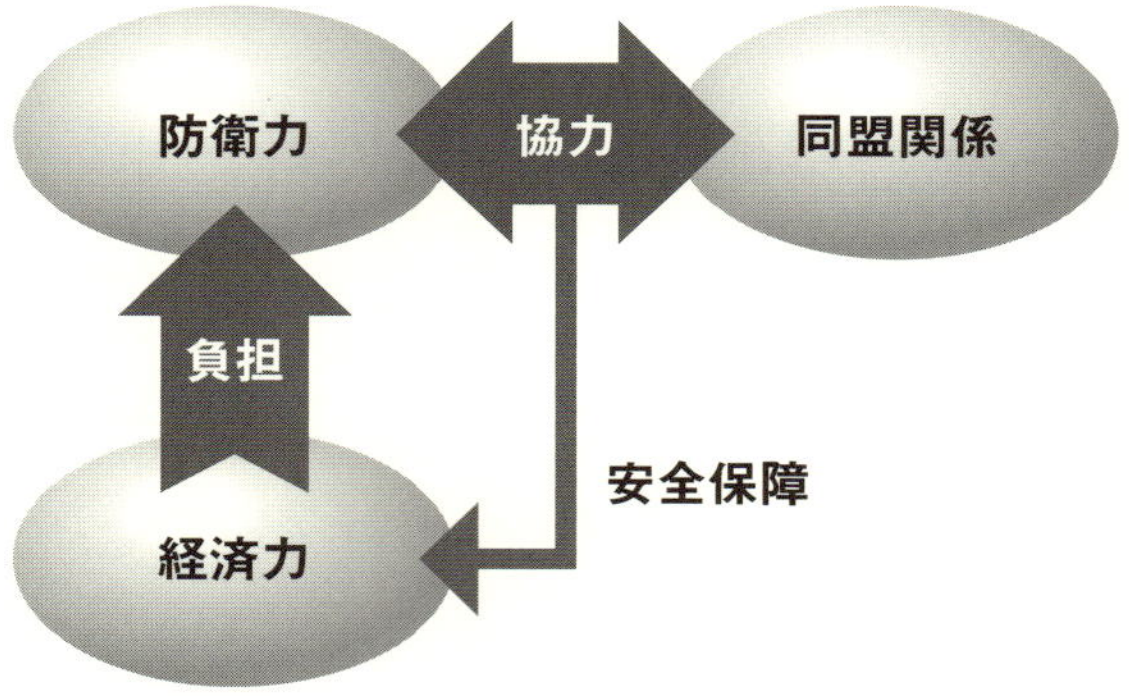

どの国が他国との同盟関係によって、自国の安全を守っている。（ここでは集団安全保障も考えられるが、現実問題として考える際には除外してよいだろう）。

そこで防衛力、経済力、同盟関係という三つの要素を考えて、安全保障の要素を次のように図式化してみる。

これらの三要素は、相互に作用しあうことによって「安全保障」という目的を達成しようとする。そして実際に国の安全が保たれれば、そのことによって三者はともに利益を得ることになる。

ただし三者はそれぞれ違う思惑を持つので、「ベストミックス」を目指すことは容易ではない。それぞれの立場は以下のようになる。

○経済力の立場

一般論としては小さな政府、小さな軍隊の方が、経済活動には好都合である。しかし経済力が大きくなるにつれて、他国から攻撃や干渉を受けたり、テロリズムなどの非国家アクターの挑戦を受けたりする蓋然性は上昇する。[6] あるいは海外での活動において、自国の防衛力の後ろ盾を必要とするようになる。経済大国においては、おのずと邦人や企業が海外で活動することが多くなり、これらを保護する必要が生じるからだ。

逆に言えば経済力が矮小な国では、他国に狙われるリスクもおのずと低くなるので、過大な防衛力を持つ意味はさほどない。従って経済力は、本来的には防衛力の増大を望まないにもかかわらず、自らの成長とともに防衛力を強化しなければならないというジレンマを抱えることになる。

つまり経済大国にとっては、「金持ち喧嘩せず」という状態が理想ではあるが、実際には金持ちになればなるほど、保険料を多く支払わなければならないという構造がある。

○防衛力の立場

軍隊などの組織は、大がかりな装備を必要とするとともに、人員の訓練を不断に行なわねばならない。従って、時間をかけて整備を進めていく必要がある。さらに技術の進歩に従って、兵器は日進月歩するから経費はどうしても右肩上がりになりやすい。

ところが国にとって必要な防衛力は、そのときどきの国際情勢によって大きく変化することがある。冷戦終了時のように、ソ連という脅威が突然失われたこともあるし、「9／11同時多発テロ事件」のように、一夜にして安全保障環境が変化してしまったこともある。防衛力の必要性や用途は激変することがあるが、防衛力自体はゆっくりとしか変われない。軍隊を急に強くしたり、ある日突然、切り捨てたりすることはできないのである。

軍隊には本能的な拡大志向があり、規模の拡張を自己目的化したり、軍縮に対して抵抗したりすることも、歴史上しばしば見受けられる現象である。ただし軍人は、「職業的な心配性」であることが求められるので、みずからをなるべく強く、大きくすることによって安心したいと考えるのは、無理からぬことといえるかもしれない。

そこで同盟関係によって、防衛力の負担を軽くすることが選択肢として浮上する。同盟関係を築くことによって、安全保障には「規模のメリット」が発生するし、他国から狙われる恐れも少なくなる。防衛力の負担はそれだけ軽くなるのである。

他方、協力関係を持つからといって、同盟国から指図を受けたり、干渉を受けたりすることは誰もが避けたいと考える。なるべくなら、自国はあまり相手国のために働くことなく、相手国には自国のために働いてほしい、というのが正直なところであろう。ただし同盟の相手国も同じことを考えているので、同盟関係の一方だけが得をするということはあり得ないことである。

◯同盟国の立場

同盟国が他国の防衛を手伝ってくれるのは、その国なりの国益、もしくは打算に基づいてのことである。自国の利益を省みず、博愛的な精神で他国を守ってくれるような酔狂な国はどこにもない。互いが互いの利益に基づいて行動するけれども、協力し合うことで結果的に双方が得をするというのが理想的な同盟関係である。

ここで重要なのは、同盟国の国力がほとんど同じということはめずらしく、彼我の防衛力には強弱の差がつきものだということである。実際の同盟関係では、防衛力において上回る国が下回る側を援助する形になることがほとんどである。そして大国の庇護を求める小国は、どうしても大国の指図を受けることになりがちである。このことは政治的に不評となりやすい。ゆえに政治家は、国内向けには同盟国との「対等な関係」をアピールするけれども、実態はかならずしもそうではないということに注意が必要である。

以上、三つの要素にはそれぞれの事情がある。しかし国の安全という大きな目標を追求するためには、どこかで妥協を図らなければならない。全部の言い分を聞いていたら、合理的で辻褄のあった安全保障政策を決定することはできないだろう。

ここまでの検討から浮かび上がってくるのは、安全保障が目指すべき目標は「安全性」と「経済性」と「独立性」の三点だということである。つまり、国の安全保障政策には、①安全であること（防衛力が正常に機能すること）、②安上がりであること（経済力にとって過大な負担にならないこと）、③独立性を維持すること（他国の言いなりにならないこと）という三つの目的が存在する。

これらをどうやって同時に達成できるかということが、次の課題となる。

(3) トリレンマの構造

「安全性」と「経済性」と「独立性」という三つの目標は、それぞれにトレードオフの関係にある。全部を同時に達成することは理想であるが、それは不可能である。

ここで思い出されるのが、経済学における「国際金融のトリレンマ」である。これは国際金融政策を実施する上で、「自由な資本移動」「独立した金融政策」「為替レートの安定」という三つの命題を、同時に達成することはできないという法則である。三つの命題は、それぞれ国民経済の立場から見て望ましいことである。だが、三つを全部同時に実現することはできない。そこで、政策当事者はどれか一つを放棄しなければならない。その選択は、各国経済の発展度合いによって変わってくる。[7]

これと同じ構造が、安全保障政策についても成立する。すなわち、安全保障政策を考慮する上で、上記と同様に三つの命題が成立する。

①安全性（国の防衛は強ければ強いほど良い）、
②経済性（かかるコストは少なければ少ないほど良い）、
③独立性（他国の影響は小さければ小さいほど良い）

しかるに三つの目標をすべて追うことはできず、政策当事者はどれか一つの要素を犠牲にしなければならない。

（A）安全性と経済性を優先すると、同盟重視の安全保障政策となるが、そのことで外交政策の独立性はある程度の制限を受けることになる。

（B）安全性と独立性を重視すると、防衛費の増大という結果を招くことになり、結果的に経済性が失われることになる。

（C）経済性と独立性を追求すると、平和志向の安全保障政策となるが、より確かな安全という目標が達成できなくなる恐れがある。

これを戦後日本の安全保障政策に当てはめると、左記のような図式が出来上がる。[8] つまり（A）は日米同盟路線、（B）は改憲・自主防衛路線（核武装を含む）であり、（C）は非武装中立路線である。

戦後日本が置かれていた政治環境を振り返れば、米国の占領下から抜け出たばかりの日本にとって、「独立性」重視という選択肢は最初からないに等しかった。そこで「安全性」と「経済性」に優れる日米安全保障体制が発足した。しかし右の勢力からは「改憲・自主防衛」、左の勢力からは「非武装中立」という路線の主張があり、「安保路線」は両側から批難された。

図表12－2 ＜安全保障政策のトリレンマ＞

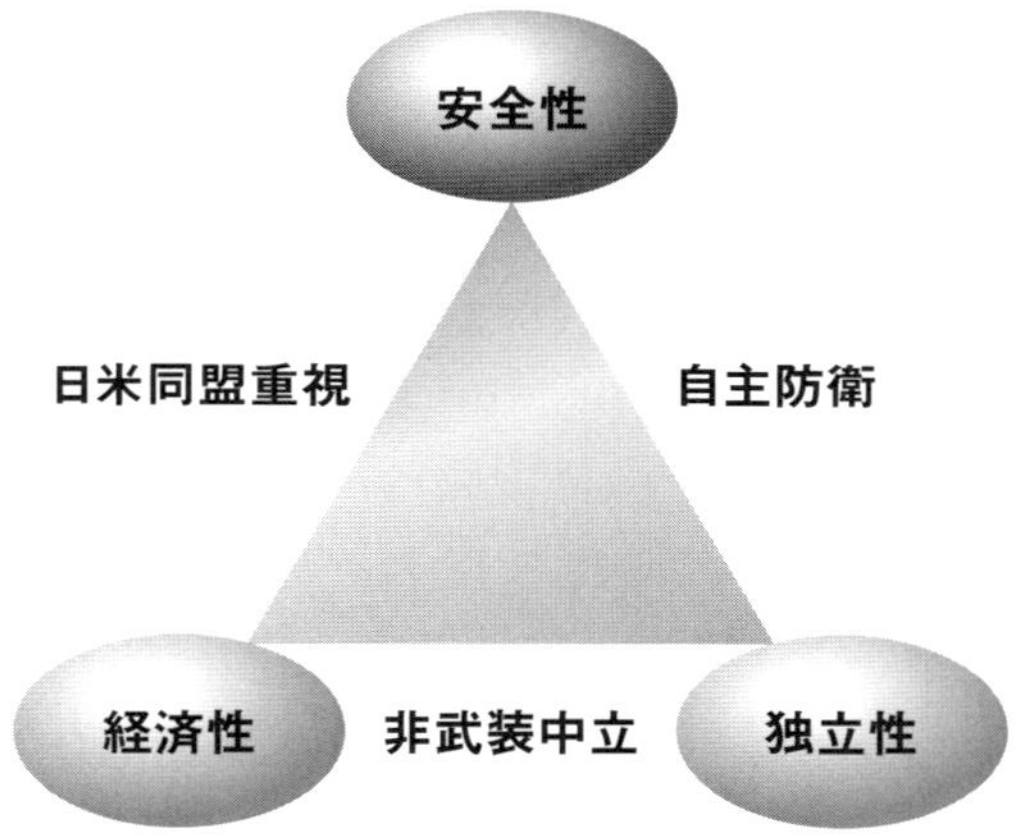

しかし最終的に日本は、軽武装、経済重視の「吉田ドクトリン」を選択する。その後の日本は高度成長を続けたが、これは「経済力」「防衛力」「同盟関係」の三者にとって満足すべき結果であったといえるだろう。

(4)日本の安全保障政策の選択

その後、日米同盟路線は今日まで続いているが、長い歴史の間にはたびたび批判を受け、見直しを求める声が周期的に沸きあがった。

例えば日本経済がバブル期を迎えた時期には、日本は米国から離れて独自路線を歩むべきだとの主張がなされた。[9]これは「日本経済が十分に強くなったから、経済性よりも独立性を重視すべき」（自主防衛路線への転換）と意図したものと見ることができる。また、二〇〇九年に発足した民主党の鳩山政権は、さまざまな形で「米国離れ」を志向した。これは「日本の外部環境は改善しているから、安全性よりも独立性を重視してよい」（非武装中立への転換）という考えが根底にあったからだろう。

しかし一九九〇年代にはバブル経済は崩壊し、その後も日本の防衛は「経済性重視」であり続けることが求められている。また、日本の周辺が必ずしも平和になってはいないことは、二〇一〇年の北朝鮮による延坪島砲撃事件や、尖閣諸島をめぐる中国との紛争などで明らかである。「安全性重視」の方針を無視して、日本が平和主義的な外交を展開することは、おそらく当面は不可能であるに違いない。

こうして振り返ってみると、日本の安全保障政策は合理的な選択を行なってきたことが分かる。戦後一貫して、日本はある程度の「独立性」を犠牲にして、「安全性」と「経済性」を追求する理由があった。その結果が同盟重視であり、日米安保体制であった。そして「自主防衛」や「非武装中立」といった路線への転換は、少なくとも近い未来には考えにくいだろう。

3――経済政策――防衛産業のあり方とは？

次に経済政策の観点から、「防衛産業はいかにあるべきか」という問題を取り上げてみたい。

自国内に一定規模の防衛産業を有し、装備品を可能な限り国産にしておくことは、国防を考える上で望ましいことである。必要な兵器や技術などを他国に依存した場合、輸入の途絶によって供給に支障を来たす可能性がある。例えば海上封鎖によって、必要な武器の修理や補給に事欠くといった事態は、避けなければならないだろう。

しかし経済原則からいくと、「一国の経済の中では、防衛産業はなるべく小さい方がいい」という考え方が主流となる。防衛産業は、市場メカニズムが通用しにくく、経済界のお荷物的な存在であると見なされるからである。具体的には、下記のような論点がある。

①　波及効果が乏しい

他の財やサービスとは違い、防衛は波及効果を生み出しにくい。同じ政府の予算でも、公共投資を行えば国内のインフラ整備が進み、雇用が創出されるなどの目に見えるメリットがある。

しかし国防に費やされたお金は、他の分野に波及効果をもたらしたりはしない。あるいは防衛予算を使わずに減税すれば、その分のお金が家計から個人消費に向かい、あるいは企業から設備投資に向かうといった効果が期待できる。

これが帝国主義時代であれば、戦勝国は賠償金を取ったり植民地を増やしたりできたので、「戦争で儲かる」こともなくはなかった。しかし今日の世界においては、「軍事への投資がリターンを生む」ことは考えにくい。

② 競争が少ない

防衛産業は、政府部門が唯一の買い手となる一方、供給側も数社に絞り込まれることが多く、競争が乏しい。[10] ゆえに寡占体制となりやすく、イノベーションが起きにくい性質がある。大手の防衛産業には超過利潤が発生し、献金やロビイングを通じて政府と結託し、不公正が生じやすいとの見方もある。さらに一部には、いささか陰謀論めくが、「軍産複合体」の存在が政治を歪めているという批判もある。[11]

③ リソースの活用が非効率

上記二点のために、軍需は民需ほど経済成長には役立たない。ゆえに防衛産業に投入される資本や人材を他の産業に投入した方が、有効な活用が出来るという考え方である。一九九〇年代のカリフォルニア州は、冷戦終了に伴って米軍のリストラが行われ、防衛産業のダウンサイジングを余儀なくされた。しかし高学歴の若者が多く失業したことから、それがシリコンバレーに代表されるハイテク産業の隆盛につながった。これは軍需から民需へのコンバージョンが成功した稀有の例である。

以上はいわば経済学上の原則論であるが、現在の日本が置かれた環境に即して考えると、また別な光景が浮かび上がってくる。産業政策の立場から見ると、防衛産業には新たな可能性を見出すべきだという意見が優勢になる。

① 民生用技術への転用の可能性

古くはレーダーや原子力、最近ではインターネットやGPSといった技術は、元はと言えば軍事技術であった。これらを民生用に開放したことで、新たな商品やサービスが誕生し、需要を生み出すことができた。日本もまた、国内の防衛産業を維持することにより、新たな技術革新の機会を逃さないようにすべきという考え方である。

ハイテク国家であり、モノづくりを経済の基盤とする日本としては、これらの新たな技術のシーズを得る機会を逃すべきではなく、単純に「防衛産業は非効率的」という図式は当てはまらない。

②軍事／非軍事の境界の曖昧化

兵器のハイテク化が進むとともに、民生用技術の軍事技術への転用というケースも増えている。日本の家電メーカーが持つ技術がミサイル防衛などに使用されたり、中東に輸出された日本製乗用車が装甲車として使われたりといったことが起きている[12]。また現在、防衛省が開発する輸送機や飛行艇などの民間転用が検討されているという。

つまり軍事技術と非軍事技術の境目があいまいになっている中で、国際競争力の高い製造業を有する日本としては、その可能性を広げるためにも、むしろ防衛産業への梃入れを行うべきであるという見方である。

③ 世界的な軍事予算の縮小

冷戦時代の一九八〇年代をピークに、世界全体の軍事費は減少傾向にあり、一九九〇年代以降の世界の防衛産業大手は再編による大規模化を続けている。日本における防衛費も同様であり、中期防衛力整備計画で示された調達数量が達成されず、防衛産業基盤が弱体化していると日本経団連は指摘している。[13]

こうした中で増えているのが、兵器の国際共同開発である。コストが高い新兵器の開発は、一国のみでは困難になっている。そうだとしたら、日本の防衛産業がこれに参加できないことによる損失は大きく、米国以外の国とは共同開発が出来ないという現状は問題が大きい。ゆえに武器輸出三原則の緩和が必要だという議論が、政府内部や産業界から多く寄せられている。[14]

以上を総合すると、一般論としてはともかく、日本の現実における政策論としては、防衛産業には「小さければ小さいほど良い」という原則は必ずしも当てはまらない。武器輸出三原則の問題に限定することなく、より広範な議論が望まれるところである。

4——財政政策——合理的な防衛費とは？

三点目に財政政策の見地から、「防衛予算をいかに決めるべきか」という問題について触れてみたい。

国家にとって、国防と財政と治安維持は最低限必要な三要素であるといわれる。いかに自由放任主義的な「夜警国家」であっても、この三つの機能だけは確実に存在し、互いを牽制しあうものである。戦前の日本においても、陸海軍（国防）と大蔵省（財政）と内務省（治安維持）が権力の中心であった。陸海軍と大蔵省の間では、軍拡や軍縮をめぐる葛藤があり、実際に軍事予算の大幅削減を図った高橋是清蔵相が「二・二六事件」で暗殺された例もある。この問題は、文字通り命懸けの性質を帯びた問題であった。

それが戦後においては、「GDP比1%枠」という方式が採られることにより、「防衛費をいかに決めるべきか」という問題が封印されることになった。防衛費を国内経済の規模に連動させるという発想は、本稿の第二節でも詳述した通り、根拠のない話ではない。実際に多くの国においても、防衛予算はGDP比で議論されている。

しかしほとんどの国においては、時代の変化に合わせて防衛費の対ＧＤＰ比も柔軟に変化しており、わが国のように０・９％～１・０％で一貫して推移しているというのは、非常に珍しいケースである。[15] ＧＤＰ比１％には、「日本は軍事大国にならない」という対外的なメッセージの意味合いもあったのかもしれないが、数十年にわたって同じ数字が並んでいるのは一種の「奇観」である。

例えば冷戦期と冷戦終了後ということで、一九八八年と一九九八年の防衛予算を比較してみると、この一〇年間で米国では５・８％から３・２％へ、ロシア（旧ソ連）では15・８％から３・３％へ、韓国では４・２％から２・８％へと防衛予算は減少している。ところが日本は１・０％で定着している。１％という水準があまりにも低いために、「国際環境の変化に関係なく、一定の防衛費を使う」ことが常態化しているのである。

逆に将来、軍拡が必要な時代になった場合、この体制を維持していて大丈夫かという疑問が生じる。外部環境の変化に合わせて、防衛費を増減させる仕組みを持たないというわが国のシステムは、果たして健全なものなのだろうか。

かつて筆者は、経済同友会の調査役をしていた一九九三～九五年当時に、防衛問題をめぐる経営者たちの討議を、事務方として何度も傍聴する機会があった。日本の軍事的貢献の拡大を支持する論客が多かった中にあって、とある海軍出身の経営者がリベラル派の論陣を張っていたことが印象に残っている。彼がもっとも強く主張したのは、「行革ができないこの国で、果たして軍縮ができるのか」であった。

言われてみればその通りで、日本の組織はとかく現状維持を自己目的化しやすく、これだけ財政難が進んでいる中にあっても、行政改革はさほど進んでいない。防衛力の拡大も一度進んでしまえば、二度と減らせなくなるのではないか。戦前と同じ間違いを繰り返すのではないか、という元軍人の経営者による警告は、まことに単純ではあるけれども、日本型組織の陥穽を指摘するものであったと思う。

考えてみれば、国のＧＤＰは毎年大きく変化するものではないので、この方式に従う限り、防衛予算の増減には見通しがつきやすい。わが国の防衛力整備は、防衛大綱や中期防衛計画を策定しつつ、中長期的見通しに立って行われてきた。これは苦しい財政事情を勘案しての知恵であったが、わが国政治システムが未成熟な現状を顧みると、あるいはセカンドベストの選択を行ってきたものと言えるかもしれない。

最後に、防衛予算を検討する際に、「企業の広告予算の決め方」とのアナロジーが参考になることをご紹介したい。企業にとっての広告予算もまた、費用対効果が分かりにくく、どれだけ使えばいいのか、あるいは過去に使った金額がちゃんと効果を上げたかどうかが分かりにくい性質を有する問題である。

マーケティング研究者である田内（一九八三）によれば、広告予算の決定方式について論じている研究書はあまり多くなく、どの研究書があげているのもほとんど同じであり、せいぜい名前が違ったり順序が違ったりする程度であるという。[16]

その中で、圧倒的多数の広告主が採用しているのは「売上高比率法」と呼ばれるものである。目標売上高を設定しておいて、それに一定の比率を乗じて広告予算を決めようというものだが、理論的な根拠は乏しい。「売上に対する広告の貢献度は測定が困難であるから、消費財メーカーの多くにおいては、長年の経験によって何となく感得された数値を売上高に乗じて、毎年の広告予算の決定が行われている」のが実情であるという。

広告予算の決定方式としては、このほかには全力傾注法（とにかく「出せるだけ出す」という方式）や競争者対抗法（主要ライバル社の広告費と同じくらいを支出する）、一定関係維持法（ライバルとの規模の差を考慮して広告費を維持する）、目標配賦法（知名度×%、などの目標を細分化して予算を付ける）、限界分析法（広告がもたらす限界収入が広告の限界コストに等しくなるところまで支出する）

などがあるという。

しかしいずれも一長一短があり、特段に有用なモデルは存在しない。そのような中で、「売上高比率法」がもっともよく使われている。わが国の防衛予算の決定方法に似ているといえないだろうか。確かに「全力傾注法」は不可能であろうし、「目標配賦法」や「限界分析法」は繁雑な計算となって予算策定の実用には適さないだろう。

ただし「競争者対抗法」や「一定関係維持法」を参照して、わが国の脅威と考えられる相手国の防衛予算と見合うように増減を図ることも、ひとつのアイデアであるように考えられる。もちろんこの場合、軍拡競争に陥ってはならないし、相手国の防衛費の透明性が問題になることは言うまでもない。

ちなみに、わが国の国内広告市場は長らく防衛予算とほぼ同じ「GDP比1%程度」と言われてきたものの、二〇〇八年の国内広告市場（取扱高）は六兆六九二六億円と、名目GDP比で1・36%に上昇している。二〇〇八年度防衛予算は四兆七七九六億円なので、こちらは0・97%と、差が開いてきたといえるだろう。

5――おわりに

安全保障とコストという問題を考えてきたが、そこには一般的な法則や世界共通の決定方法などはない。それぞれの国が、それぞれの外部環境や国内事情に則して判断しなければならない。

あるべき姿ということでいえば、日本の政治システムが「行革もできれば、軍拡・軍縮も自在にできる」という成熟を遂げることが望ましい。組織がセクショナリズムに走りやすく、随所で「部分最適」を作って満足するという日本の組織文化を変えていかなければならない。

つまるところ、安全保障にかけるべきコストという問題は、どのような防衛が望ましいかというスペシャリストによる積み上げが前提となる。その上で、ゼネラリストたる政治家が、「高度な常識」に基づいて判断するほかはない。対GDP比はあくまで目標値や参照値にとどめ、わが国の安全保障環境の変化に即応して、防衛予算の増減が戦略的に決定できるようでありたいものである。そうすることによって初めて、われわれは防衛力と経済力のベストミックスという問題を、正しく分析し、判断できるようになるはずである。

〔注〕

〔1〕『日本人とユダヤ人』(イザヤ・ベンダサン、山本書店、一九七〇年)

〔2〕一九九五年にペンタゴンが発表した「東アジア戦略報告」(いわゆるナイ・レポート)の冒頭部分。当時のナイは米国防次官補だった。

〔3〕かつてはGDP(国内総生産)ではなくGNP(国民総生産)が基準として使われていたが、一九九三年からGDPを使うようになっている。

〔4〕経済学は、元来が平和の学問として軍事を扱うことに消極的であったし、また戦争を扱う場合はほとんどマルクス経済学によるものであったという経緯がある。

〔5〕アメリカでは軍人を労働人口にカウントしない。日本の自衛隊は「雇用」として捉えられており、労働人口に含まれている。

〔6〕一九四八年から軍隊を廃止しているコスタリカは、GDP世界第八〇位の経済力(二〇〇八年)に過ぎない。

〔7〕仮に自由な資本移動と独立した金融政策を選択すれば、これは先進国に多くみられる変動相場制となり、為替レートの安定は期待できない(日本などの場合)。また、独立した金融政策と為替レートの安定を確保するためには、管理フロート制やドルペッグ制などにより、自由な資金移動を制限せざるを得ない(中国などの場合)。さらにEUは、統一通貨ユーロを採用することによって自由な資本移動と為替レートの統一に成功しているが、金融政策は欧州中央銀行に委託し、各国が決めることはできなくなっている。

〔8〕五百旗頭眞教授が、「日本外交五〇年」の中で、これとほぼ同じモデルを使って戦後外交論争の構図を説明している(日本国際問題研究所『国際問題』記念撰集、三九二頁)。

〔9〕例えば『「No」と言える日本』(石原慎太郎・盛田昭夫、光文社、一九八九年)が有名である。

〔10〕防衛装備品は競争入札が原則とされているが、随意契約が約七割を占めるといわれている。(「基礎

からわかる『防衛産業』」（読売新聞、二〇〇七年一一月一七日）
〔11〕軍産複合体（Military-industrial complex）という言葉は、一九六一年にアイゼンハワー大統領が退任演説で使って有名になった。
〔12〕一九八七年のチャド内戦では、政府軍と反政府軍がそれぞれトヨタのピックアップトラックを改造して使ったために「トヨタ戦争」の名がついた。
〔13〕「新たな防衛計画の大綱に向けた提言」（日本経団連、二〇一〇年七月二〇日）
〔14〕同右
〔15〕以下の計算は、ストックホルム国際平和研究所の統計データを参照した。
〔16〕『市場創造のマーケティング』（田内幸一、三嶺書房、一九八三年）

第13章

総括座談会

「総合的日米安全保障協力に向けて」

秋田浩之
金田秀昭
谷口智彦
谷内正太郎

谷口　東アジアの安全保障環境は中国軍事力の急伸とうち続く朝鮮半島情勢の不安定を主因として、変化の只中にあります。二〇一〇年は、南シナ海で中国が拡張意欲を露わにしたこと、尖閣列島周辺で中国漁船が我が国巡視艇に衝突、次いで北京が激烈な対応に出て日本のみならず周辺各国や米国の眉をひそめさせたこと、さらには北朝鮮が韓国に対し戦争行為と呼ぶべき挙に出たことなどによって、ひとつの歴史的画期をなしました。

日本の路線を追求する

座談会は、今後安定よりは不確定な要素を増していくであろう東アジア・国際環境において、日本はいかなる路線を追求していくべきか探ろうとするものです。

お集まりいただいたのは研究会でコアをなす皆さんですが、谷内正太郎さんは二〇〇五年から正味三年外務次官の職にあり、日中・日韓関係を前進させました。しかし歴史はこの時期を、日本が大国としておのれの進む道を明示しようと、戦略的外交を試みた期間として記憶するでしょう。「自由と繁栄の弧」を育てると打ち出したのは、麻生太郎、安倍晋三両氏の旗幟《きし》であるとともに、谷内次官のシグナチャー・ポリシーでもあったわけです。

第13章

総括座談会

「総合的日米安全保障協力に向けて」

金田秀昭さんは、もうだいぶん潮っ気はなくなったと見受けられますが、日本を代表するアドミラルのお一人で、由来国際マインドに富む諸国海軍とその関係者が集まる会議などありますと、開催地がどこだろうが始終参加しておいでです。米国のみならず諸国海軍の動向にそのため詳しく、とりわけミサイル防衛に関しては早くから造詣を深めてこられた。その点でも有名です。

秋田さんは霞が関と永田町、それに市ヶ谷方面を取材する現役記者ですが、もしかすると日経という経済・産業を主戦場とする新聞ではやや傍流にいるのが幸いしてか、独自のニッチを確保し自由に物事を見てきた方です。米中双方で特派員を務め、それぞれの外交・安保政策に親しんだ経歴をもち、複眼的視野から日本の安保を語れる人でもあります。

かく申す私は一参加者ならびに司会を兼任します。元来は記者、のちちょうど谷内さんが外務次官の時期に外務省で報道と広報、つまり日本ブランドのマーケティングに携わりつつ、谷内さんたちがつくる戦略の発信に微力を尽くしました。

ではまず谷内さんから口火を切っていただけますか。座談会に基調を与えるため、少し長めの発言をお願いいたします。

日本の将来をどうする

谷内　我が国の外交的影響力が右肩上がりで伸びた時代はとうに過ぎたという、この認識から出発したいと思います。

経済の高度成長を経てやがて世界最大の債権国となる一連の過程は、日本の外交力が継続的に伸びた時期でした。米国始め日本のパートナー諸国は、力をつける日本により大きな役割を期待したので、我が国に対する世界の期待値も、同じように右上がりの曲線を描いた時期だったといえます。けれども一九九〇年代からこのかた、長引く停滞は、日本という国が際限のない下降を続けているかの印象を世界へ与えています。あたかも「坂の下のぬかるみ」でも目指しているような。

経済力が国力を伸ばし、周囲の期待に応えようとする努力が国際的地位をさらに押し上げるという上向きの好循環が成り立った時期は、もうとっくに終わったのだと思う必要がある。

数字を尺度として日本に上座が用意された時代が過去にいくらかあり得たのだとすると、経済規模において中国に世界第二位の座を持って行かれた二〇一〇年という年は、そのようなお膳立てが簡単には用意されない時期に入ったのだということを否応なしに窺わせ、象徴的でした。

経済力が落ちるなら、外交力も落ちたって構わない、仕方がないと、そんな諦念に立つなら話は別ですが、これはあらゆる不都合を甘受していく路線です。選ぶことはできません。ならばこそ、日本は外交や安全保障にこれまで以上の知恵を絞り、努力も傾注しなくてはならないのだと、それが私の主張です。

日本が自らの国益を伸ばしたいと考える限り、望ましい環境、条件をもたらすことを追い求めなくてはなりません。それには経済力が相対的に落ちていく中、外交の負うべき役割が高まりこそすれ、低まることはない。一方が後退するなら、他方を押し出さなくてはならないと、そういうことだと思います。

それでは日本外交とはいったい何を目指すべきか。

善をなすかけがえのない国、日本をそんな国に

煎じ詰めたところ、世界に日本という国があることが善である、みなの役に立つと思われる

国にする、しなくてはならないということです。日本があるがゆえにこそ、世界は平和であり、繁栄するのだと、そういう認識を勝ち得ていかなくてはならない。

ここはひとつ、どうすればそんなことができるか熟慮を要するところですが、世界の中の日本を考えようというのですから「戦略的」発想が要る。すなわち、相手がある中で自分の利益をどう伸ばすことが最も適当か、環境因子を変数として考慮に入れ、さまざま思考を凝らすということです。

その際、歴史という縦軸と、置かれた地理的条件という横軸を踏まえない限り、思考は座標を失って漂流してしまう。いかなる戦略的思考にも、この二つの座標軸を定めておくことが欠かせません。

では、それぞれの軸をどう考えておけばいいか。私の見方ではこうです。

明治維新以来、日本人には「自立への衝動」がありました。いまも、ある。しかし、戦後は、左右からの「自立への衝動」を抑えつけながら、「米国への依存心」と功利主義に立って生きてきた、ということです。

後者すなわち「米国への依存心」が甚だ不健全なものだということは、成年に達しながら親の脛をかじる子供の精神状態が尊敬に足るものか、自問してみればたちどころにわかる話です。

米国への依存心理を消し、これを、価値と利害を共有する者への連帯意識に置き換え、元からもつ自立心、自立への衝動と、初めて健全な結合をもたらしていく。日本外交の課題とは、国民心理を考慮に入れて定義するなら、このようなことをなしていくことだと言えるのではないでしょうか。

米国の戦後対日占領方針は相対的に賢明で、しかもかなりの程度寛容なものでした。加えて、昨今の学生諸君には到底ぴんとこないかもしれないが、米国の経済力たるやはるかに仰視せざるを得ぬ圧倒的なものだった。

「民主主義」にしてもそうです。あまりにも気高く清浄で、触れたが最後、一生手を洗いたくなくなるというと大げさかもしれませんが、それは崇拝心理を呼び起こす何物かでした。戦後の論壇誌を読めば、その頃日本人がもっていた感情のいくらかは追体験できます。そして「民主主義」と「アメリカ」は、かなりの程度置き換え可能な同義語でした。

それればかりではありません。貧しさにあえぐ日本が見出した国際環境とは、世界でも稀なことにソ連、中国という共産主義両巨頭と直接対する最前線のそれでしたから、単身生き抜くことを許す容易な類のものなどでは、まるでなかった。

それやこれやが重なり、やがて後には、軽武装路線ですと経済建設へ資源を集中しやすいものだから、それなら維持できるだけし続けようという計算高い心理も働いて、われわれには米国への極めて手前勝手な依存心が高まり、今日に至るも根付いたままなのだと思います。

ところが、その一方、自尊自立を説いた福沢諭吉ほか明治の先達たちが目指した「坂の上の雲」は、決して輝きを失わない。欧米列強が加える圧力を跳ね返し、いわばすっくと立とうとした自立への針路こそは、われわれの父祖たちが目指した道であって、そこに立ち戻るべきだという、これもまた深く根付いた衝動がある。

私はこれを気高い心情だと思うし、多くの日本人がそう思っている。いままでともすれば、自立への衝動は底流でうずいたまま、表面では打算の混じった、しかし真情にも裏打ちされたアメリカへの依存心に動かされてやってきただけに、時々暗渠が開いて自立衝動が首をもたげると、それは親米でなく反米だというような、アメリカへの「アンチ」として現れがちでした。

自立衝動と日米同盟に折り合いを

こういう所詮は姿を変えただけの甘えに身を委ねるのでなく、日米同盟の精神的基盤を、明治以来の自立衝動と安定的に結び合わせてやらねばならないのだと思います。

それには、逆説的なようだが、日米同盟に対して「いったい何のため、どれほど利益をもたらし、役に立っているのか」という冷酷無比な計算尺を当て直し、これを秤量し直してみることではないでしょうか。

谷口　「横軸」すなわち地理的生息空間の分析がまだですが、いま谷内さんがおっしゃった最後の結論とは、こうも言えますか。日米同盟を所与の前提として無批判、無自覚的に継承するのでなく、今日ただ今新たに結び直すいわば現代版吉田茂にでもなったつもりで、我々は客観的に見つめ直すべきだ、と。そうした心理的作業を経たうえで、日々これを選択し直す大人としての主体意識をもて、と。

谷内　そうです。日米同盟を、あえて言いますが利害と打算で冷静に見直し、主体的選択の対象として相対化する。そういう知的な作業が必要だと思っているのです。

アメリカ人が好きか、それとも嫌いかは、この際ほとんど考慮の対象になりません。土台、ひとりで完全に生きていける自立国家など、この世にあり得ません。自立衝動はどの国、国民にもあるが、誰もがどこかでそれと現実を見比べ、折り合いをつけているのです。

だったら日本の場合、どこと手を結ぶのがおのれの国益に最もかなうのか。そこを出発点として、日米同盟を選び直すべきだということです。

谷口　では横軸、といいますのは？

谷内　これは日本が置かれた地理的条件からほぼ不可避的に導き出されるものです。日本とは、大陸の周縁に位置する海洋国家である。日本のそうした地政学的条件から発想する、と言い換えてもかまいません。

マハン（Alfred Thayer Mahan）が提起したシーパワーと、それに対するランドパワーという古くからの考えがあります。いまこの二分法を世界の中でこれから東西両横綱となるだろうアメリカと中国にあてはめますと、アメリカはシーパワーであり、中国は本質的にランドパワーです。

ところが今、このランドパワーたる中国がシーパワーともなろうとして、急速な海軍力の増強と行動範囲の拡大を図りつつある。歴史の教えるところこのような場合、すなわちランドパワーがシーパワーにもなろうとするときには、既にあるシーパワー諸国と連携・協調を図らねばならないが、往々にしてそれがうまくいかない。紛争を招来するという事実があるわけです。ひるがえって日本は、徹頭徹尾シーパワーである。ここから、日本の立ち位置がおのずと決まってくる、というのが一点。

もう一つ、同じく地政学者のマッキンダー（Halford John Mackinder）やスパイクマン（Nicholas

J. Spykman）が昔言った図式として、中心と周縁、ハートランド（heartland）とリムランド（rimland）という考え方があります。

日本を考える横軸は、地政学

ハートランドを支配する国は世界を支配するという、そのような発想です。これを食い止めるには、リムランドの国々が民主的な体制を持って連携することが重要になる。再び日本はこのどちらに属すかというと、申すまでもなくリムランドです。すなわち日本は、リムランドに属す民主主義諸国、ことにシーパワー・海洋民主主義諸国との連携を築いていくことを、日米同盟強化と同時に考えていく必要があると、わたしは考えている。それが、横軸として意味していたことです。

谷口　今の谷内さんのお話を、基調的提言としたうえで、座談を進めていきたいと思います。

地政学・ジオストラテジーとは、政治地理学とも称されます。しばしばエセ学問であるかに言われ、その傾向は、The Breaking of Nations（邦訳『国家の崩壊』）を書いたクーパー（Robert Francis Cooper）じゃないが、欧州において強かった。彼らの自己認識によれば、欧州とはウェストファリア以来の領域主権国家体制を超克し、ポストモダン世界へ移行したはずだったからです。

長いこと、ヨーロッパの参加者が多数を占める会議などで地政学的見地から発言する者は、卑陋なものでも見るかに顔をしかめる反応を予期しなくてはなりませんでした。それがここ二、三年ですかね、随分と変わってきた。

谷内 地政学がもう古いと言われた時期は、実は核という最終兵器と、その運搬手段である弾道弾が発達するに従って、地理・距離の影響度合いが希釈化した時期と重なっていました。国際紛争における地理的要素が二次的、三次的になったと思われた冷戦期に、地政学はもはや無効だと思われたわけです。

いま再び地政学が人の口にのぼるようになったのは、ですから偶然ではないのであって、核兵器が使われない兵器になり、米ソ対立が後景へ退くと、政治地理学がいまだに生きていたことに気づかざるを得なかった、と、そういう次第だろうと思います。

早い話、ロシアはランドパワーである立場で充足するかといえば、そうではない。ロシアにしても中国同様、ランドパワーからシーパワーでもあろうと、機会をとらえて拡張してきます。二〇一〇年秋、ロシアのメドベージェフ大統領が我が国の北方領土を訪問しましたが、あれなどは、まさにそのような営みであろうとわたしには見えました。

谷口　なるほど大陸をまたぐミサイルによって狂気の均衡が続いていた間、地政学は死亡宣告を受けていたのかもしれません。いまや通常兵器体系の復権ならびに新興勢力の台頭に伴って地理が再び政治化し、すなわち地政学を復興させたと、こういうことですね。

違いをもたらしたものは、中国の権益拡大と軍事的プレゼンスの増大であり、二〇〇八年リーマン危機以来進んだ欧州政治経済力の後退でしょう。さしものヨーロッパ人にしても、パワーバランスのシフトという優れて地政学的現象に目を奪われざるを得なくなった。インド人になると、地政学でしか世界を論じないと言ってもいいくらいですし。

金田さん、谷内さんのお話に思うところがおありのようですが。

インフルエンシャル・パワーを目指せ

金田　米国と並ぶ世界の大国になることを、日本は目指しておりません。また目指すことには無理がある。しかし、地域における一大勢力ではあるし、世界における「インフルエンシャル・パワー（影響力のある国）」という地位は守り、伸ばしていかねばならないと思います。日本の人口やもてる能力にかんがみて、それは十分に相応しい。日本は世界で価値を認められ、尊敬される国家になるよう努力していくべきだとする谷内さんの意見に賛成です。

また、谷内さんが言う「自立」とは「independence」の意味だと受け取りましたが、「autonomous」すなわち「自律」を求めることは、国の大小にかかわらず可能だと思います。それは、国防・安全保障政策において、自らの判断により同盟国を選び取ることです。あるいは準同盟関係、友好国関係のいずれを構築し、はたまた距離を置くのかというように、相手国の選択を時と場合に応じ適切に進めることのできる国になる、という意味です。

ある国、例えば米国と同盟を結びたいと考えたとして、相手からも日本を同盟を組むに相応しい国だと思ってもらわなくては始まりません。先方から見て魅力的な、価値の高い何かを具備していなくてはなりません。

それは少なからず軍事力であるというのが、今も変わらぬ現実だと思います。わたしの経験からしても、そこが土台であろう、と。意外に思う向きがあるやもしれませんが、日本の軍事力といいますか防衛力の評価は低くありません。米国に魅力を感じさせるものである。そこが、同盟維持という目的上、欠かせない一点だということは強調しておきたいと思うのです。

日米共同訓練などを通じ冷戦時代から築き上げてきた日本の軍事能力、特に対潜戦能力や対機雷戦能力は、一朝一夕にして出来上がるものではありません。米国はこのことを知悉しています。日本は頼もしく、大事なものとして米国に映っているはずです。中国が軍事的に勢いを増しつつあるかに見える今、このことがもつ価値は増しこそすれ、減じることはないと言っていいでしょう。

谷口 仮にバランスシートを日本国について想定してみますか。そのうえで自らの資産・負債を言わば不断に値洗いし、時価評価せよ、と。防衛・軍事力とは当然にもバランスシートの資産サイドに立つものだけれど、これも常々そのバリューを点検しなくてはならない。そのような態度からは、日米同盟をどう役立てていくか主体的発想が生まれてくる。

座談会の入り口に当たり、この考え方が大体共通認識として浮かび上がってきたように思います。

次に秋田さんから。中国のあり方が世界とアジアにとって大きな変数であることは間違いないわけですが、米国はこの変数をとらえようとして実はいくつもにぶれてきたのじゃないですか。最近アメリカで得てきた観察を踏まえ、そこらはいかがですか。

中国の未来をどう見る

米国の対中認識、リアリズムへ収斂

秋田　指摘された点について米国には確かに二つ、相矛盾する見方が存在しましたが、ここへきて一つに収斂しつつある。それが最近の傾向かと思います。

これまであった見方の一つとは、経済的な相互依存を深めるにつれ、中国は各国のパートナーとして相応しく振る舞う責任大国になるだろうとするものでした。リベラリズムの立場に多い見方です。二国間の相互依存に加え、多国間にまたがる経済協力の枠組みが整うに従って、中国を取り込んでいくことができる。一種の予定調和的な発想が、この立場にはありました。

それとは異なる見方に立っていたのが、リアリストたちでした。中国は台頭するにつれ、すべからく既存の秩序や覇権国へ挑戦する勢力になるだろうと、この立場は考えます。

中国とは「うまく」やっていかなくてはならない。また彼らリアリストにしても、中国との経済相互依存が何らかの協力関係につながる可能性まで否定するわけではありません。しかしそれには自分たちが十分に強く、中国をして挑戦者にならせるのでなく、ステータス・クオを受け入れざるを得ないよう仕向けていけるほどでなくてはならない。そういう考えです。

前者はどちらかといえば国務省や経済官庁に、後者は国防総省に多かった考え方だと思います。

オバマ政権は、まさにこの前者を試しました。発足してから二年、様々な米中対話の枠組みを広げたのがその証拠です。

しかし、二〇〇九年暮れ、コペンハーゲン気候変動会議において中国が示したオバマ大統領その人に対する公然たる挑戦に始まり、その後様々な中国の行動を受けて、中国は本当に責任大国となるのかどうか疑問だとする見方に、米国政府の比重が移ってきている気がします。国務省がそうですし、オバマ大統領自身も、デンマークで一種の辱めを受けて以来、米中対話に過剰な期待を抱くことは禁物だと思い始めているように思います。

谷口　中国の台頭は「第二章」に入ったのでしょうね。

第一章は、その章題が鄧小平の例の遺訓です。「韜光養晦、決して目立つな」という。米国の支持を得てＷＴＯに入れてもらう（二〇〇一年）まで、これは必須不可欠な処世訓でしたでしょう。

しかしこの物語、ナラティブに、北京は自らもう終止符を打ったと思います。二〇一〇年はその意味顕著な特徴のあった年で、中国が自己主張を明確に打ち出したという点、記憶にとどめるべき年でした。

中国はアフリカにおいて、新植民地主義はかくやという振る舞いをし、ヨーロッパをいたく刺激した。それからインドを東西南北から地政学的に締め上げている、少なくともインド人がそのように見て強い警戒信号を発している。

中国はいくつものチャネルを通じて、リスポンシブル・ステークホルダーにはなれないのだ、と。クルーグマン（Paul Krugman）がコラムで使った言葉を借りるなら「ならず者大国（rogue super power）」かもしれないという印象を植えつけることに、皮肉にも成功してしまった。それが二〇一〇年の状況だと思います。

日本を挟んで伸びる中国のシーレーン

中国はカナダからはウラニウムと石油、天然ガスを、チリからは銅やリチウムなどを買っています。カナダに伸びる海上交通路は北方領土をかすめて伸び、チリへは沖ノ鳥島周辺を通っ

図表13－1

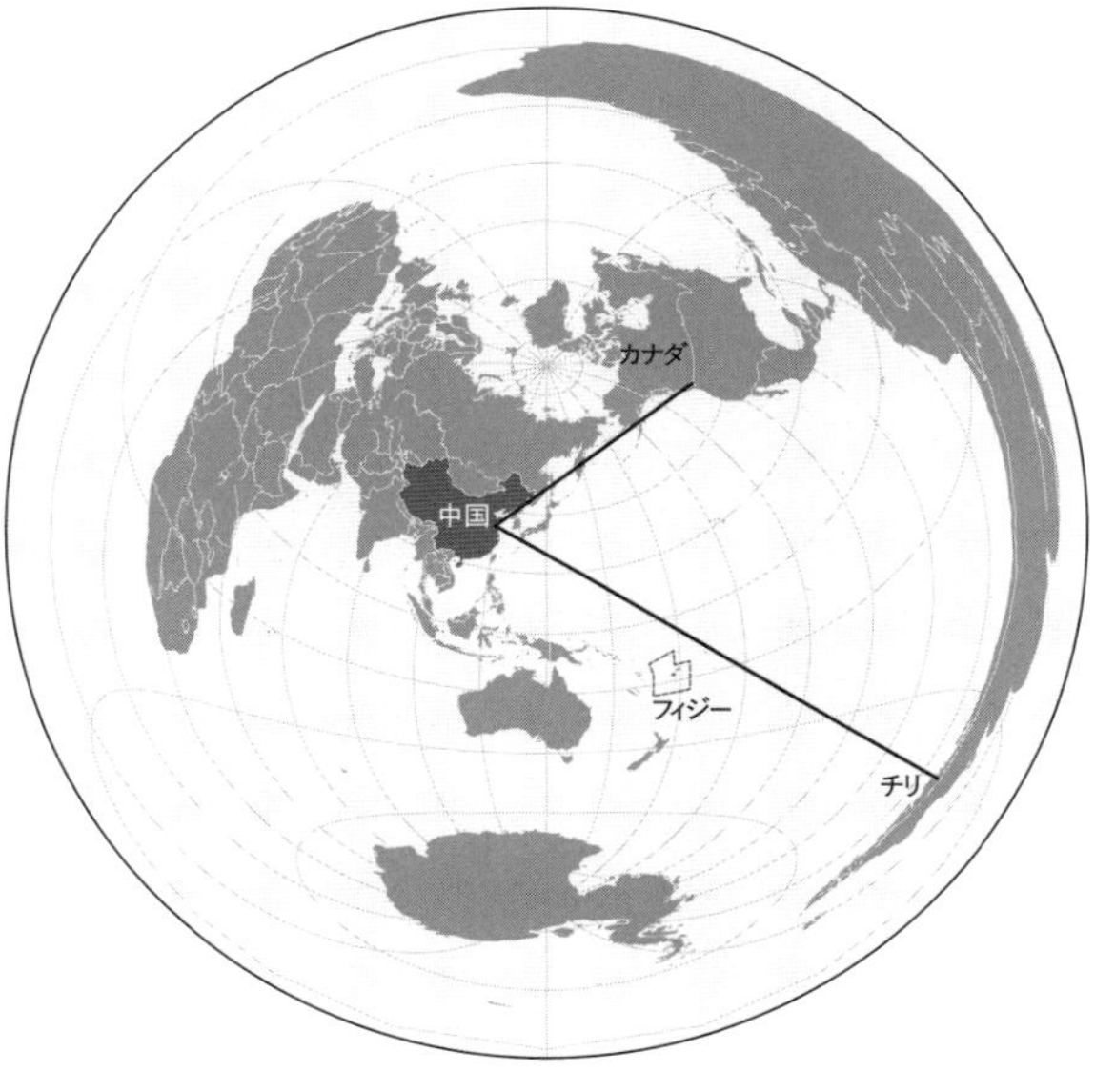

てフィジーをかすめ、太平洋を南西へ下りていきます。

扇状に伸びる二つのシーレーンは、日本列島をちょうど南北で挟み込む形になります。北方領土や沖ノ鳥島の戦略性はこの一事をもってして明白ですし、中国が沖ノ鳥島を島ではない、岩礁であって排他的経済水域を有しないなどと主張する理由も、ここから読み取るべきなのだと思います（13-1図参照）。

これら国益のかかる海上交通路を、中国は米海軍に意のままさせてよしとするでしょうか。しそうにはない。

そのよい証拠として、中国は影響力を築き上げたフィジーで港湾や船舶補修施設をつくろうとしています。アフリカからも莫大な量の資源を輸入していますから、中国の経済的利害は全方位的に、しかも急速に拡大しているわけです。

米国が、これを自分が提供する安全保障体制の下、摩擦なく進むと考えたのだとしたら、それはやはり甘かったと言うべきで、中国は自らの経済ステークを自分の手で守る方向を明確に打ち出している。それも二〇一〇年、顕著になった特徴ではないかと思います。

そうしますと、これは、昨日、今日の話というよりしばらく続くトレンドと見ざるを得ないわけなのですが、秋田さん、続けていかがでしょうか。

リーマン危機後、中国は変わった？

秋田　私も、二〇一〇年は大きな節目の年だったと思います。それにしても、中国の対外行動がここへきてなぜ変わったのか。その理解を深めておくことこそが、日本の外交政策上重要だと思います。

そしてその点、近くにいるわれわれが見る見方と、遠くから巨視的に見がちなアメリカが眺める眺め方とは、同じ中国を見るにしても同一ではありません。今後日米で中国政策を擦り合せていくためにも、ここにおける違いを弁えておく必要があると思っています。

谷口　もう少し補足してください。

秋田　ええ。日本にいて近距離から中国を見ますと、より多く問題が目につきます。失業問題、所得格差、環境汚染に水不足、等々です。内部に矛盾を抱えている現実がよく目に映るわけです。

すると、目につく問題を因果関係の因と見立てたくなる。まさにそうした問題を抱えているからこそ、中国の指導部は結果として対外的に強硬な姿勢に出ざるを得ないのではないかと考えやすい。「本当なら中国のリーダーたちも、よその国々と友好的に協調したいはずだ」とする一種の性善論的解釈をしたうえで、足元の問題がそれを許さないのだ、と見做したがるわけです。

アメリカはそんなふうに見ません。内政の困難から関心を逸らせることが動機だというなら、この一、二年、とみに中国の対外姿勢が硬化したのはなぜなのか、急転ぶりの説明が十分にはつかないではないかと考える。

やはり、二〇〇八年リーマン危機以降、経済上の難局が欧米諸国を襲った事態を中国は千載一遇の好機ととらえたと見るべきであろう。敵失を有利に用いようとするのは、米国主導の世界システムにこの際書き換えを狙っているからだと、ロジックの赴くところ、そういう見方になります。こう見てこそ、二〇〇九年を契機に中国が強気に転じた理由を説明できるのだ、と……。

谷口　なるほど。北京五輪という民族の一大祭典もなんとか終えて、喩えは悪いが猫を被っている必要も減ったのですしね。

ここで中国海軍力の増強に関心を絞るとして、まず金田さんから全体像をお聞きしましょう。

チャイニーズ・マハニズム

金田　中国海洋進出の狙いには、二つの戦略があると集約してみたいと思います。グローバルな意図と、リージョナルな戦略の二つです。

まずは事実として、中国は国防費を二十一年連続、二ケタで伸ばしてきた。純増分のほとんどは、海上、航空兵力や宇宙、ミサイルなどの増強に向かってきました。手に入れつつある能力は、そのラインナップを見る限り目覚ましい勢いで増えています。

それによって何を目指そうとしているか。

先ほど谷内さんからシーパワーのお話が出ました。一八九〇年に、米国の海軍少将アルフレッド・セイヤー・マハンが唱えた海洋戦略論で使われた言葉ですが、彼は歴史上の海洋をめぐる覇権争いに色々な教訓を得て、アメリカが強国となるためにはシーパワーを建設していくべしということを示した。それがシーパワー論の発端でした。

シーパワー論とは、単純に海軍を強くしろという主張では、実はありません。生産のための「産業力」、交易のための「海運力」、資源入手および交易市場確保のための「植民地経営」、これを三循環要素と言いますけれども、これらすべてを確固たるものにせよという主張です。なぜなら歴史上、三循環要素を欠いたポルトガルやスペインは、一時的には栄えたものの結局力を失った。イギリスが成功したのは確かな三循環要素を築き、それを支える海軍力を備えたからだとマハンは言うのです。三循環要素プラス海軍力、それがシーパワーだと提唱したのです。

当時、米国の政治リーダー達はこの考えに乗りました。そして太平洋を西へ進んでハワイに進出し、一九世紀末にはフィリピンに到達するわけです。その横軸と、日本が第一次世界大戦の結果として国際連盟から委任統治を託された南洋諸島へ向かう日本の縦軸とは、当然交錯するわけですから、日米が太平洋を舞台に衝突する「太平洋戦争」は、歴史の必然という側面がありました。

ともあれいま中国の海洋進出や海軍力の増強を見ていると、チャイニーズ・マハニズムと言いましょうか、中国人自身がそう呼んでいるわけではないけれども、中国はマハンの路線をなぞっているかに見えるのです。先ほど指摘があったカナダやチリへの進出に加え、アフリカや中南米の小国で、中国は既に多くの権益を築いています。パナマ運河はもはや「中国のための」運河になったと言って必ずしも誇張でない現実もある。

先の三循環要素で言うなら、資源の入手先として、自国商品の売り先として、さらには将来における軍事力の前方展開拠点として、中国は世界の要所にプレゼンスを築きつつある。マハンならこれを「植民地主義」の現代版だと言うでしょう。

加えて今や中国は造船業や海運業で世界のトップを行き、「海運力」の充実ぶりたるや目覚ましい。「産業力」の躍進は言うまでもありません。すなわち中国の三循環要素は、既に揃っているわけです。

残るはこの三循環要素を守るため、世界的規模の海軍力をもつことである。大事業ではあるが、世界はそれに向け中国が着実に歩み始めた姿を目撃しつつある。すなわち中国がシーパワーとして面目を整えつつある姿を、今日われわれは目の当たりにしていると、そんなふうに言えるのではないか。

もしも中国が、既に確立した国際法、国際慣習・規範に忠実で、自らの進路について説明責任を怠らず、地域や国際社会と調和しつつ進んでいくというのなら、その限りにおいて問題はない。

けれども現実には、地域や世界に疑念を与え、摩擦を起こし、時には欲しいものを力ずくで奪取するなど、その手法には強引さが目立ちます。このままだと確立された国際秩序が大いに動揺しかねないとして不安を昂じさせているというのが、アジアのみならず、世界の状況でしょう。

中国が考える聖域、制域、征域とは

谷口　チャイニーズ・マハニズムとは、中国が百年前の軍略家が残した教えの忠実な生徒たろうとして出てきた路線ではもとよりなく、およそ世界に広がる権益をひとりで守ろうとする限り、辿らざるを得ない道なのだと、そういうことなのかもしれませんね。考えてみれば中国はグローバルな同盟相手をまるで持っていないので、こういう方向へ行かざるを得ないのかもしれない。金田さんが言うもう一つの、リージョナルな視角についてはどうですか。

金田　ここで重要なことは、日本に譲り、あるいは台湾で譲歩することは、絶対にあり得ない、なぜなら抗日戦争に勝利し、国共内戦に勝ったというナラティブに正統性の根拠を置く中国共産党とその軍隊・人民解放軍にとって、ここでの弱腰は自らの存在証明に関わってくるという事実を繰り返し認識しておくことだと思います。

そこから、近海における彼らの戦略が出てきます。尖閣列島や台湾が絡むと、ともすれば異様な行動に出るのは、そこに妥協を許さない固い利害があるからです。

この考えからすると、台湾の周辺海域、すなわち我が国領海に接する東シナ海と、南シナ海、さらに西太平洋は、外勢の進入を許さぬ海域としておきたいはずです。現実には、米軍があり、日本の自衛隊がいて、台湾の軍事力も侮れませんから、中国の構えはおのずと長期的なそれになる。

これらを与件とし、中国にとっての「核心的利益」を固守しつつ臨機に攻勢を掛けるためには、いかなる軍事態勢を構築する必要があるか。わたしなりに彼らの考えを推測するに、いま

図表13－2

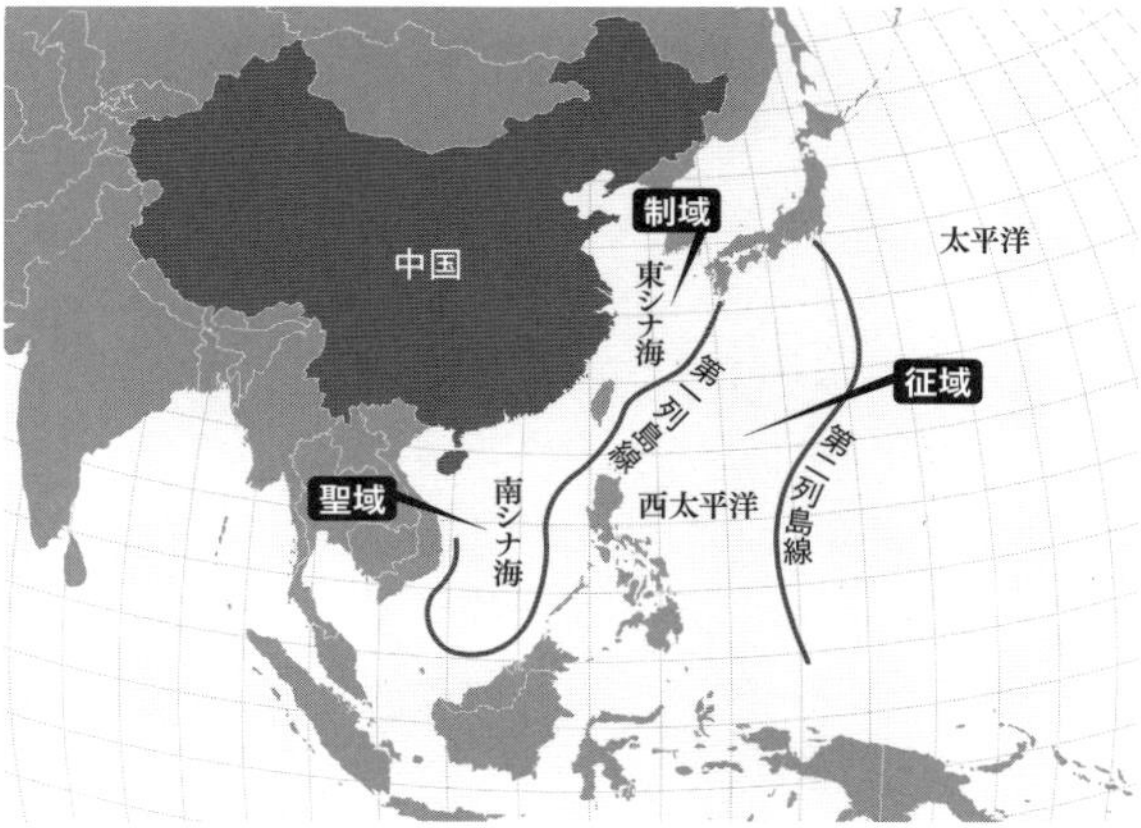

言った三つの海域、すなわち南シナ海、東シナ海、それからいわゆる第一列島線と第二列島線が挟む西太平洋の三海域を、「三つのセイ域」と見ているだろうと思います。

谷口　カタカナの「セイ」域だと言うのは……？

金田　聖域、制域、そして征域、です。

中国は南シナ海を「聖域」にしようとしている。ここでは周辺諸国の海軍力が弱体です。国力の差も大きい。自分の意図を通しやすいので、中国にとって都合がよいよう領海法を施行し、海南島を原子力潜水艦基地とするなど、サンクチュアリー（聖域）にしつつある。いずれ就役するであろう空母が遊弋《ゆうよく》するのは、もっぱらこの聖域においてとなるでしょう。

東シナ海で追求するのは「制域」化です。ここでの制とは、制海権の制。中国沿岸部から太平洋へ自由に出入りできるよう、通路に当たる東シナ海を自国のコントロール下に置きたいでしょう。尖閣諸島をめぐる中国政府の対応振りは、その意図を強く印象付けるものだったと思います。

一方、第一列島線と第二列島線が挟む西太平洋海域は、中国にとって「征域」というべきものと考えます。絶対防衛線である第一列島線からできるだけ遠方に、敵を征するためのバッファーゾーン。それが「征域」の意味です。

すなわち日常的には東シナ海を制域化することで艦船行動の自由を確保しておき、いざという場合、征域化した西太平洋で敵の進入を征するというやり方です。

だからこそ、中国は近接阻止・領域拒否（Anti-Access/Area Denial、A2/AD）の能力を、まさしく西太平洋で、わたしの用語では征域で、拡充し続けているのだととらえることができます。征域の先端が、第二列島線。これを出来るだけ遠方に押しとどめ、第一列島線防衛を万全とする。それは実力次第であって、そのために空母、原潜、大型水上艦、対艦弾道ミサイル、対艦巡航ミサイルなどを鋭意開発していると言えます。

谷口　座談会の議論はいま、日本の戦略環境の分析をめぐって続き、焦点が中国に当たっているところです。それにしても別掲の図にあるとおり、我が国の玄関口は、中国が制限し、征圧しようとしている海域に向いているわけですね。よくよく弁えておくべき点だと思えます。

軍事戦略からしばし離れ、中国の国際秩序観に関心を移しましょう。谷内さんに、実地の交渉経験を踏まえお話しいただきます。

中国型秩序観は現状と折り合うか

谷内　所詮は感覚的な感想しか言えません。ただし、中国と付き合う専門家たちが比較的共有している観察に基づいたうえ、少なくとも言えることというのはあると思います。

第一に、中国人の心象風景に映る世界とはどんなものだろうか、ということ。第二に、中国の伝統的世界観とはいかなるものか。そして第三に、理念なり、価値という尺度から言えることは何か。このそれぞれで、中国は全体として現状、ステイタス・クオと折り合いのつかない状態にあり、それゆえに問題だと思っているのです。

第一の national psyche、国民の心理状態について言うと、中国とは傷ついたプライドの持ち主であって、力をつけると同時に名誉の回復を強く求め、また現存秩序に不満を覚える国だということころを理解しておくことが重要でしょう。

一説によれば、中国はおよそ二〇〇〇年間、世界経済の三割ほどを占め続けた国だそうです。それがアヘン戦争この方、「世紀の屈辱、the Century of Humiliation」を忍ばざるを得なかった。ようやくにして復権し、力を備え、今や日本を追い抜いて世界第二の経済大国となり、軍事的にも米国に次ぐ存在となった。こうした場合の心理的機制として、拡張的・攻撃的になるのは理解できないものではありません。

自分の時代が訪れたと思いきや、国際秩序の根幹はウェストファリア以来欧米がつくってきたものです。これに、叩頭する気にはなかなかなれない。そういう状態なのではないか。

もともと――これが第二の点ですが、中国が育んできた国際秩序観は華夷秩序のそれです。中華帝国皇帝が権力の中心に座し、周辺民族に対しては、朝貢によって儀礼を守る限りにおいて冊封するという、わたしの用語で言うと垂直型の秩序観でした。いわば開闢以来維持してきた発想様式ですから、現代中国人がすっかりそこから脱皮しているとは思えません。

けれども、今日にまで続く近代主権国家体制は、おのおのの国同士に力の差があるとはいうものの、たとえ擬制にしろ、すべての主権国家は対等だという前提に立つ水平型の秩序観に立っています。中国流の垂直型秩序観は、これと摩擦を起こす、起こしやすいと言えないでしょうか。

日本や米国は、長い経験の末、水平型の枠組みになじみ、こちらの方がいいと思っています。そう考える大多数の国々が歩調を揃え、水平な秩序観の方がよほど良いのだということを示し続けてやがて中国もそうなんだなと思ってくれればいいですが、簡単にはいかないと見ておくべきでしょう。摩擦は続くと思います。

第三の点とは、ことに中国と米国を比較した場合に浮かび上がってくる論点です。米国はよく理念の共和国だと言われます。普遍的価値、つまり自由、人権の尊重、民主主義と法の支配について高くたいまつを掲げ、決して下ろそうとしません。理念において信じるところが強く、トーチを高く掲げられる国とは、世界の中で今まで米国しかありませんでしたし、今もありません。それが米国にリーダーシップを与えているのだと思います。

翻って、中国にはそのような時期がかつてあり、今後ともあるのだろうか。共産党一党独裁の旗を振るわけにはいかないし、理念において他を従えていく力は、中国にありません。アメリカに代わって中国がリーダーとなることなどないと見る最大の理由は、私の場合ここにあります。

言い換えますとそのような中国――持て余すほどのプライドを、それも傷ついたまま抱え、世界観において垂直型以外を知らず、普遍的理念と価値に訴えるものをもたない国は、正統性の根拠を、経済的な成功といいますか、現世利益の絶えざる増進以外に求めることができないのだと思います。しかし、いかなる国であっても高度経済成長を永遠に続けることはできない。必ずセットバックはある。しかも、中国共産党という非民主的な政体をなんとか合理化・正当化し、生き永らえさせなくてはならないという至上命題がそれに加わります。中国が抱えている矛盾はかくも巨大なものです。

中国は日本の「ニュー・ベスト・フレンド」？

谷口　我が国国内には、これからもっと強くなる中国とついた方がいい、得だという議論も無くはありません。

米国国務省などには、日本は中国のことを「ニュー・ベスト・フレンド」だと思っているらしいといって、呆れ顔をする向きがある。「ニュー・ベスト・フレンド」という言葉はテレビの少女向けソープオペラで「なになにちゃん、わたしのニュー・ベスト・フレンドなの」といった文脈でよく出てくる。つまりコロコロ変わる類。大人にとって聞くに値する話じゃない。よくもまあ日本は中国などをベスト・フレンドと言えたものだという蔑視意識も含まれているように思います。

先ほど中国の太平洋横断シーレーンが南北から日本列島を挟撃すると言いましたが、中国をベスト・フレンドにするということは、自らにとっての戦略的生息空間をほとんど自ら放棄するに等しい選択になります。

そうなると、世界は連想を働かせるでしょう。日本円は人民元の従属通貨になり、日銀金融政策はカナダ中央銀行の米国連銀に対する関係に似て、中国人民銀行の強い影響下に組み入れられる……というように。つまり日本についての長期予測それ自体を変えてしまいます。将来予見性を混乱させるという意味で、日本全体の格付けに警戒信号が灯る。経済界で「これからは中国だ」などと言う人は理屈より実利を追っているつもりかもしれないが、かえって自分の首を絞めることになる恐れがある。長い算盤を弾いてもらいたいものだと思います。

中国が一個の巨大なる矛盾なのだとしますと、これに単身応接するのは避けるが可ということになります。同盟や友邦と力を合わせて臨むべきである、と。今あるリベラルな秩序を守るべく、自ら参画すべきだということになるのではないか。

それはともかく、秋田さん、国務省と国防総省との間に差があるとのお話でした。これは、縮まっているると見てよろしいのですか。

秋田　結論から言えば、両省の見方の差は縮まってきていると思います。国防総省は毎年、中国の軍事力を分析する報告書を作成し、議会に提出しています。二〇〇五、二〇〇六年ごろの版までは、中身をめぐって国務省と国防総省の間で大論争が起きました。中国がどちらの方向に行くのかをめぐる判断や、軍事力増強の背後にある戦略的な意図について、両省の見解が割れたものでした。国防総省は中国の戦略意図を警戒し、悲観的シナリオを盛り込みたい。しかし国務省は「悲観的過ぎる」と主張するというふうで、最終的に国家安全保障会議（ＮＳＣ）が調整し、両省の考えを足して二で割るような結論にしていた。

オバマ政権はというと、取りあえず国務省サイドの見方に軸足を置きました。中国と協力的な関係を築けるかどうか、米中対話を拡大して探ってみることにしたのです。ヒラリー国務長官をトップとする閣僚レベルの戦略対話を立ち上げたほか、局長レベルの対話もかなり活発化させました。

厳しくなった米国の中国観

ところが、中国との関係はことごとくうまくいっていません。辛抱強く対話を続ければ中国は「責任大国」に向かっていくと思ったかもしれませんが、やはりこの一年あまり中国の行動をみて、対話だけでは変わらないと考えるようになった、それがいまのオバマ政権だと思います。

結果として、対中認識における国務省と国防総省の違いは縮まりつつあるように思います。国務省側が、国防総省の警戒的な対中観に軸足を移しているわけです。今後、中国が態度を大きく改めれば話は別ですが、その可能性は大きくないでしょうね。

谷口　金田さん、同じような認識の変化を肌身で感じることはありますか。

金田　毎年六月に、英国国際問題研究所（ＩＩＳＳ）が主催しシンガポールで開く「シャングリラ会議」という集まりがあります。地域各国から、国防大臣級の参加者が集まって、いろいろと議論する。私も何回か参加してきましたが、一時期、アメリカからラムズフェルド国防長官が出たときは、彼が中国に対して率直な物言いをするものだから、中国側の出席者は嫌気がさしたんでしょう、自分たちが送り込むのは局長級に留めていたものです。

しかしゲイツ長官になって、一変しました。ゲイツさんというのは幅広くものを見ようとする方なので、言葉が柔らかく聞こえます。満を持したかのように、中国は階級が上の次官級（人民解放軍副総参謀長）を送り込んできて、シャングリラ会議の場でアメリカの国防政策を真っ向から批判する挙に出ました。これに対し、ゲイツ長官の反論は格別厳しいものではなかったんです。

見ていた私などは、これが本当の姿だろうか、米国の対中姿勢は少し揺れていないだろうかと思いましたが、やはり今では収まるべきところに収まった。秋田さんご指摘のとおり国務省が国防総省に近づいたのだとすると、国防総省の見方は、むしろより強く中国を警戒するものになったと感じています。

谷口　けれども例えば米中が軍事交流を始めるというと、ただもうそれだけで、アメリカはやはり対中柔軟路線なのではと思いたがる向きが我が国メディアにはあります……。

金田　今年（二〇一一年）の会議では、中国は国防大臣を初めて送り込んできました。そして米中国防首脳会議も行われました。確かに米中国防当局間の信頼醸成対話を進めることに米国は熱心ですが、それは対話によって中国側の変化を引き出そうとするものでは必ずしもなくて、むしろ米国の真の底力を中国に知らしめておくことでしょう、狙っているのは。中国が無理に背伸びをしないように、それによって偶発的な衝突などが起きないよう防止するという、実務的メリットを目指した協議だろうと思います。

他方、米軍と自衛隊の関係は、底流において強靭な信頼感が結びつけているところとなるとまるでぐらついておりません。二〇〇二年一二月以来、いわゆる「2＋2」閣僚協議が日米間で続いてきました。本年（二〇一一年）六月には、従来の日米共通戦略目標をより深化させた内容の共同発表が行われました。

日米安全保障体制の骨幹中の骨幹になっているのは、日米国防当局間の相互信頼であって、そこは今後も変わらないと思います。

欧州の対中認識も揃った

谷口　若干補足いたしますと、中国のイランに対する影響力ないしその不行使、パキスタンへのまことに地政学的な浸透、アフリカでの新植民地主義的振る舞い、例えば争議に集まった労働者を中国人管理者がショットガンで撃つなどしております、こういうことの積み重ねで、中国については欧州もほぼ同じ認識に到達した。

NATO国のトルコで空軍同士の共同演習をしてみたり、同じくNATO国のアイスランドがおカネに困ったのをとらえて浸透したり、中国はNATOの弱い環を切り崩しにかかっている。これへの危機感は欧州に高まっているのではないでしょうか。

谷内 それに、尖閣事件における中国の行動も、「やはりそうか」と思わせるだけの強い印象を欧州勢に与えたでしょうね。

谷口 欧州は「やはり」と思うのに時間がかかった。日本の場合は近いだけに、中国の影響力を経済、政治、外交、全ての面で強く感じざるを得ない立場にいる。でもその日本の実感的懸念は欧州などから見てそうすぐにピンとくるものではない。

非常に象徴的に言うと、日本は全ての経済的な厚生、ウエルフェアをアメリカ海軍が提供する安全の中で培い維持してきたわけで、それにいろいろな保険料を払ってきた。日米安保とは日本にとって海上火災保険だったと思うのです。

中国の秩序に組み入れられるということは、同じことを中国に対してやるということになる。それは、いろいろな形で自分の生息空間なり判断空間なりが狭まっていくということ、そのようにわたしは定義すべきだと思うのです。

米国の将来と日米同盟

秋田　それより私が心配するのは、日米同盟の寿命があとどのくらいもつかということです。日本には同盟の本分を果たしていないところがいろいろとある。集団的自衛権の行使などです。ですが、それらをすべてやったとしても、同盟はどこまで長続きするだろうか、不安はぬぐえません。

なぜなら、日米同盟とはしょせん、日本が続けて欲しいと願えば続くというものではありません。アメリカ自身が、同盟を維持したいと思うかどうか。それが最大の変数だからです。日本が仮に集団的自衛権をフルに行使する国になったとしますか。その場合でも、アメリカ国民がアジアまで出掛けて台湾や日本のため血を流す必要があると思うかどうかは別問題です。もっとも米国が日米同盟を完全に切ることはできないでしょうし、日本の基地は非常にいい場所にあるのでアメリカも手放さないと思いますが……。

横須賀の空母がハワイに引っ込む日が来る?

谷口　秋田さんが心配するのは、アフガニスタンで所期の成果を上げられない米国の中に、対外関与それ自体を厭う心情が生まれかねないという可能性についてですか。

秋田　そういうこともあるでしょう、が、それればかりではないと思います。

原因のひとつとして、中国軍のミサイルや空海軍力の増強によって、在日米軍基地が極めて脆弱化したことを挙げられます。ワシントンで会った元国防総省高官は「このままでは在日米軍基地が中国から奇襲を受けかねない。二度目の真珠湾だ」と真顔で言っていました。

さらに深刻になれば、米軍にとって虎の子の空母機動部隊を横須賀に置いていることや、F22ラプターを嘉手納に配備していることについても、安全性の見地から見直す動きが出る可能性があるでしょう。空母ジョージ・ワシントンの拠点を横須賀からグアムやハワイに引き上げ、中国軍ミサイルの射程外に移すことも将来的にはあるかもしれません。

米軍が恐れることは、中国側A2AD能力の高まりで、たとえ日本を防衛したくても入域できなくなってしまう事態です。

そこで米国防総省では、新たな対中戦略の要として「エア・シー・バトル」構想なるものを出してきました。一部に誤解し対中本格対峙戦術だと見ている向きがあるようですが、「空海戦力を効果的に使い、中国ミサイルが飛来しない遠くからまず叩く」のがその目指すところです。

うんと遠くから撃つ戦術だと言えば簡単なので、そのくらい、中国軍のA2AD能力を気にしなくてはならなくなっている。

これらは「普天間」があろうがなかろうが、早晩当面しなくてはならない問題でした。そんなふうに危険度を増しつつある場所で、ホスト国に信頼の絆がない、むしろ厄介者扱いされているとなると、留まる動機がその分低くなります。

強い同盟を堅持するには、やはり米軍が日本に駐留している必要がある。そして日本に米軍を留めておくには、ミサイル防衛などで中国からの脅威に対応するとともに、最終的には、「日本は命を賭して守るべき相手だ」とアメリカ人たちに思わせることが大切になるんだ、と。

細るアトラスの腕

谷口　秋田さんは、中国と米国のミリタリー・バランスから話をされました。中国は当面A2

AD能力の向上に精力を集中していて、確かに局部的には米海軍にいろいろ脅威になりつつあるらしい。

私は、対米依存心理のまさしく裏返しだと思いますが、日本人の中に、米国をいつまで経っても衰えない、地球を一身に背負うアトラスのような国だと決めてかかりたがる心理があると思います。

ところが米国の腕からは、いま肉が削がれて落ちつつある。財政上の大盤振る舞いはもはや不可能で、軍備の増強にも、やりたくともできないことがいろいろとある。

だったら日本として何をすべきなのか。ここも、受け身でなく自ら能動的に考えることが必要で、秋田さんが永続を前提とするなと言う日米同盟を長らえさせていくにはそれが大切なことだと思います。米国の財政赤字とか、ドル価値の下落とか、日本がアタマを絞るべきは、必ずしも純粋軍事面に限った話でもない。

間違い続けるアメリカ衰退論

谷内　これはある種の経験知みたいなものでしょうが、アメリカの力が衰えたとか、もうだめだという説は、多くの場合当たらないと思っておくべきでしょう。軍事技術ひとつとってもほかの国に比べ二〇〜三〇年は先を行っているといいます。

あれは私自身日米貿易摩擦を仕事として担当していた頃ですが、一九八〇年代の終わり頃、日本経済の方がソ連の軍事力以上に米国にとって脅威であると言われた時期がありました。その頃の米国が見せた「首座を奪われてなるものか」という感情には、少なくとも私の想像を超えるものがあった。いまでもなくなっていないと思います。当時もポール・ケネディのような「衰退学派」がさかんに米国の命運が尽きるような話をしていたものでしたが、そういうことはまだ起きていない。これからも、起きないだろうと思っています。

イギリスはかつて、パックス・ブリタニカから身を引きました。静かに退場したような印象があります。しかしあのときも、二度の大戦やスエズ危機という大動乱を経たうえでのことで、最初から静かに袖へ下がったのじゃありません。アメリカにしても、一大動乱に近い経験を抜きに、静かな退場をするなどというシナリオは、ちょっと想像しにくいのです。

秋田　繰り返しになりますが、日米同盟がたとえ続くとしても、米軍の日本駐留規模が大きく減り、事実上「駐留なき日米安保」に変質していく危険は残ると思います。

一つは財政難です。二つめは、アジアに米軍を置き続けることを納税者にどう正当化するか、です。ソ連と違って中国は敵対的イデオロギーを広めていない。経済的には有力パートナーです。ソ連の場合ほど、理屈付けは簡単ではない。

そして三番目に、ティーパーティ運動の帰趨がどうなるか。政府支出をすべからく減らせと唱える人々が力をもつと、対外的な軍事関与には逆風となるでしょう。

谷内 世間でアメリカの衰退を言う人も、聞けば「アメリカの核の傘」は必要だと言う人がほとんどです。しかし、財政難でドル価値が下落しているアメリカが、日本に対し核の傘だけは間違いなく提供してくれると決め込むのは、またもや虫のよい話でしょう。

谷口 あるはずの核の傘が、実は破れ傘かもしれない。米国の核兵器はとっくに賞味期限切れを迎えていますから、サビを落としたり油を塗ったり、寿命延長プログラムにかかっています。完動品か、疑い出すと疑念が募るものです。

しかし米国の将来を論じあれこれ心配している暇には、自分の国を自分で守る力を身につけてほしいと、米国は日本に言ってきている。金田さん、違いますか。

金田 そのとおりです。日本には長年のうちに慣習化したタブーによって、まともな軍事論議ができないところがある。艦船の推進機関として原子力を使うこと、イコール、攻撃的兵器の取得に当たって憲法上の疑義が出る、などと言われるのがその一つです。

しかし、今後活発化するのが必定の中国人民解放軍海軍の動静を探ることは、我が国安全保障にとって最も重要な活動になります。その、自国の安全にとって死活的に重要な任務を淡々とこなすことが、米海軍の負担を直接引き下げることになる。

そのためには、燃料の制約なしでいつまでも潜っていられる原子力潜水艦を保有し、隠密裡に要所で常続哨戒させておくのがいちばんなのですが、国内の言論空間はまだこの議論を受け付けないところがありますね。

そのようにして自分の責任を果たすことが、ひいては財政難その他、いろいろ問題を抱える米国をアジアに留めておくインセンティブにつながるのにもかかわらず、です。

米海軍から原潜をリースする案

新しい防衛計画の大綱によると、通常動力型潜水艦を一六隻から二二隻に六隻増やす予定だそうです。これですら、現有潜水艦の艦齢を延長し、今まで一六年で更新していたのを今後二二年まで延ばしつつ、新造船は従来通り毎年一隻ペースで造って行くというだけのことで、本質的に変化がありません。

また最新式の潜水艦は、ＡＩＰ（Air Independent Propulsion）機関を装備し、積載した酸素と水素を燃やして動力を取り出すことで長く潜ることが可能なタイプになっています。電池をリチウム電池にするなどさらに改良の余地はあり、潜航時間は長くなり得ますが、やはり原子力潜水艦のように潜りっぱなしというわけにはいかない。

もともと原子力推進機関は、潜水艦を長く潜らせ、深く沈めさせ、瞬発力に富ませるという潜水艦をより潜水艦らしくする特性があります。中国のＡ２／ＡＤ構想に適切に対応するため、そろそろ原潜の建造と保有を真剣に考えるときがきたと思いますね。

谷口　元来、海上自衛隊の対潜能力は米軍が高く評価していると聞いています。

金田　実際、手前味噌でもなんでもなく、その通りです。これに原潜が加われば、日米同盟の耐久力を増し、米国の負担を減らすことになります。

その点、私が実現性の高い方策として考えていますのは、米海軍の中古とは言いませんけれども、使用中の攻撃型原潜を、一作戦単位（三～四隻）程度借り受けたらどうかということです。米海軍が今後とも攻撃型原潜を従来通り維持していくのは容易ではありません。米海軍は原潜の六割を太平洋方面に回していますが、維持コストがかさむのです。

であれば、海自にそれを一部持たせ、海自がもともともつ通常動力型潜水艦と合わせて日本の防衛を自律的に担任させるわけです。日本近海の地勢的条件から考えると、日本の場合、原潜と通常潜の組み合わせが最適解ともなります。

そうすることにより、結果的に西太平洋における米海軍原潜の哨戒エリアを補完することにも繋がる。また米海軍は、日本からリース料を受け取ることができます。

海自は、原潜の運用技術や戦術を急速に習得することができる。原子力基本法などによって厳しい制約を受ける使用済み核燃料の後始末などといった問題の解決は、米国に頼むという手がある。双方に利益になるわけで、日本にばかり虫の良い話ではありません。

中国の対潜水艦戦能力は、まだ高くありません。アキレス腱と言ってもいいでしょう。そこを衝くことになりますので、Ａ２／ＡＤ構想もうまくはいかなくなります。

このことから得られる利益は米海軍と共有できるものでして、要するに攻撃型原潜数隻の借用により、日米共通の戦略目標達成に大きく貢献するとともに、日米間でより双務的な関係を築いていけると思います。

余談ですが、昨年（二〇一〇年）哨戒艦撃沈事件の後、米海軍は韓国海軍と海上軍事演習を行い、続いて日本の海自と共同・統合演習を行いました。韓国海軍は、今では潜水艦に加え対潜哨戒機Ｐ‐３Ｃを保有、運用しています。けれどもその運用能力は、海自に比べるとまだ随分劣るという、それが米海軍の認識でした。この地域で中国のＡ２／ＡＤ構想に対抗していくための信頼できる相手として、当面は日本に頼るしかないという判断を下していると思います。

そしてロシア

谷内　忘れるべきでないのがロシアの存在です。プーチン、メドベージェフと続く中、経済を強くし、ロシアを再び強くするナショナリズムが目立ってきました。ロシア海軍はいま何を考えているのか。海はすっかり忘れたのかといえば、そんなことはないでしょう。

金田　やはり侮り難いと思います。

実はわたし自身、日米ロ三国間の安全保障協力協議の一つに出ておりまして、ロシア軍関係者の発想をいくらか知る機会を得ました。なんといっても北極海を新たな航路にするという、そこへの注目度が高いのです。

他方、ロシアは、東シベリアやサハリンの石油・天然ガスの開発に伴い、産出物を安全に運ぶルートを開発しようとしています。ですからロシアは今、北極海からベーリング海を通ってオホーツク海ないし太平洋に至る従来のルートに加え、オホーツク海を経て宗谷海峡を抜け日本海に至るルート、あるいは沿海州～新潟間のルートなどを、どこの誰と協力しどんなふうに開発すればいいか模索しているところだと思います。そこから、日本海を巡る海洋安全保障の問題が新たに浮上します。

日本海に領土のない中国が、北朝鮮の羅津港の共同使用を始めたり、ロシアが北方領土について強硬な態度をとり、大型の揚陸艦を太平洋に配備する動きを見せる一方、日本を始め中国や韓国に対し経済・技術協力を求めるなど、これから日本海は、南シナ海、東シナ海、西太平洋とは違った意味で、北東アジアの諸国をプレーヤーとして戦略的な重要性を増していくと見なければいけません。

北方領土交渉は継続が肝心

谷口　二〇一二年に大統領選挙を控えたロシアで、北方領土に関し何か妥協をなす余裕はないでしょう。しかし、このまま放置しておくことは、新たに開拓されようとしている北極海ルートとの関連で問題だと思います。また、中国とカナダの交易路との関係でも問題になります。先に中国にとってカナダとつながるシーレーンが北方領土辺りをかすめると申しました。ウラニウム運搬船や大型タンカーが往来する航路ですから、中国は自分の軍事力でこれを守りたがるのではないか。

ある日目が覚めてみたら、中国の民間投資家と称する一群が択捉島か国後島に入っていて、ウン千億円もの投資案件をまとめていた、プロジェクトは高規格の港湾づくりで、そこに船舶修繕設備の計画も含まれていた、なんてことになるのを恐れます。これはスキームとして、そっくり中国がフィジーでやろうとしていることなので。

元来、ロシア極東部は日本の一六倍もの面積をもちながら、人口はたったの七〇〇万人です。南に隣接する中国東北部には、七〇〇〇万もの人が住んでいる。

極東ロシアの「漢族化」を嫌うなら日本に協力を求めなくてはならないはずですが、ロシアは中国と順調に経済関係を伸ばしているのに対し、あいにくと対日経済関係は弱い。本来できるはずの協力が、深まろうとしません。

さらに言うと、対米経済・投資関係もひところの勢いを失い、重要度が下がっています。つまり日本は、ロシア相手ですと日米関係をレバレッジとして使うことができない。

いま言った悪夢が現実にならないためにも、「互いが受け入れられる線」で妥結することにしたはずの北方領土交渉を少しでも前進させられたらいいと思います。少なくとも交渉している事実がないと、それこそ中国に入って来られかねません。

さてこの座談会は日本について谷内さんから基調的提言をいただき、そののち周辺国の情勢を検討してきました。随所で、自分の安全を自分で引き受けながら、日米同盟をさらに強化し、よってもって、海洋秩序の安定を民主主義諸国との連携において図るという、そういう線が出てきたと思います。ここらで締めくくりの前に、話頭を再び国内に転じて、二〇一〇年暮れに出た新しい防衛計画の大綱に関心を寄せていただけますか。

第13章

総括座談会

「総合的日米安全保障協力に向けて」

大綱に見る議論の深化

谷口　まず最初に金田さん、外交や国防について、党派を超えた合意をつくることは容易になっているのですか。「大綱」を民主党として初めて手掛ける過程で、その辺りはどうだったと見ていますか。

議員たちは防衛・安保を論じられるか

金田　安全保障問題に関して超党派的な動きは随所に見えてきていると思います。心ある議員の中に、さすがにこれではいけないという動きが出ているのではないでしょうか。

政権が変わる度、安全保障政策がぶれるようではいけない、と。おかげで防衛計画の大綱を改訂する作業は一年遅れてしまったが、そんなことも本来あってはならないことだった、と。だからなんとかしたいという動きは出ていると思います。

例えば自分が経験した例で言うと、自民党の中谷元、民主党の長島昭久、公明党の佐藤茂樹の三氏が代表となり、みんなの党、国民新党、立ち上がれ日本からも参加者を加えてつくった「新世紀の安全保障体制を確立する議員の会」という超党派の議員会合があります。防衛計画の大綱改訂の関連で呼ばれて行ってみたら、三〇人ぐらいの議員が集まり盛況でした。

今さら言うまでもなく、民主党の一部、それに自民党の大多数の方々の安保観にはかなり共通するものがあります。国防政策が超党派の合意によって決まると良いと思いますし、その素地はあるわけです。

防衛大綱に話を移しますが、二〇一〇年一二月民主党政権として初めて成立した大綱は、いくつかの意味で画期的なものだったと評価しています。

まずは、総理の諮問機関「新たな安全保障および防衛力に関する懇談会（新安防懇）」が鳩山政権下でつくられたとき、まさしく超党派的で自民、民主両党と認識を共有できる人々が選ばれ、参加したというのが一点。

「大綱」はこの「新安防懇」が一〇年八月菅総理に提出した答申に多くを拠っています。これまでの「基盤的防衛力」という考え方に代え「動的防衛力」を作るべしと大綱は言っておりますが、これなど、新安防懇が「動的抑止力」と称した概念を少し言い換えたに過ぎません。

答申はほかにも集団的自衛権の行使や武器輸出三原則の緩和など重要な論点を含み、難問を先送りしようとしない態度において立派なものでした。ある意味立派過ぎて、民主党政権に採用されるか訝っておりましたが、出てきた大綱には答申の七～八割くらいが反映されていたと思います。やはり超党派的動きが形をなしつつある証拠と見て見られなくはない。

ただ問題は、動的防衛力の拡充をうたいながら、具体的にどう変えていくか不明な部分が多いことと、構想を実現するため必要となる防衛予算が全く伸びていないことです。

谷口　大綱の作成過程をつぶさに見た秋田さんはどうですか。

秋田　私も大綱が書いた政策は立派なものだと思います。問題は、作った民主党政権の責任者が、どれぐらい本気で実現する決意を持って議論に関わったかでしょう。

民主党政権は今回防衛大綱をつくるため、つごう九回安保会議を開きました。この回数は自民党政権当時、前回の防衛大綱をつくったときより二回多い。民主党はまず会議の回数をもちだして、「自民党政権よりも政治家が議論を深めてまとめた」と自賛しています。

ただ、議論が長ければいいというわけではありません。武器輸出三原則の見直しについて当初事務方や一部閣僚は前向きだったのに、菅首相が慎重姿勢を示して表現がトーンダウンしたと聞きます。残るべきだったこうした施策が削られたのだとすれば、「長丁場の議論」はむしろマイナスに働いたことになります。

それに、どうでしょうか。政権は口では日米同盟重視を言います。普天間基地移転問題にもかたをつけると約束していますが、言葉が行動で裏打ちされているかというと、はなはだ心もとない。自分の政治生命を賭けて物事を動かしていこうとする政治家がいないのです。

そもそも冷戦期に自民党はまるで米国と肩を組んでソ連と戦った感じをもっているだろうと思いますが、ソ連という仮想敵国を常に意識させられる緊張の中、自民党政治家には日米同盟の有難さを骨身にしみて理解した人たちがいたわけです。

旧社会党系の人々には、まったく経験すらない。アタマで理解できてもそれが行動につながりにくいのは、そうした経験の有無からくる違いもあるように思います。

防衛論議が貧困となる理由

谷口　防衛大綱はいつも別表の調達品リストばかりが注目を浴びるという、このことが証明するように、やはり日本の場合守るべき価値、原則などを全然考えずに末梢の議論ばかりしてきました。谷内さん、そこらについては。

谷内　金田さんがご出身の海自などは、文字通り米軍と冷戦をともに戦い、ソ連極東海軍を見事に抑止したと思います。それだけの、誇りもあるでしょうね。

ところが、そんな事実を国民に語る政治家がついぞ出現しません。冷戦が終わって二〇年経つわけですが、ひょっとすると、冷戦下海自の働きを何も知らない国会議員の方が数で優勢になっているかもしれないと恐れます。

やはり国家の指導者は率先して安保や外交の重要さを国民に説かなくてはならなかったし、

例えば海自の働きひとつ、国民に知らしめるだけのメディアの働きも、あってよかったと思います。

これらがなされないままですから、国と国民の平和と安全を守るという仕事からあえて身を遠ざけ、アメリカの背後に隠れるといった心境が国民心理にはびこったのだと思います。結果として防衛論議が矮小なものになったのは、当然の帰結だったのではないでしょうか。

わたしたちはそうした傾向を改めたいと思えばこそ、研究会をするし、ささやかですがこうして発信もしなくてはならないと思っているわけです。

大綱が抱える五つの問題

金田　先ほど大綱について話した時は、評価に値する点しか取り上げませんでした。実は問題視しなくてはならない点も多々あります。新安防懇の報告との関わりも含め、五点指摘しようと思います。

第一は、なんといっても集団的自衛権行使の問題です。

この問題は既に、安倍政権下で具体的に検討されました。弾道ミサイルがわが国を通過しグアムやハワイ、アラスカあるいは西海岸に到達しようというとき、もしわが国で迎撃できる場合何もしないでいいかという問題や、例えば日本海で日米共同の弾道ミサイル防衛に当たっている米海軍のイージス艦が攻撃された時、日本の護衛艦はこれを手助けできないのかといった問題がさまざま論じられ、可否をいわれてきたわけです。

このような個別例については、認める方向で変えるべきだとする気運が新安防懇では生じていたはずなのに、大綱になると片鱗すら残していません。菅政権では、恐らく云々する事さえ出来なかったということでしょう。

第二に武器輸出三原則の緩和については民主党内に支持勢力が強く、北澤防衛大臣（当時）自身も積極的な発言をしていましたが、ねじれ国会を乗り切るため、社民党との政策協力関係維持のためという名目で一挙にトーンダウンしてしまいました。残ったのは、外国との共同開発を検討するという記述だけです。

第三が、「動的防衛力」のことです。陸を削減する一方、海空を重視し、特に情報収集体制や南西地域の防衛を重視することによって「動的抑止力」をつくるということだったのに、それを「基盤的防衛力」に代わる言葉としての「動的防衛力」に合流・代弁させてしまったので、もともとの意味が良く分からなくなりました。

新安防懇の言う「動的抑止体制」は、自衛隊の常続的な行動を伴う抑止態勢への転換を意味しています。即ち、自衛隊が静的に存在するだけではなくて、動的にプレゼンスすることを求めています。

中国への抑止という意味で言えば、南西諸島方面に、機動展開部隊が常続的に洋上哨戒行動するというような意味と捉えるべきです。そういったプレゼンスを示すこと自体が、実効的支配となるということも言えるでしょう。

これに関連しますが、今回の大綱で「動的防衛力」と言いながら、また随所で「機動的な運用」という言葉を使いながら、「統合の強化」についてはトーンダウンしています。「統合の強化」と言葉はあるのですが、何かチマチマとしているのです。補給とか輸送とか、三自衛隊で共通化できる部分は統合化をもっと進めろと言っているのだけれども、もっと重要な問題、統合運用体制の強化についての明確な構想が示されていません。

南西諸島方面の防衛を重視しようというなら、同方面防衛の必要に即した「動的抑止体制」がとられるべきです。つまりは島嶼防衛、列島線防衛を手掛けることで、そこで最も相応しい防衛体制は、平素からの統合部隊の編成と常続的プレゼンスの顕示、即ち行動です。

陸海空自衛隊が固定的な配備のままバラバラに存在するのでなく、機動展開する統合部隊を編成し、常にその機動展開の「ありさま」を見せつけることです、重要なのは。

例えば海自の輸送艦に完全装備の陸自部隊が常時乗り込んで、それを空自の専任支援戦闘機部隊が支援する、といった態勢を、常時取るのです。

これは、直ちに着手すべきです。このために特段部隊を増やす必要はなく、現在の装備でも何とかでき、お金も掛からないからです。実際に運用を始めて見て、以後必要な改善を逐次施していけばいいのです。

第四として、大綱やそれに基づく中期防衛力整備計画の策定プロセスにおける最大の問題点は、陸海空がバラバラに、必要と思われる防衛力を要求することです。

統合強化のため統合幕僚監部が新編されましたが、防衛力整備のプロセスは旧態依然のままという感を受けます。自民党政権下、防衛省改革の重要な目玉として「予算の全体適正化」を進めようとしていたはずです。あれは、どこにいってしまったのか。

第五の点は、大綱が示した防衛力整備構想に基づいて、必要な機能を具体化するための中期防衛力整備計画を見る限り、防衛費は一向に下げ止まっていないということです。

大綱では、北朝鮮を喫緊かつ重大な不安定要因とみなし、中国を地域や国際社会での懸念事項と言っています。国防費二ケタ増を二一年続けてきた中国に懸念を抱くというのなら、八年連続防衛費を削り続けた日本は、ここで踏み留まり、増やす方向に転じるのかと期待しました。ところが結果は微減（横這い）です。有名無実と言って、これほどのものもない。全体として菅政権の予算は借金してでも過去最大規模なのですから、ここには国家の意思が雄弁に表れていると言えますね。防衛費微減という事実が言外に語るのは、日本という国は安全保障と防衛政策を依然として軽視し続けているというホンネでしょう。

国家目標なき同盟論はない

谷口　そろそろまとめにかかりましょう。金田さんから直言を伺いました。確かにもうよい加減、日本でも防衛論議がまっとうなものとなっていい時期です。けれどもなる気配がない。秋田さんから、感想をご発言ください。

秋田　同盟とは外交・安全保障の手段に過ぎず、目的ではないという原点に立ち返る必要があると思います。日本は日米同盟を使って何をやりたいのか。国家目標を定義し直す必要があると思います。それがなければ、どのような同盟を日本が必要とするのか分からないからです。

国家目標をきちんと描き、そのうえで、達成するには何が足りないのかを洗い出す作業が必要になります。これらの作業を経ることで初めて、日本単独では実現できない外交・安全保障の課題が浮き彫りになり、あるべき日米同盟の姿が見えてくるのだと思います。

日本の防衛上、日本だけでどこまでやれるのかをもう一度分析し、ここまでは日本単独でやる、ここからはアメリカに頼るという議論の積み上げですね、必要なのは。

こんな当たり前のことを日本は冷戦後、怠ってきました。挙句、在日米軍がなぜ沖縄に駐留しなければならないのかについてすら理解していない人物が首相になってしまったわけです。では、国家目標とは何なのか。あんまり美辞麗句を言うよりも、私はサバイバルこそが最大の国家目標だと思うことにしています。

日本は資源をもたない海洋国家です。中国が台頭し、アジア太平洋の力学が変わる中、日本が経済大国として生き残っていくにはシーレーンの安全を守り、通商を持続する、日本企業が海外で安全に活動できる環境を維持するといったことが不可欠です。

単純なことを、と思ってはいけないので、そのためにはどうすればよいのか、それを阻害するとすればどんな火種があるのかということを、横断的に洗い直さなければなりません。

この作業はできれば二〇年先くらいを見通した内容にすべきです。すると、向こう二〇年の外交・安全保障上の課題が明確になります。そうして初めて、どんな政策が必要なのか、どんな措置が必要なのかという全体像が見えてくるのだと思います。国家戦略をつくるというのはきれいごとの理想や理念を書き連ねることではなく、こうした現実を踏まえた検討を積み上げることのはずです。

金田 ただしせっかくそうしてつくった検討結果が、政権交代の都度反故になったのではたまりません。国家安全保障の根幹ですとか、秋田さんが言う国家戦略であるとかは、できれば超党派の国会決議にかけ五年なり一〇年なり、誰が政権に就こうが有効なんだという仕組みにしておくべきですね。

秋田 いい考えだと思います。民主党は当初、経験の乏しさと過去の経緯の不勉強ぶりをさらし、迷走しました。ただ政権政党が変わる時代となると、時間は多少かかるにしろ、外交・安保の骨格についていずれ認識は揃ってくるでしょう。教育効果としてはかなりのものがあると思います。そこは、自民党一党時代の安定を捨て、高い月謝を払った国民が手にしなくてはならないところでもありますね。

同盟の双務化へ

谷口　わたしは、谷内さんがよく言われるように日本人がいま「坂の下のどぶ」にはまった状態にいるのだとすると、そこから脱するには自分たちの信奉している価値が誇るに足るものなのだというところを、国民がもう一度見直すべきだと思うのです。

「価値」も大事

中国の台頭によって生じたことは、価値の競争でもある。もちろん経済の競争で、ひっくるめると既存秩序を守るか壊すかの闘争でもある。足元で起こっているのはそういうことなのではないでしょうか。

その三つにおいてアメリカは今、海洋民主主義勢力の連携に取り掛かっていると思います。インドに対する非常に強烈なアプローチが何よりの証拠です。

それからインドを一つの頂点、オーストラリア・ニュージーランド、日本・韓国、そして太平洋の拠点でありますハワイを他の三つの頂点として以上をつなぎますと、うまくダイヤモンドが描けるのです。

わたしは今後の米国は、民主党・共和党を問わず、このダイヤモンドを固めることで太平洋秩序の安定にとりかかろうとしていると思います。ダイヤモンドの各辺にして堅固不抜であるならば、中国というリビジョニスト・パワーも統御可能であるという、そういう考えに傾いているように思います。

少なくとも作業仮設としては、そういう見取り図をもっておきたいと思っています。

だとしますと、ＴＰＰというのは、日本の言説空間の中では全く経済問題としてしか扱われていないのですが、あれは経済イシューである以上に、やはりこのダイヤモンドの下部構造をしっかり作ろうということですから、我が国政府にはぜひそう認識してもらいたい。ちなみにＴＰＰ参加国を同じようにつないでみますと、太平洋をぐるりと取り囲む五角形が現れますから、これをＴＰＰペンタゴンと呼ぶことができる。秩序の一方的書き換えを図る勢力には、強力なディスインセンティブをもたらす構造です。

そのように考えてＴＰＰを実行し、よってもって、日本はリベラルな国際秩序において自由と民主主義、そしてルールにのっとった仕組みをつくり、守っていくんだということを明確に打ち出すべきであろう、そう強く思います。

このような主張において堂々たるところを続けることは、国民心理の下支えとして無益だとは思いません。むしろ米国の例を見てもわかるとおり、信じるところにおいて強い国民をもつ国は、手ごわいと思われる。日本の現状はそれに程遠いと思います。

谷内 議論の冒頭でも言いましたが、それからいま秋田さんの発言にもあったと思いますが、日米同盟とはなにも神様が与えたもうた贈り物ではありません。

日本国民が、主体的・自発的選択で選び取り、いまも、日に日に選び取り続けている体制である、そう認識すべきであるという、ここがすべての出発点です。

すなわちそこには日本なりの、国益の算定があります。利害得失の、計算があるのであって、そのうえで、わたしたちは日米同盟を誰に言われるのでもない、自分たち自身の判断によって選び取った。そういうものにしなくてはいけないと思います。

同盟の基本とは何か

このように、主体性をもってとらえるならば、「わたしが襲われたら助けてください」「あなたがやられた時には知らんぷりをします」といういまの日米安保体制がはらんだ片務性がどれほど、およそ主体性の名に値しないものか、すぐさまわかるはずだと思います。

集団的自衛権などは、国家の固有の権利（国連憲章第五一条）でありますから、奪うことや停止することはできないものです。それを主として国会対策・野党対策の文脈上あたかも停止できるものであるかに仮構して、背後にあった国会与野党構成がまるで一変したいまに至るも変えていません。

ここが変わりませんから、「武力行使の一体化」論といった議論も持ち出さざるを得ませんでしたが、これも元はといえば国会答弁を乗り切るための方便です。しかし、実態としてはＰＫＯの現場などで自衛官たちを縛り続けている。一刻も早くやめるべきだと思います。

そのようなことをやった上で、やはり同盟の基本というのは「自分たちがやられたときは助けに来てください」「あなた方がやられたときは助けに行きます」であって、この基本が無いと、対等な同盟という感覚は絶対出てこないとわたしは思うのです。一方だけが命を捨て血を流すという、そのようなシステムに不公平感が残らないはずはありません。

さらに、例えばアメリカの艦船と日本の艦船がアフリカ沖をともに航行中、どちらかが攻撃を受けたという場合、これは日米安保条約がいう「極東の範囲」に入るか否かといった不毛の議論がいまだにある。

国会対策が生んだ不毛の解釈

わたしは長く外務省で条約や法令を扱いましたが、国会対策のため積み重ねていく解釈が、どんどん一般常識からかけ離れ、理屈にもなにも合わないものとなるのを見て困ったことだと思っていました。日米同盟の関心範囲はグローバルであると、きっぱり基本的姿勢・立場を明らかにしたらいいと思います。

忘れてならないこととして、日米同盟には世界の平和を創出し、維持強化する使命が含まれています。誰と協力しても平和のためならいいとはいうものの、日米が力を合わせたとき、それは他の組み合わせに比べて数等上の効果を出すわけで、それを日頃の訓練や信頼関係の積み重ねによって可能にしているものが日米同盟であるといえます。

あえて要約するなら日米同盟の双務化、関心範囲のグローバル化、そして国際平和協力の強化。それを日米同盟の課題として指摘しておきたいですね。

日本国民は元来賢明な人々ですから、日本が何をしなくてはならないかについても学びつつあるような気がします。例えば「国際公共財」「グローバル・コモンズ」の保全に日本は責任を負うべきだといったまっとうな議論が、あまり抵抗なく受け入れられつつあるのはその証拠です。こんなテクニカル・ターム自体、二、三年前までは専門家の占有物でしかなかったわけですから。ただ日本は戦後、イヤなこと、考えたくないことは先延ばしにするという「ことなかれ主義」に浸ってきたところがあります。日本を取り巻く国際環境の急速な転換についていけるかどうか、その転換の方向づけを行う当事者の一国として能力を発揮できるかどうか、これが日本国にとっての中・長期的な課題と言えるように思います。

＊本章は、早稲田大学日米研究機構の「安全保障政策研究会」の総括として、研究プロジェクトメンバーによる政策提言的な座談会を開催し（二〇一〇年一二月収録）、谷口智彦氏編集のもと取りまとめたものに書籍化に際して加筆いただきました。

あとがき

本書は、二〇〇八年から客員教授を務めている早稲田大学日米研究機構（Waseda University Organization for Japan-US Studies、以下日米研究機構）において主に実施した研究会での成果を、論文集として取りまとめたものである。

日米研究機構は、早稲田大学において、日米関係を中心としたアメリカ地域とアジア地域の関係とその諸問題についての実践的研究を促進するため、二〇〇七年に設立された。日米研究機構では、アメリカ政治・経済・社会・文化、安全保障、環境・エネルギー、国際協力、グローバルビジネスの五つの研究グループに分かれ、マルチ化する国際環境の中での新しい日米関係を学際的に研究している。いわば、グローバル時代の日米パートナーシップを戦略的・実践的に研究する新しいタイプの研究機構だ。私は、二〇〇八年に日米研究機構において唯一の専任教員として客員教授として着任し、外交官時代からのライフワークでもある安全保障政策の研究と提言を目指す安全保障政策研究会を立ち上げた。

早稲田大学日米研究機構の研究グループの一つである「グループD安全保障政策研究会」は、

二〇〇八年から三年度にわたり、学者・研究者、公務員の現役・OB、ジャーナリストを中心にして、時には外部から専門家を招いて報告及びそれに基づく意見交換を行ってきた。また、二〇一〇年九月からは、早稲田大学はじめ日本の五大学が共同で運営する日米研究インスティテュートにもプロジェクトを設置し、笹川平和財団からの支援を受けつつ研究会の開催を行ってきた。この両機関の支援により、二〇一一年二月にはワシントンD.C.において研究成果報告と米国のオピニオンリーダーとの対話が実現し、本書を取りまとめるうえで大変有意義な機会となった。この場をかりて、笹川平和財団およびUSJI関係者の方々のご理解とご協力に対し心からお礼を申し上げたい。

研究会は延べ十八回開催したが、その際に行われた報告の中から一般に公表して差し支えない形で各報告者に書き下ろしてもらった論稿を一つの論文集にまとめたものが本書である。残念ながら、「安全保障」という事柄からして、保秘上公表することに問題があると思われる報告や情報は割愛せざるを得なかった。しかし、編者としては、すべての報告がわが国のこれからの安全保障政策を考える上で貴重かつ有意義であったと高く評価している。それゆえにこそ、この研究会の成果を本書のような形でまとめることにした次第であるが、私の「評価」が正当なものであるか否かは、もとより本書の読者にそれぞれ判断していただく他ない。

なお、株式会社ウェッジの吉村伸一部長、服部滋編集員には的確なご助言とサポートを頂き、本書発行に導いて下さった。また、日米研究機構の関係教職員およびスタッフの方々に、本書発行に至るまで我々の研究活動を様々な側面からご支援いただいた。心から厚く御礼を申し上げたい。

最後に、本書の論文・記事は、筆者個人のものであり、それぞれの筆者が所属する組織の見解に必ずしも一致するものではないこと、さらに、それぞれの筆者の見解は筆者個人のものであり、執筆者全員が必ずしも賛同するものではないことをここにお断りしておく。

二〇一一年九月

早稲田大学日米研究機構　客員教授

谷内正太郎

参考資料

「安全保障政策研究会」開催記録

2008年度

第1回 二〇〇八年十一月二十二日「日本の安全保障と新世界秩序の再考」

【報告1】日本の安全保障（論点整理）——兼原信克（外務省欧州局参事官）

【報告2】冷戦後の新しいパワーバランス——同右

【報告3—1】決済システムのマイクロストラクチャーから見た基軸通貨ドルとその政治経済学的考察——谷口智彦（慶応義塾大学大学院SDM研究科特別招聘教授）

【報告3—2】新金融秩序の中のドル覇権構造——吉崎達彦（（株）双日総合研究所副所長）

第2回 二〇〇九年一月七日「日本の国益と価値について」

【報告1】国益論について——兼原信克（外務省欧州局参事官）

——小原雅博（アジア太平洋州局参事官）

【報告2】価値について——金田秀昭（（株）三菱総合研究所主席専門研究員）

2009年度

第1回　二〇〇九年四月八日「憲法九条と国際法」
村瀬信也（上智大学法学部教授）

第2回　二〇〇九年五月二十七日「オバマ政権の経済政策」
吉崎達彦（（株）双日総合研究所副所長）

第3回　二〇〇九年六月二十六日「核軍縮と核の傘」
小川伸一（立命館アジア太平洋大学客員教授）

第4回　二〇〇九年七月十七日「米軍再編の意義と課題」
古本陽荘（毎日新聞外信部記者）

第5回　二〇〇九年九月二十八日「北朝鮮の核問題をめぐる関係国の対応とその収支」
秋田浩之（日本経済新聞社政治部次長兼編集委員）

第6回　二〇〇九年十月十三日「中国の軍事動向と中台軍事バランス」
松田康博（東京大学東洋文化研究所准教授）

第7回　二〇〇九年十月二十八日「『核の傘』の歴史的形成過程」

第8回　二〇〇九年十二月十五日「ミサイル防衛と宇宙の利用」
太田昌克（共同通信社編集委員）
金田秀昭（岡崎研究所理事兼特別研究員）

2010年度

第1回　二〇一〇年九月二十一日「国家の安全保障政策における情報（インテリジェンス）の意義」
鈴木敦夫（防衛省防衛政策局防衛政策課長）

第2回　二〇一〇年十月十九日「新しいパワーバランスと同盟」
兼原信克（外務省総合外交政策局参事官）

第3回　二〇一〇年十一月二十五日「我が国の国際平和協力への取組みについて」
羽田浩二（内閣府国際平和協力本部事務局長）

第4回　二〇一〇年十二月二十一日　総括研究会「総合的日米安全保障協力に向けて」
秋田浩之（日本経済新聞論説委員兼政治部編集委員）
金田秀昭（岡崎研究所理事）

谷口智彦（慶応義塾大学大学院SDM研究科特別招聘教授）

第5回　二〇一一年一月二十七日「中国の軍事動向と東アジアの軍事バランス」

谷内正太郎（早稲田大学日米研究機構客員教授）
村井友秀（防衛大学校総合安全保障研究科教授）

第6回　二〇一一年二月七日　USJI Week「アジアの安全保障環境と日米同盟の将来」

司会　谷内正太郎（早稲田大学日米研究機構客員教授）
パネリスト　秋葉剛男　（在米日本大使館公使）
パトリック・クローニン（CNAS）
谷口智彦（慶応義塾大学大学院SDM研究科特別招聘教授）

2010年度は一部笹川平和財団および日米研究インスティテュートの支援により開催。
本開催記録の肩書・役職名は研究会開催当時のものを記載。

著者・編者略歴

秋田浩之《あきたひろゆき》（日本経済新聞論説委員兼政治部編集委員）

自由学園最高学部卒業後、日本経済新聞社で北京支局、政治部、ワシントン支局など。この間、米ボストン大学大学院で修士号、米ハーバード大学研究員。

太田昌克《おおたまさかつ》（共同通信編集委員）

早稲田大学政治経済学部卒業後、共同通信社入社。広島、高松支局、大阪支社社会部、本社外信部、政治部、ワシントン特派員を経て現職。この間、米メリーランド大学にフルブライト留学、政策研究大学院（GRIPS）で博士課程修了。博士（政策研究）。専門は核戦略と核不拡散政策。

小川伸一《おがわしんいち》（立命館アジア太平洋大学アジア太平洋学部客員教授）

金沢大学卒業後、エール大学で博士号（Ph.D.）取得。防衛省防衛研究所で研究室長、研究部長等。専門分野：核軍備管理・軍縮、戦略研究、国際安全保障論。

金田秀昭《かねだひであき》（岡崎研究所理事）

防衛大学校卒業後、海上自衛隊入隊、護衛艦隊司令官等歴任。ハーバード大学上席特別研究員、日本国際問題研究所客員研究員など歴任。専門分野：安全保障、防衛。

兼原信克《かねはらのぶかつ》（在大韓民国日本大使館公使）

東京大学卒。外務省入省後、国際連合日本政府代表部参事官、条約局法規課長、総合外交政策局企画課長、北米局日米安全保障条約課長、在アメリカ合衆国日本国大使館公使、総合外交政策局総務課長、大臣官房参事官兼欧州局、総合外交政策局参事官を歴任。

谷口《たにぐち》智彦《ともひこ》（慶應義塾大学大学院SDM研究科特別招聘教授、明治大学国際日本学部客員教授）

東京大学法学部卒業、日経ビジネス記者、編集委員、ブルッキングス研究所など経て、2005-08年外務副報道官。専門分野：国際政治経済学、日本外交、メディアスタディーズ。

寺田《てらだ》 貴《たかし》（早稲田大学アジア研究機構教授）

オーストラリア国立大学大学院で博士号取得。シンガポール国立大学助教授、早稲田大学准教授、教授を経て現職。専門分野：アジア太平洋の国際政治経済論、地域統合研究。

古本《ふるもと》陽荘《ようそう》（毎日新聞ワシントン特派員）

上智大学卒業後、米カンザス大学にて政治学修士号取得。毎日新聞入社後、横浜支局を経て、政治部で首相官邸、防衛省、外務省、自民党等担当。北米総局で米国政治、国防政策を担当。

村井《むらい》友秀《ともひで》（防衛大学校総合安全保障研究科教授）

東京大学大学院国際関係論博士課程退学。米ワシントン大学国際問題研究所研究員を経て現職。専門分野：東アジア安全保障、国際紛争論。

村瀬《むらせ》信也《しんや》（上智大学法学部教授）

国際基督教大学卒業後、東京大学大学院で法学博士号取得。立教大学教授を経て現職。国連国際法委員会委員。専門分野：国際法。

谷内《やち》正太郎《しょうたろう》（早稲田大学日米研究機構日米研究所客員教授）

東京大学卒業後、同大学にて修士号取得。外務省入省後、総合外交政策局長、内閣官房副長官補、外務事務次官等歴任。専門分野：国際関係論、国際安全保障論、国際政治理論。

吉崎《よしざき》達彦《たつひこ》（双日総合研究所副所長・チーフエコノミスト）

一橋大学卒、日商岩井入社。広報誌「トレードピア」編集長、米ブルッキングス研究所客員研究員、経済同友会調査役などを経て現職。関心分野は日本経済、米国政治、国際貿易論など。

本書は、早稲田大学日米研究機構（Waseda University Organization for Japan-US Studies）において実施された「安全保障政策研究会」での成果を論文集として書籍化したものです。ご協力をいただいた早稲田大学日米研究機構の方々に厚く御礼申し上げます。

（編集部）

【論集】日本の外交と総合的安全保障

2011年10月28日　第１刷発行

編者
谷内正太郎

発行者
布施知章

発行所
株式会社ウェッジ
〒101-0052　東京都千代田区神田小川町１-３-１　ＮＢＦ小川町ビルディング３Ｆ
電話：03-5280-0528　FAX：03-5217-2661
http://www.wedge.co.jp/　振替 00160-2-410636

装丁･本文デザイン
関原直子

ＤＴＰ組版
株式会社リリーフ・システムズ

印刷・製本所
図書印刷株式会社

※定価はカバーに表示してあります。 ISBN978-4-86310-090-9 C0031

ウェッジの本

同盟が消える日
——米国発衝撃報告——
谷口智彦　編訳

日米同盟がいまにも破綻しかけている。衝撃の事実が、元・国防総省高官が公表したあるレポートに書かれている。そこでは、日本にとってもアメリカにとっても、危機的症状ともいえる事柄が浮き彫りになった。普天間問題、在日米軍とは日本人にとって何か、核の問題、日本の政治力・交渉力についての軍事専門家等による座談会も収録。今後の日本と日米関係を考える上で必読の書。

定価1470円（税込）

日米同盟の静かなる危機
ケント・カルダー　著　渡辺将人　訳

日米関係は近年目に見えない形で、徐々に深刻に弱体化しつつある。日米同盟にしのびよる危機は、軍事、政治の両面で深まる一方だ。かつて駐日アメリカ大使の特別補佐官を務め、随一の日本通の学者として知られる著者が、日米同盟を再構築する処方箋を示す。中西輝政京都大学教授推薦。

定価2520円（税込）

特務機関長 許斐《このみ》氏利
——風浙《せき》瀝《れき》として流水寒し——
牧 久 著

嘉納治五郎に講道館を破門され、二・二六事件で北一輝のボディガードを務め、戦時下の上海・ハノイで百名の特務機関員を率いて地下活動に携わる。戦後は、銀座で一大歓楽郷「東京温泉」を開業、クレー射撃でオリンピックに出場した、昭和の“怪物”がいま歴史の闇から浮上する。保阪正康氏推薦。

定価1890円（税込）